유아교사의 미래역량 강화를 위한

다문화
교육의
이론과
실제

안병환 · 오유미 · 김정숙 공저

학지사

머리말

오늘날 우리는 그 어느 때보다 세계의 많은 사람과 빈번한 교류를 하는 시대에서 살고 있다. 이러한 과정은 자연스럽게 여러 나라의 다양한 문화와 접촉하게 함으로써 다양한 문화이해를 위한 다문화교육의 필요성을 제기한다. 우리나라의 경우 초기에는 다문화교육을 주로 국제결혼 가정을 대상으로 하는 한국어 또는 한국 문화이해교육과 같은 의미로 생각하는 경우가 많았다. 그러나 이제는 다문화교육을 글로벌화로 인한 세계시민으로서의 자질을 갖추기 위한 세계시민성 함양이라는 넓은 의미로 생각할 필요가 있다.

이를 통해서 보면 다문화교육이란, 한편으로는 우리나라에 거주하고 있는 결혼이주자, 외국인 근로자, 이민자 등과 이들 가정의 자녀들에게 우리 문화를 이해시키는 것이고, 다른 한편으로는 우리도 글로벌사회 적응을 위해 다른 나라의 다양한 문화를 이해하는 것이다. 이렇게 보면 다문화교육의 대상은 글로벌사회에서 살아가는 모든 사람이라고 할 수 있다.

특히 자라나는 미래 세대들은 오늘날보다 훨씬 더 다양한 문화적 배경을 가진 사람들과 상호작용을 하면서 살아가게 될 것이다. 따라서 다문화교육은 유아기부터 체계적으로 이루어져야 한다. 실제로 많은 연구에 의하면, 유아기에서부터 정체성 발달, 다른 세계와의 유대감, 비판적 사고, 세계에의 도전능력 등 민족적·인종적 다양성을 포함하는 문화적 다양성을 발달시킬 수 있다고 한다. 이에 유아기에 문화적 다양성에 대한 인식과 태도 등의 기본적인 틀을 형성할 수 있는 지도가 필요하다.

그러나 오랜 다문화교육의 역사를 가지고 있는 국가들에서도 다문화교육을 담당하는 교사들이 많은 어려움에 직면하고 있다. 우리나라의 경우도 다문화사회가 급속히 촉진되고 있기 때문에 이보다 더 많은 어려움에 직면할 수도 있다. 실제로 일부 지역 유아교육기관의 경우 다양한 문화적 배경을 가진 유아들이 대부분을 차지하고 있다. 따라서 유아교사 양성과정에서부터 다문화 교사교육이 훨씬 더 강화되어야 할 것이다.

이제 다문화교육은 세계 여러 나라의 문화적 다양성을 수용·존중함으로써 평등이념을 실현하는 것뿐만 아니라, 다양한 사고가 국가발전의 토대가 된다는 점을 인식할 필요가 있다. 즉, 다양한 문화를 가진 다양한 사람의 독특성을 이끌어 내어 이를 조화롭게 통합할 수 있는 교육내용과 교육방법이 필요하다. 따라서 언어적·문화적 다양성을 두려움의 대상이 아니라 호기심을 가질 수 있는 출발점으로 인식할 수 있는 교실을 만들도록 노력해야 할 것이다. 이를 위해서는 다문화교육 담당자의 다문화역량 강화뿐만 아니라 교육정책적·제도적 지원도 뒤따라야 한다.

이상과 같은 점에 초점을 두어 이 책은 제1부와 제2부로 나누어 총 13장으로 구성하였다.

제1부는 주로 문화와 다문화교육에 대한 이론적 측면으로서 문화의 이해, 다문화주의의 이해, 다문화교육의 이해, 다문화역량의 이해, 다문화 교사교육 그리고 다문화교육 정책 등 6개의 장으로 구성되었다. 특히 여기서는 다문화교육의 기본 바탕이 되는 문화의 의미를 정확히 이해해야 한다는 점에 초점을 두었다. 문화의 이해라는 바탕 위에서 다문화교육을 이해하고자 하였다. 나아가 다문화교육을 위해서는 교사들이 어떤 다문화역량을 가져야 하는지에 대한 교사교육의 방향을 탐색하였다. 마지막으로는 우리나라 다문화교육의 정책과 오랜 다문화교육의 역사를 가진 일부 외국의 다문화교육의 특징을 통한 시사점을 생각해 보았다.

제2부는 주로 다문화교육의 실제 또는 실천에 관련된 내용으로서 총 7개의 장으로 구성되었다. 유아 다문화교육의 이해, 누리과정과 유아 다문화교육, 유아 다문화교육 교수-학습 방법, 유아 다문화교육 환경, 유아교사와 다문화교육, 유아 다문화교육을 위한 가정 및 지역사회 연계 그리고 유아 다문화교육의 실제 등이다. 여기서는 앞서 살펴본 다문화교육의 이해를 바탕으로 유아교육 현장에서 실제로 유아교사의 역할이 무엇인지를 구체적으로 제시하였다. 특히 누리과정과 유아 다문화교육, 유아 다문화교육 교수-학습 방법, 다문화가정의 부모상담 등은 실천적인 유아교육 방법뿐만 아니라 다문화가정 부모교육으로 지평을 넓히고자 하였다.

　이 책은 유아 다문화교육 관련 예비교사, 현직교사 그리고 유아 다문화교육에 관심을 가지고 있는 사람들에게 유아 다문화교육의 개념, 내용과 구체적인 실천방법을 제시해 보고자 하였다. 특히 '문화-다문화교육-다문화역량-유아 다문화 교사교육의 실제'라는 맥락에서 구체적이고 체계적인 유아 다문화교육을 집필하고자 많은 고민과 노력을 기울였다. 그럼에도 책을 마무리하려니 자꾸만 조금만 더, 조금만 더 하다가 시간만 끌고 말았다. 지금 되돌아보니 부족함과 아쉬운 점이 한두 가지가 아닌 것 같아 독자 여러분의 끊임없는 질책과 충고를 바란다.

　끝으로 이 책이 출판되기까지 많은 인내심을 가지고 도움을 주고 격려를 해 주신 김진환 사장님과 정은혜 차장님 그리고 편집부 여러 선생님께 깊은 감사의 마음을 전한다.

2024년 8월
저자 일동

차례

제1부

다문화교육의 이해

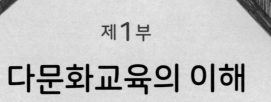

/ 다문화교육의 이론과 실제 /

제 1 장

문화의 이해

1. 문화의 개념

우리는 일상생활에서 문화란 말을 많이 사용하고 있다. 가령, 문화생활, 문화인, 문화수준 및 한국문화 등의 표현이다. 이 외에도 문화를 말할 때 특정인이나 특정 집단에만 해당되는 용어로 생각하는 경우도 많다.

그러나 문화란 학문적으로 사용하는 경우와 일상적으로 표현하는 것과는 다소 차이가 있다. 문화란 용어는 오랜 역사를 거쳐 많은 학자에 의해 다양한 정의가 이루어져 왔지만, 너무나 포괄적이며 광범하게 사용되고 있기 때문에 간단히 정의하기란 대단히 어려운 일이다.

그동안 문화의 정의가 얼마나 다양하게 이루어져 왔는지에 대한 1950년대의 조사에서 학자들이 제시한 문화의 정의는 164가지로 다양하게 나타났다(Kroeber & Kluckhohn, 1952). 또한 영어에서 가장 복잡한 2~3개의 단어 중 하나가 문화라고 하는가 하면(Williams, 1983), 문화를 적절하게 정의하려는 한 세기 동안의 노력에도 불구하고 1990년대 초 인류학자들 사이에서 문화의 본질에 관한 합의는 없었다고 주장하기도 한다(Apte, 1994).

이와 같이 문화를 정의하는 것에는 어려움이 있으나 어원부터 간단히 살펴보고자 한다. 문화라는 용어는 원래 농업(agriculture)에서의 경작(cultivation)에서 유래되었다. agriculture란 단어에서 라틴어의 agri는 들판이나 땅(field 또는 land)의 의미를 지니고 있고, culture는 cultura, 즉 경작(cultivation)의 의미를 지니고 있다. 이를 보면,

문화란 원래 땅을 갈아서 그 위에 씨앗을 뿌려 이를 가꾸는 것을 의미하였다. 즉, 우리가 토지를 경작하여 원하는 농작물을 수확하듯이, 문화란 마음이나 취향의 훈련이나 개선이라는 의미로 사용되기도 하였다. 이후에 문화란 교육을 통한 삶의 질 향상이라는 말로 급속하게 확장되었다(Jahoda, 2012).

다음으로 문화의 의미의 변천과정을 살펴보기로 하자. 1420년 농업(husbandry)과 경작(tilling), 1483년 숭배(worship), 1510년 마음이나 태도 등의 훈련, 1628년 인간 신체(human body)의 훈련 등이다. 즉, 초기 문화의 주요 의미는 훈련, 발달, 마음·태도의 개선 등에 관한 말이다. 독일어로는 Kulture로서 보다 높은 가치나 사회계몽 등의 의미를 지니고 있다. 이 외에도 인류학적 개념에는 관습, 전통 및 사회적 유산 등의 의미도 포함되어 있다(Kroeber & Kluckhohn, 1952).

한자의 문화(文化)를 보면, '文'은 글월, 꾸미다 등의 의미를 지니고 있고, '化'는 되다, 모양이 바뀌다 등의 의미이다. 즉, 한자의 문화란 글자나 문장으로 나타내다, 어떤 의미를 전달하다, 또는 어떤 일이나 현상에 의미를 부여하여 글로 나타내다 등으로 해석해 볼 수 있다. 다시 말하면, 어떤 일이나 현상에 의미를 부여함으로써 삶의 의미를 생각해 보고, 나아가 보다 더 나은 삶의 방향은 무엇인가에 대해 의미를 부여하고 또 의미를 만들어 가는 과정으로 생각할 수 있다. 이러한 어떤 또는 하나의 현상에 대해 부여되는 의미는 나라마다 공통점이 있을 수도 있고 차이점도 있을 수 있다.

문화의 의미를 더 이해하기 위해서 문화(culture)와 자연(nature)의 차이를 보기로 하자. 문화가 어떻게 유래되고 형성되는가를 알 수 있는 좋은 방법은 상이한 문화적 맥락 속에서 기본적인 자연적 욕구를 생각해 보는 것이다. 모든 사람이 생존하기 위해서 수행해야만 하는 보편적인 인간의 기능은 먹기(eating), 마시기(drinking), 잠자기(sleeping), 배설하기(eliminating) 등이다. 인간의 삶을 유지하는 데 있어서 이러한 네 가지 주요 기능은 사람들이 언제, 어디에서나 충족시키려는 기본적 욕구이다. 그러나 이러한 기본적 욕구를 충족시키는 방법은 나라마다 공통점도 있고 차이점도 있다. 이들 중 일부를 같이 생각해 보기로 하자(Miller, 2008).

- 먹기: 문화란 사람들이 무엇을, 언제, 어떻게 먹는가 그리고 음식과 먹는 것에는 어떤 의미가 포함되어 있는가 하는 것이다. 문화는 또한 어떤 음식은 수용되고 어떤 음식은 수용되지 않는가를 규정하기도 한다. 가령, 어떤 나라에서는 치즈

를 선호하지 않지만 어떤 나라에서는 대부분의 사람이 선호할 수 있다. 또 어떤 나라에서는 돼지고기가 선호되지만, 반대로 어떤 나라에서는 금기시되고 있다. 식사 때에도 숟가락과 젓가락을 사용하는 방법, 손으로 먹는 방법, 포크와 나이프를 주로 사용하는 방법 등의 차이가 있다. 이처럼 먹는다는 것은 어디에서나 기본적인 욕구이자 자연적인 현상이지만, 선호하는 음식이나 먹는 방식 등은 나라마다 차이가 있을 수 있다. 이것이 바로 먹는 방법과 선호하는 음식에 대한 차이, 즉 음식에 대한 문화의 차이를 나타내는 것이다.

• 마시기: 모든 문화에서는 어떤 술이나 음료를 누구와, 언제, 어떻게 마시는지에 따라 음료와 음주의 의미를 규정하고 있다. 어떤 나라에서는 가족과의 식사에서 다소 많은 양의 와인 마시기를 허용하지만, 어떤 나라에서는 일반적으로 식사에서 물이 제공된다. 알코올 음료를 마시는 문화에서는 남자들이 여자보다 더 많이 마시는 경향도 있다. 즉, 세계 여러 나라의 사람들은 다양한 음료를 마시고 있다. 이처럼 종종 문화는 특정 음료의 의미와 마시는 방식을 규정한다. 때로는 그 음료가 커피, 맥주 또는 보드카 등 어떤 음료이든지 간에 사람들의 결속을 만들고 강화하기도 한다. 이처럼 나라마다 마신다는 것은 기본적인 욕구로서 자연적인 현상이지만 무엇을, 언제, 어떻게 누구와 마시는가 또는 어떤 종류를 마시는가 하는 것은 문화에 따라 차이가 있다.

• 잠자기: 모든 사람은 잠을 잔다. 그러나 잠을 자는 방식, 수면시간에는 차이가 있다. 누가 누구와 자는가 하는 것이다. 가령, 유아나 어린이들이 잠을 잘 때 엄마 아빠와 함께 자는가 또는 분리된 방에서 혼자 자는가 하는 것은 문화에 따라 차이가 있을 수 있다. 또 문화에 따라 수면시간에도 영향을 주고 있다. 가령, 인도의 농촌지역에서 여자들은 남자들보다 잠을 더 적게 자는데, 그 이유는 아침 식사 준비를 위해서 더 일찍 일어나야 하기 때문이다. 이는 과거 우리나라도 비슷한 경험을 갖고 있다. 이 부분은 대체로 농경사회에서는 흔히 볼 수 있는 현상이지만, 오늘날 젊은 층에서는 부엌에서의 활동들이 남녀에게 공유되는 경우로 많이 변화하였다. 이것은 문화가 시대에 따라 변화함을 보여 주는 예이다. 이처럼 잠자는 데에도 잠의 방식, 시간 등 문화에 따라 차이가 있다.

문화(culture)는 cultura로서 경작, 재배, 인위적인 의미 부여 등의 특징이 있는 반면, 자연(nature)은 라틴어의 natura로서 출생(birth)과 기원(originate) 등의 의미를 지니고 있다. 이를 통해서 볼 때 문화는 삶의 질 향상을 위해서 인위적으로 형성된 것이고, 자연은 인간이 태어날 때부터 본능적으로 가지고 태어나는 기본적인 욕구로 볼 수 있다.

앞에서 고찰해 본 바와 같이, 문화의 개념은 인류학, 사회학 및 심리학 등에서 다양하게 다루고 있기 때문에 학자들 사이에서도 일치된 정의를 보기는 어렵다. 이제 학자들의 연구를 중심으로 문화의 개념을 구체적으로 알아보기로 하자.

1867년 Arnold는 문화란 특수한 지적 또는 예술적인 노력이나 산물이라고 하였는데, 이것은 오늘날 흔히 말하는 대중문화(popular culture) 또는 초기에 사용된 민속(folkways)과는 대비되는 고급문화(high culture)를 말한다. 이 정의에 따르면, 문화란 전형적으로 어떤 사회집단 중 특정 집단만이 가지고 있는 것을 말한다. 이러한 의미의 문화는 사회과학보다는 미학(aesthetics)에 더 가깝다(Spencer-Oatey & Franklin, 2012). 다시 말해, 문화라고 하면 사람들은 종종 위대한 문학을 읽거나, 고전음악을 듣거나, 미식을 즐기는 것과 같이 고상한 취미를 가진 사람에 대해 말하는 것으로 생각하기도 하였다. 따라서 이러한 사람들을 문화수준이 높다거나 심지어 문화인이라고도 하였다. 이것은 어떤 사람은 문화를 가지고 있고, 또 어떤 사람들은 문화를 가지고 있지 않다는 것을 암시할 수도 있다. 그러나 학문적으로 문화란 이러한 개념을 넘어 훨씬 더 포괄적인 것이다(Schaefer, 2010; Sullivan, 2009; Thio, 2007).

인류학적 측면에서 최초의 문화의 정의는 1871년 영국의 인류학자 E. B. Tylor에 의해 이루어졌다. Tylor(1871)는 문화란 사회구성원으로서의 인간이 획득한 지식, 신념, 예술, 도덕, 법률, 관습 및 기타 다양한 능력과 습관 등을 포함하는 복합적 총체(complex whole)라고 하였다. 이 정의는 모든 사람은 문화를 가지고 있는데, 지식과 신념에서 습관, 능력에 이르기까지 모든 것이 문화를 구성하게 된다는 의미이다. 이 정의에는 문화란 인간이 창조한 모든 것(everything)을 말하는 것으로 볼 수 있다.

문화인류학자 Kroeber와 Kluckhohn(1952)에 의하면, 문화란 명시적 · 암묵적인 행동유형(behavior pattern)으로서 이것은 상징(symbol)에 의해 획득되고 전달된다. 문화의 본질적 핵심은 역사적으로 유래되고 선택된 전통적인 이념(ideas)과 가치(values)이다. Miller(2008) 또한 문화란 학습되어 공유되는 행동과 신념으로 보았다. Nieto(2008)는 문화란 공동의 역사, 언어, 지리적 위치, 사회계급 및 종교를 포함하는 다양한 요소로 결합된 인간집단에 의해 창조·공유·전달되는 가치, 전통, 사회적 관계 및 세계관이라고 하였다. Spencer-Oatey(2008)는 문화란 사람들이 공유하고 있는 일단의 기본적인 가정(assumption)과 가치, 삶의 지향성, 신념, 정책, 절차 및 행동지향성으로서, 이는 구성원들의 행동과 다른 사람들의 행동에 대한 의미(meaning)를 해석하는 데 영향을 미칠 수 있다는 것이다.

특히 Giddens 등(2015)은 사회학적 측면에서 문화란 한 사회의 구성원들에 의해 유지되는 가치, 그들이 말하는 언어, 그들이 신봉하는 상징(symbol), 그들이 따르는 규범, 그들이 만든 물질적 재화(goods)—도구에서 의복에 이르기까지—로 구성된다고 보았다. 문화의 요소로서, 특히 사람들이 상호 간에 그리고 세계에 대해 가지고 있는 신념과 기대는 모든 사회적 관계의 구성요소이다. 문화는 사회 내의 집단 또는 구성원들의 삶의 방식(way of life)으로서, 그들의 옷 입는 방식, 결혼풍습, 언어와 가족생활, 작업유형, 종교적 의식, 레저방법 등이 어떠한가를 포함한다. 즉, 사회학자들에게 문화란 사람들이 공유하고 있는 이념(ideas), 가치, 지식, 행동 및 물질적 측면 등을 모두 포함하는 사람들의 전체적인 생활양식(total lifestyle)을 말한다. 이 의미는 인류학자 Tylor가 오래전에 마음속에 가지고 있던 것과 그 맥을 같이하고 있는 것으로 보인다. 즉, 사회학적 관점에서 문화란 세대를 거쳐서 사람들이 축적해 온 사회적 유산을 학습한 것이기 때문에 모든 사람은 문화를 가지고 있다고 보는 것이다. 더욱이 문화는 자신의 삶을 어떻게 이끌어 가야 할 것인가에 대한 청사진(blueprint)을 제공한다. 사람들은 문화를 통해서 무엇이 맞고 틀린 것인가, 어떤 것이 좋고 나쁜가, 무엇을 해야 하고 또 하지 말아야 하는가 등에 대해 학습하게 된다(Sullivan, 2009).

이와 관련하여 생각해 보아야 할 것은, 첫째, 무엇이 좋고(good), 바람직하며(desirable), 중요한가(important)에 대해 사회적으로 공유된 이념(ideas)은 가치(value)에 관한 것이다. 둘째, 이러한 공유된 이념은 사회의 규범(norm)의 기초가 되는데, 규범이란 사람들이 어떻게 행동해야 할 것인지에 대해 상세히 안내하는 규칙을 말한다. 규범은 특정 상황에서 사람들이 어떻게 행동해야 할 것인지에 대한 방향을 이끌어 주는 구체적인 규칙인 반면, 가치란 규범을 뒷받침하는 일반적인 이념이다. 셋째, 신념(belief)에 관한 것으로서 이것은 세상에서 무엇이 진리인가에 대해 사람들이 가지고 있는 믿음이다. 이처럼 문화의 핵심은 생활양식이나 삶의 방식을 지탱해 주는 가치, 신념 및 규범이라 할 수 있다.

이상의 다양한 논의를 통해서 볼 때 문화란 인간이 습득한 지식, 도덕, 관습 등의 복합적 총체로서, 이것은 한 사회구성원들의 생활방식이나 생활양식(way of life-style) 또는 행동유형(patterns of behavior)을 형성하는 데 영향을 줄 수 있다. 종합적으로, 문화란 사회구성원으로서 인간이 후천적으로 획득한 생활양식이나 행동유형으로 볼 수 있다.

2. 문화의 특성과 문화적 상대주의

1) 문화의 특성

문화의 의미가 시각에 따라 다양하듯이, 문화가 가지고 있는 성질이나 특성 또한 다양하게 제시되고 있다. 여기서는 대체로 문화의 특성으로서 공통적으로 설명하고 있는 부분들을 중심으로 알아보고자 한다.

- 문화는 사회적으로 공유된다(shared). 문화는 한 개인의 행동이나 생활방식이 아니라 집단 차원에서 행동유형이나 생활방식을 공유하는 것이다. 만약 개인 혼자서 어떤 방식으로 생각하고 행동한다면 그것은 문화적인 차원이 아니라 오로지 개인의 특성이라 할 수 있다. 다시 말하면, 어떤 사고나 행동이 문화라는 의미로 생각되기 위해서는 사회나 사회집단의 어떤 유형에 의해서 공유되어야 하는 것이다. 개인에게 성격이 존재한다면 집단에는 문화가 있는 것과 같은 것이다.
- 문화는 상징(symbol)에 토대를 두고 있다. 상징이란 어떤 일이나 대상에 대해 문화적으로 부여된 의미를 가진 단어나 행동을 말한다. 상징은 너무나 다양하므로 특정 문화가 어떤 현상이나 대상 등에 어떻게 상징화하느냐 하는 것은 나라마다 다를 수 있다. 문화는 인간이 창조한 지식으로부터 나오며, 지식체계로서 상징으로 표현된다. 지식은 물질적인 것이 아니기 때문에 인간이 창조해 온 상징에 의해 표현되고 있다. 가령, 글이든 말이든 간에 언어는 가장 중요한 상징체계인데, 제스처, 도로표지판, 청사진, 음악적·수학적 기호는 모두 문화적 상징의 한 예이다.

- 문화는 학습된다. 문화는 사회구성원들과의 상호작용을 통하여 배우는 것이다. 가령, 특정 상황에서는 어떻게 행동하고 말을 해야 하는가 하는 것은 관찰이나 교육의 직간접적인 방법을 통해 배울 수 있다. 이처럼 사람들은 태어날 때부터 문화를 가지고 태어나는 것이 아니라 학습을 통해서 그 상황에 맞는 행동유형을 배우면서 사회구성원으로 성장하게 된다. 다시 말하면, 사람들은 앞 세대로부터 다양한 방식으로 문화를 전달받는 이른바 문화전계(enculturation) 과정을 통해서 또는 학습자 스스로 행동유형이나 삶의 방식을 배울 수 있다.

- 문화는 상호 관련되어 있다. 문화의 다양한 부분은 분리된 별개의 것이 아니라 상호 관련되어 있다. 따라서 문화는 통합된 전체(integrated wholes)로 고려되어야 한다. 문화의 일부 측면만을 바라보는 것은 문화를 제한적으로 이해함으로써 문화에 대한 오해를 낳을 수 있다.

- 문화는 변화하는 경향이 있다. 문화는 고정불변적인 것이 아니라 시간의 흐름에 따라 때로는 급격히, 때로는 서서히 변화한다. 우리 사회로 예를 들어 보자. 역사적으로 조선시대의 의복 형태와 삶의 유형은 현대 산업사회와는 많은 차이를 보이고 있다. 이러한 문화변화(cultural change)는 발명, 발견 및 혁신 등과 같은 내적 요인과 다른 문화와의 빈번한 접촉으로 인한 외적 요인에 의해서 일어날 수 있다. 특히 오늘날 과학기술 발달과 글로벌화로 인한 잦은 왕래와 접촉은 급속한 문화변화의 원인이 될 수 있다. 이처럼 하나의 문화가 다른 문화와의 빈번한 접촉으로 인해 변화하는 것을 문화접변(acculturation)이라고 하는데, 이러한 접촉과정을 통해서 두 문화가 모두 변화하거나 한쪽이 더 많은 영향을 받을 수도 있다.

현대 사회는 빈번하게 다양한 문화접촉이 이루어지고 있기 때문에 문화접변 현상이 가속화될 수 있어 자칫 문화충격(culture shock)으로 이어질 수 있다. 문화충격은 사람들이 어떤 문화에서 다른 문화로 이동하게 될 때 종종 일어나게 되는데, 이때 외로움, 불안 및 불편함을 느끼게 되는 것을 말한다. 두 문화가 다르면 다를수록 문화충격은 더 심각할 수도 있다. 문화충격은 음식 문제에서부터 언어장벽에 이르기까지 다양하다. 이는 급속한 문화변화 또는 다양한 문화 속에서의 적응에 관련되어 있으므로 문화충격을 완화해 줄 수 있는 노력이 필요하다. 이것은 우리 사회 내에서도 세대 간 문화차이로 인한 문화충격뿐만 아니라 특히 글로벌화나 이주민 등으로 인한 문화충격 예방을 위한 대책 등에 많은 시사점을 주고 있다.

2) 자민족중심주의와 문화적 상대주의

(1) 자민족중심주의

사람들은 태어나면서부터 대부분 자신의 삶의 방식이 선하고, 도덕적이라고 배우는 경향이 있다. 이에 사람들은 일상생활 속에서 자신의 집단의 생각이나 행동은 옳고 다른 사회나 집단의 생각이나 행동은 옳지 않거나 이상하다고 생각할 수 있다. 다른 행동유형이나 생활방식은 이상하거나 열등한 것으로 생각할 수도 있다. 이러한 것은 사람들이 성장하면서 자신만의 환경 속에서 생활하는 과정에서 형성될 수 있을 것이다. 이는 곧 자신의 문화가 다른 집단의 문화보다 우월하다는 생각을 갖게 함으로써 자칫 다른 문화에 대한 편견을 불러일으키게 되어 다른 문화를 경시하는 원인이 된다.

Sumner는 이를 설명하기 위하여 처음으로 자민족중심주의(自民族中心主義, ethnocentrism)라는 말을 사용하였다. 자민족중심주의란 자신의 문화와 생활양식이 다른 사람들보다 우월하다고 가정하는 경향을 말한다. 자민족중심주의적 관점을 가진 사람들은 자신이 속한 집단의 문화를 중심으로 생각하기 때문에 다른 문화를 표준에서 벗어나는 일탈로 간주한다(Schaefer, 2010). 따라서 자민족중심주의 입장에서는 자신의 문화가 다른 문화보다 우수하다는 태도를 취하게 된다(Thio, 2007). 극단적인 자민족중심주의는 외국인 혐오증을 가지게 하여 타 문화를 배척할 수도 있다.

다시 말하면, 자민족중심주의란 자신이 가지고 있는 문화의 기준이나 표준에 의해서 다른 문화를 판단하거나 평가하려는 것이다. 이러한 자민족중심주의는 집단의 유대감이나 결속력을 강화하는 측면도 있지만, 한편으로는 다른 집단의 행동유형이나 삶의 방식을 부정하거나 경시하는 측면도 있다.

(2) 문화적 상대주의

특정 사회나 집단의 문화는 오랜 역사적 과정을 거치면서 그 사회의 필요에 의해 형성된 것이다. 이러한 과정에서 특정 사회를 존속·유지·통합하기 위해서 오랫동안 그 사회의 특성을 반영한 행동유형이나 삶의 방식을 만들어 놓은 것이다. 즉, 각각의 문화는 환경에 대한 특정 사회의 적응방법을 반영(Sullivan, 2009)해 놓은 것임을 이해하여 다른 문화를 평가할 때는 신중히 하거나 판단을 유보할 필요가 있다. 자민족중심주의의 대비되는 말이 문화적 상대주의(cultural relativism)이다.

문화적 상대주의는 어떠한 문화도 다른 문화보다 더 나은 문화는 없다는 가정에서 출발한다(Miller, 2008). 자민족중심주의가 다른 나라의 문화를 평가할 때 올바른 행동의 기준을 자신에게 친숙한 문화를 기반으로 하는 반면, 문화적 상대주의는 다른 문화를 이상하거나 이국적인 것으로 보기보다는 다른 문화를 먼저 이해하려는 데 중점을 둔다. 즉, 문화적 상대주의는 사회적 맥락에 따라 다른 규범과 가치가 형성된다는 점을 강조한다. 문화의 차이에 의한 규범, 가치 및 관습을 평가하기 위해서는 편견 없이 바라보는 노력이 있어야 한다(Schaefer, 2010). 따라서 우리는 우리와는 다른 문화를 판단하거나 평가할 때는 신중을 기해야 하며 무조건 비판적인 입장을 취해서는 안 되고, 먼저 이해하려는 입장을 가져야 할 것이다.

그러나 문화적 상대주의 관점이라고 해서 다른 문화를 무조건 평가하지 말아야 한다는 방식으로 이해해서는 곤란하다. 즉, 이 관점에서는 다른 문화를 접할 경우 먼저 이를 이해하려는 노력이 선행되어야 한다는 점을 강조하는 것이다. 따라서 비판적 문화적 상대주의(critical cultural relativism) 입장과 통일된 관점을 취하는 올가미에서 벗어나고자 한다. 이러한 시각은 사회마다 문화는 다르지만, 어떤 문화가 올바른지 하나하나 나열할 수 없으므로 인류가 추구하는 보편적 가치에 관심을 가져야 함을 시사한다.

3. 문화, 사회 및 교육의 관계

1) 사회와 문화

사회, 문화 그리고 교육은 어떤 관계가 있을까? 사회(society)의 라틴어 어원을 보면 socius, 즉 동료(comrade), 친구(friend), 동맹 또는 협력자 등의 의미를 지니고 있다. 따라서 사회란 글자상으로 함께하는 사람들, 즉 집단을 의미한다. 흔히 인간은 사회적 동물이라고 하는 말도 결국 사람들은 기본 욕구 충족을 위해 서로서로 의존적임을 나타내는 말이다. 따라서 사람들이 상호 의존하면서 살아가기 위해서는 사람들 간의 관계가 필요한데, 사회란 곧 이런 관계 속에서의 인간집단을 말한다. 사회란 사회적 관계의 네트워크로서 사람들은 이를 통해 다른 사람들과 상호 관계를 맺기도 한다.

모든 사람은 문화를 가지고 있으므로 모든 사회에는 문화가 존재한다. 이러한 점에서 문화와 사회는 밀접한 관계를 가지고 있다. 다시 말하면, 문화 없는 사회를 생각할 수 없고 사회 없는 문화를 생각할 수 없다. 그러나 이 양자의 개념은 상호 관련되어 있지만 차이점도 존재한다. 문화를 한 사회의 구성원들이 가지고 있는 가치관, 태도, 규범, 지식, 기술 및 관습 등이라고 본다면, 사회는 관계를 기반으로 한 모임이나 집단 차원을 강조하는 말이다. 따라서 그 범위를 구분하기는 쉽지 않지만 사회와 문화의 관계를 제시해 보기로 하자.

- Horton과 Hunt(2004)에 의하면, 사회란 영토를 점유하고, 문화를 공유하고 있는 비교적 독립적이며 영속적인 인간집단이다. 문화가 규범 및 가치의 체계라 한다면, 사회는 영토를 점유하고, 문화를 공유하고 있는 인간집단이다. 즉, 사회는 서로 관련되어 있는 사람들의 조직이고, 문화는 사람들이 가지고 있는 조직화된 규범과 가치체계이다.
- Thio(2007)에 의하면, 사회란 같은 삶의 방식을 공유하고 같은 영토에서 생활하는 상호작용하는 사람들의 집합체이다.
- Sullivan(2009)에 의하면, 사회와 문화는 유사한 의미로 사용되고 있으나 대체로 다음과 같이 구분하기도 한다. 사회는 공동의 영토와 문화를 공유하고 비교적 자족(self-sufficient)하고 있는 사람들의 집단이며, 문화는 사람들의 전통, 관습 및 행동이다.
- Henslin(2009)에 의하면, 사회란 문화와 영토를 공유하고 있는 인간집단이다. 우리를 둘러싸고 있는 사회는 우리의 경험을 위한 무대를 만들어 주는 것이다.

이상의 내용을 토대로 볼 때, 사회의 공통적인 구성요소로는 크게 영토, 문화 및 인간집단의 세 가지를 들 수 있다. 따라서 사회란 영토를 기반으로 하여 문화를 통해 함께 생활하는 사람들의 집단이라 할 수 있다. 따라서 이 두 용어는 차이점도 있지만 상호 밀접하게 관련되어 있다.

2) 문화와 교육

인간은 사회적 동물임과 동시에 문화적 동물이다. 따라서 인간이해를 위해서는 문화를 떠나서는 생각할 수 없다. 이러한 문화는 전통사회나 농경사회에서는 주로 가정을 통하여 전달되었으나 제도화된 형식교육이 등장하면서 문화전달은 주로 학교교육을 통하여 이루어지고 있다. 물론 오늘날에는 매스미디어나 평생학습체계를 통한 문화전달도 급속하게 이루어지고 있다. 문화와 교육과의 관계를 간단히 제시해 보기로 하자.

첫째, 교육은 문화를 전달하거나 창조하는 기능을 수행하고 있다. 한 사회가 단절되지 않고 지속적으로 유지되기 위해서는 앞 세대가 다음 세대에게 지속적으로 문화를 전달할 필요가 있다. 이것은 주로 학교교육을 통하여 이루어진다. 그러나 교육은 단지 문화를 전달하는 차원에만 머무는 보수적인 기능만 하는 것이 아니라, 기존 문화를 바탕으로 새로운 지식이나 기술 그리고 새로운 생활방식이나 삶의 유형을 만들어 냄으로써 인간의 삶의 질을 향상시키는 문화창조 기능도 수행하고 있다. 문화 전달 및 창조는 형식교육에 의해서만 이루어지는 것이 아니라 비형식교육이나 매스미디어 등 다양한 방식으로 이루어지고 있다.

둘째, 학교에서 가르치는 교육내용 역시 한 사회의 문화와 밀접한 관련을 맺게 된다. 왜냐하면 한 사회가 추구하는 방향은 그 사회가 오랫동안 축적해 온 문화에 뿌리를 두지 않을 수 없다. 바로 이러한 문화는 그 사회의 교육목적 설정에 영향을 미칠 것이고, 설정된 교육목적 달성에 필요한 교육내용은 자연히 그 사회의 문화와 관련될 것이다. 그러나 오늘날 세계시민으로서의 상호 이해와 글로벌사회에 적응하기 위해서 특정 사회의 문화만 가르치는 것이 아니라 다양한 문화가 교육내용에 반영되고 있다.

문화는 물질문화(material culture)와 비물질문화(nonmaterial culture)로 나뉜다. 물질문화는 도구, 가구, 자동차, 빌딩, 도로, 다리 등과 같은 가공품 등을 말한다. 비물질문화는 사람이 사용하는 말, 사람들이 가지고 있는 아이디어, 관습, 신념 그리고 사람들이 따르는 습관 등을 말한다. 교육기관은 이러한 물질문화와 비물질문화를 모두 가르치고 있는데 이 둘은 상호 관련되어 있다. 왜냐하면 물질문화는 비물질문화의 결과물이자 파생물임과 동시에, 비물질문화가 없다면 물질문화는 의미가 없을 것이다. 역으로 물질문화 역시 인간의 생활방식에 영향을 주고 있다. 물론 문화라고 할 때는 일반적으로 비물질문화, 즉 정신적 측면을 강조하는 말이다.

셋째, 교육방법과 문화의 관계이다. 한 사회가 추구하는 인간상은 문화의 영향을 받게 되고 그러한 인간형성을 위한 교육방법 역시 문화의 영향을 받지 않을 수 없다. 전통사회에서는 그 당시의 문화가 교육방법에 지대한 영향을 미쳤을 것이나 오늘날의 개방사회, 글로벌사회에서는 특정 사회만의 문화에 의존하지 않고 다양한 문화에서 사용되고 있는 선진 학습방법들이 활용되고 있다. 특히 오늘날의 다문화사회에서는 다양한 문화적 배경을 고려한 다양한 학습방법이 활용되어야 할 것이다.

문화란 가치, 규범, 지식, 신념, 행동, 경험 및 언어 등으로서 학생들의 수업과 학습의 토대가 된다. 즉, 문화(언어, 문화의 내용, 문화적 맥락, 공동체 사정방법)는 사회−정서 발달(자기가치, 문화적 정체성, 공동체와의 관계)과 교육결과(학생참여, 학생행동, 학업성취 및 성장)에 영향을 미치는 토대가 되며 영향을 미치게 된다. 문화, 사회 및 교육의 관계를 제시하면 [그림 1−1]과 같다(Kana'iaupuni, Ledward, & Jensen, 2010).

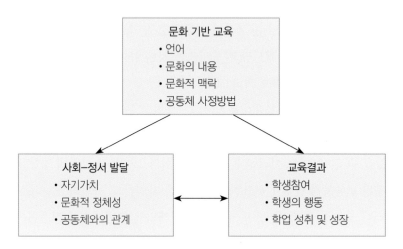

[그림 1−1] 문화, 사회 및 교육의 관계

출처: Kana'iaupuni, Ledward, & Jensen (2010).

/ 다문화교육의 이론과 실제 /

제 2 장

다문화주의의 이해

1. 다문화사회와 다문화주의의 개념

그동안 우리나라에서는 단일민족이라는 말이 우리 의식을 지배해 왔다 해도 지나친 말이 아니다. 그 원인은 지리적 · 역사적 특성 등의 다양한 요인에 의해 영향을 받았을 것이다. 그러나 오늘날에는 글로벌화로 인하여 다양한 문화와의 교류는 피할 수 없는 상황에 놓여 있다.

오늘날 다문화사회는 국내적 요인에 의해서도 영향을 받을 수 있지만, 세계의 글로벌화는 글로벌 마케팅과 글로벌 빌리지, 즉 지구촌시대로 이끌게 되었다. 이러한 시대적 특성은 다문화사회를 더욱 촉진시키게 되었다. 우리나라 외국인 주민 비율은 2006년 1.1%(주민등록인구 대비)에서 2021년 4.1%(총인구대비)로 약 4배가량 증가하였다(행정안전부, 2021). 그리고 2040년 이주민은 총인구 대비 6.9%로 증가할 것으로 예측되고 있을 정도로, 이는 우리 사회는 다문화사회(이주민 5%)로 진입 중임을 보여 주는 것이다.

현재 우리나라는 다른 나라의 다문화사회 형성과는 다소 차이를 보이고 있다. 우리나라는 주로 국제결혼가정과 해외 노동인력의 국내 이주를 토대로 한 다문화사회라면, 외국의 경우는 물론 우리의 다문화 상황을 포함하면서도 주로 이민 형태의 다문화사회라는 점에서 출발선에서는 다소 차이를 보이고 있다. 그럼에도 향후 국제결혼, 취업 및 이민 등으로 인해 정착될 다문화사회를 대비하기 위해서는 다문화주의에 대한 대책이 시급하다.

다문화주의(multiculturalism)의 의미 또한 문화의 정의만큼이나 다양하게 이루어지고 있다. 다문화주의는 multi, culture, ism으로 나누어 생각해 볼 수 있다. 영어의 'multi'는 '복수의' '다수의'라는 의미이다. 한자어 '多' 역시 '많은' '넓은' 등의 의미를 지니고 있다. '주의(主義)'는 굳건히 지키는 주장이나 방침 또는 체계화된 이론이나 학설이다. 이렇게 본다면, 글자상으로 다문화주의란 다양한 또는 다수 문화의 존재에 대한 주장이나 학설에 관한 말이다.

다문화주의가 출현되기 전에는 단일의 사회집단이나 민족집단의 문화를 지지하고 허용하는 단문화주의(monoculturalism)와 동화주의가 국가의 규범이 되었다. 그러나 다문화주의는 1960년대 중반에 나타난 자유로운 사회적 사고(liberal social thought)의 광범한 영향을 받게 되었다. 이러한 과정 속에서 문화적 차이가 인정되고 존중되며, 이민자와 소수민족집단에 대한 동화주의는 감소되었다. 즉, 당시 대부분의 국가에서 널리 퍼져 있던 이민자의 흡수라는 강한 동화주의 이데올로기(assimilationist ideology)로부터 차이에 대한 제도적 차원의 인식변화를 가져온 것이다(Iqbal, 2022; Mitchell, 2004). 특히 가장 중요한 것은 이민정책에 관한 다문화적 이념과 자유국가에서의 효과적인 이민과 소수민족 통합을 지각하는 것이었다.

캐나다의 경우, 1971년에 연방정부는 다문화 정책을 채택함으로써 캐나다사회의 기본 특성으로서 다문화주의를 인식하였다. 1981년경에는 캐나다에서 다양한 인종의 증가로 인종차별에 대한 관심이 더 증대하였다. 1988년 캐나다의회는 「캐나다 다문화주의법(Canadian Multiculturalism Act)」을 통과시켰다. 이 법은 기원에 관계없이 모든 캐나다인에 대해 기회균등을 보장하며, 인종적·민족적·종교적 소수민족들의 권리를 강조하였다(Hyman, Meinhard, & Shields, 2011). 이러한 이념은 미국 및 호주와 같은 여타 이민국가로 확산되었다.

그러면 다문화주의란 어떤 의미를 지니고 있을까? Reynolds(1995)는 다문화주의는 우리 자신 및 우리 자신과는 다른 사람들에 대해 이해하려는 것이라고 하였다. 여기서 핵심은 사람 그리고 관계에 대한 것으로, 우리의 공통성(commonality), 문화적 차이, 개인적 독특성(uniqueness)을 발견하려는 것이다.

Rosado(1996)는 다문화주의는 조직이나 사회의 모든 다양한 집단을 인정하며 존중하고, 사회문화적 차이를 소중히 여기며, 포괄적인 문화적 맥락 내에서 계속적으로 공헌하도록 격려하고, 조직이나 사회 속에서 권한을 부여하는 신념과 행동체계라고 하였다.

Sue 등(1999)에 의하면, 다문화주의는 종종 사람들 간의 의사소통과 이해를 방해하게 되는 인종, 젠더, 성적 지향성, 능력, 종교, 계급 등의 광범한 차이를 이해하는 것이다. 따라서 다문화 이해와 감수성을 강화시킴으로써 사람들 간의 의사소통을 통한 다양한 문화를 이해하는 능력을 개선할 필요가 있다.

이 외에도 평가라는 관점에서, 다문화주의는 사람들의 삶에 존재하는 다원성과 다문화적 실재의 수용을 강조하는 다양한 문화적 정책을 반영한 세계관이다. 따라서 다문화주의는 다른 민족의 문화에 대해 존경과 호기심뿐만 아니라 자신의 문화의 이해와 평가를 포함하는 것이다(Iqbal, 2022).

이상의 학자들의 다문화주의에 대한 정의를 토대로 볼 때, 다문화주의의 핵심 용어는 문화적 차이의 이해, 신념체계의 차이로 인한 소통의 장벽 제거, 신뢰, 상호 인정과 존중 등으로 볼 수 있다. 따라서 다문화주의란 다양한 문화적 배경을 가진 집단들의 다양한 문화를 이해하고 존중하며 사회문화적 차이를 소중히 여기는 신념과 행동체계라 할 수 있다. 즉, 다문화주의는 글로벌 관점에서 다른 문화를 불신과 의심으로 바라볼 것이 아니라 공동체 파트너로 바라봄으로써 어떤 사람도 소외받지 않도록 하는 통합과정이라 할 수 있다.

2. 동화주의와 다문화주의

동화주의와 다문화주의는 앞에서 제시된 문화를 자민족중심주의 관점에서 보느냐, 문화적 상대주의 관점에서 바라보느냐 하는 것과도 관련되어 있다. 이러한 관점을 바탕으로 접근해 본다면 동화주의와 다문화주의를 이해하는 데 더 도움이 될 것이다.

다문화주의 정책은 '문화집단 간 차이를 인정하는지 여부'와 '다른 문화집단에 대한 인식의 차이'에 따라 몇 가지로 나눌 수 있다. 즉, 집단 간 차이를 부정하고 타 집단에 대해 긍정적으로 인식하는 경우는 평등주의적 다문화주의 정책으로 귀결될 가능성이 높고, 집단 간 차이를 인정하고 타 집단에 대해 긍정적으로 인식하는 경우는 다원주의적 다문화주의 정책이나 상대주의적 다문화주의 정책으로 귀결될 가능성이 높다. 반면에 집단 간 차이를 부정하고 타 집단에 대해 부정적으로 인식하는 경우는 동화주의적 다문화주의 정책으로 귀결될 가능성이 높고, 집단 간 차이를 인정하고 타 집단에 대해(특히 소수집단이 주류집단에 대해) 부정적으로 인식하는 경우 분리주의적 다문화주의 정책으로 귀결될 가능성이 높다. 이를 보면 〈표 2-1〉과 같다(진시원, 2018).

〈표 2-1〉 **다문화주의 정책의 종류**

구분	문화집단 간 차이를 부정	문화집단 간 차이를 인정
타 문화집단을 긍정적으로 인식	• 평등주의적 다문화주의	• 다원주의적 다문화주의 • 상대주의적 다문화주의
타 문화집단을 부정적으로 인식	• 동화주의적 다문화주의	• 분리주의적 다문화주의

한편, 다문화주의는 정착과정에서 역사적으로 동화주의와 갈등을 겪기도 하였다. 한승준(2008)은 동화주의와 다문화주의를 비교하였는데 이를 보면 〈표 2-2〉와 같다.

〈표 2-2〉 **동화주의와 다문화주의 비교**

구분	동화주의	다문화주의
문화적 지향	• 문화적 동질화 추구 • 추상적인 타 문화 이해와 수용	• 문화적 이질성 존중 • 구체적인 타 문화 인정과 보호
정책목표	• 소수집단의 주류사회로의 통합	• 소수집단의 고유성 인정을 통한 사회통합
갈등 해소 방안	• 완전한 동화를 통한 사회갈등 해소	• 완전한 참여를 통한 사회갈등 해소
정책수단	• 소수집단 차별방지의 법제화(소극적 수단)	• 소수집단 문화와 권리보호의 법제화(적극적 수단)
다양성 개념	• 사적 영역의 문화적 다양성 보호	• 사적·공적 영역의 문화적 다양성 보호
평등 개념	• 기회의 평등	• 결과의 평등
이주민에 대한 관점	• 노동력, 이방인 통합의 대상	• 사회구성원 • 사회 다양성의 원천
비판	• 이주민 동화의 현실적인 어려움 • 이주민에 대한 현실적인 사회적 배제	• 민족정체성 약화 및 사회적 분열 우려

Berry(2011)는 다원적 사회에서 대비되는 두 모형을 [그림 2-1]과 같이 제시하였다.

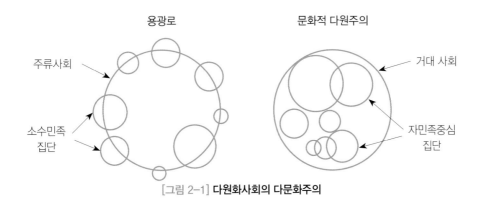

[그림 2-1] **다원화사회의 다문화주의**

[그림 2-1]에서, 먼저 왼쪽의 주류사회-소수민족집단의 용광로(melting pot) 관점에서는, 하나의 지배사회가 있다고 가정할 때 그 지배사회의 가장자리에 다양한 소수민족집단이 있는 경우를 말한다. 이와는 달리, 오른쪽의 다문화주의 관점에서는 다양한 문화집단의 관심과 욕구를 수용하는 국가의 사회적 틀이 있는 경우이다. 이것은 자신의 문화집단이 국가의 틀로 완전히 통합된다. 여기서 주류사회-소수민족(mainstream-minority) 관점은 다원주의에 문제가 있으므로, 이러한 유형은 감소되거나 배제되어야 할 것이다. 다문화주의적 관점은 문화적 다원주의가 하나의 자원(resource)이므로 정책과 프로그램을 지원할 수 있는 포용성이 강화되어야 한다는 입장이다.

이상의 논의를 통해 다문화주의에 대한 개념과 특징적 모습을 다음과 같이 도출해 볼 수 있다(이용승, 2009).

첫째, 다문화주의는 대략 1970년대 이후 정착된 개념으로서 인간 사회의 '다문화적 상황'의 필연성을 긍정하는 가운데 차이를 인정하고, 소수 공동체의 문화를 보존하고 발전시키는 것을 옹호한다.

둘째, 다문화주의는 차이들 간의 평등을 지향한다. 차이의 존속과 이들 간의 평등의 실제적 구현을 위해 다문화주의는 권력의 배분에도 주의를 기울인다.

셋째, 다문화주의의 목적은 문화적 차이와 문화의 권리를 인정하고, 이들 간의 공존과 문화 교류를 장려함으로써 사회의 통합력을 제고하려는 것이다. 이러한 목적의

식은 다문화주의가 스스로에게 부여한 한계이자 끊임없이 자신을 돌아보는 성찰의 준거이기도 하다.

넷째, 가장 포괄적으로 다문화주의는 인간의 본원적 평등성을 추구하려는 것이다. 그것을 지탱하는 논리는 인간의 평등에 대한 인식 및 인정이라고 할 수 있다.

이러한 다문화주의의 네 가지 요소는 상호 규율과 제한을 요구한다. 어느 한 가지 요소가 지나치게 극대화되면 오히려 다른 가치는 저하될 우려가 있기 때문이다. 예를 들면, 평등과 상호 존중, 통합의 가치를 훼손하면서 문화의 보존만을 요구하는 것은 다문화주의가 지향하는 바와는 거리가 있다. 따라서 각각의 구성요소를 어느 정도까지 허용하고, 어느 수준에서 조율할 것인가 하는 것은 해당 사회구성원들의 합의가 이루어져야 하는 부분이다.

3. 편견, 차별행동 및 고정관념

다양한 집단이나 사회에서 생활하는 과정에서는 의견을 같이하는 사람들이 있는가 하면 서로 다른 입장을 가지고 있는 경우도 있다. 특히 다문화사회에서 다양한 민족끼리 생활하는 과정에서 서로 존중하고 신뢰하는 마음을 가져야 하나, 간혹 편견, 차별행동 및 고정관념 등이 발생하는 상황도 생길 수 있다(Schaefer, 2010; Stodolska, 2005; Sullivan, 2009).

1) 편견

편견(prejudice)은 사람들, 종종 소수민족이나 소수인종의 사람들에 대한 부정적인 태도를 말한다. 가령, 주변 동료나 다른 어떤 사람이 게으름을 피우면서 일을 대충하기 때문에 그를 싫어한다면 그것은 편견이라 보기 어렵다. 그러나 인종, 민족성 또는 종교 등의 특성을 토대로 직접적으로 고정관념을 갖는다면 이것은 일종의 편견이라 할 수 있다. 편견은 개인과 집단에 대해 그릇된 생각을 영속화하는 경향이 있다. 특히 자민족중심주의 입장을 취하는 경우 자신의 문화는 우월하고 다른 문화는 열등하다고 바라볼 때 편견이 일어난다. 즉, 편견이란 특정 집단 속의 구성원들만을 토대로 어떤 사람들에 대한 비합리적인 태도를 말한다.

　오늘날 이러한 편견은 스포츠, 일터 등 다양한 곳에서 볼 수 있다. 즉, 다른 민족이라는 이유로 그들이 동일한 능력을 가졌거나 때로는 더 우수한 역량을 보임에도 비하하는 경우를 볼 수 있다. 따라서 오늘날과 같이 다양한 사람의 잦은 왕래로 지구촌사회에서 함께 살아가기 위해서 이러한 편견은 없어져야 할 것이다.

2) 차별행동

　앞에서 제시된 편견은 종종 차별을 가져올 수 있다. 차별행동(discriminatory behavior)은 편견이나 독단적인 이유 때문에 개인과 집단의 기회와 동등한 권리를 부정하는 것이다. 즉, 종종 비논리적이고 비합리적인 근거를 토대로 자원, 특권 또는 기회 및 실제에 대한 접근기회를 부정하는 것을 말한다.

　사람들은 다양한 방식으로 정보와 지식을 축적하게 된다. 이러한 정보와 지식은 사람들의 신념에 영향을 미치고, 또 이러한 신념은 태도에 영향을 주게 된다. 따라서 특정 소수민족집단에 대한 자신의 태도는 집단의 주요 특성에 대한 자신의 신념에 의해 나타난다. 적대적인 태도는 편견으로 인한 결과일 수 있지만, 집단에 대해 호의적인 신념을 가진 사람이라도 부정적인 정보를 받게 되면 단기적으로 집단의 구성원에 대한 적대적인 태도가 형성될 수 있다. 즉, 사람들은 외부 집단의 구성원들과 접촉하게 될 때 대체로 어떤 집단에 대한 신념을 바탕으로 특정 소수민족집단 구성원에 대한 자신의 기대를 할 수도 있다.

　이를 통해서 볼 때, 사람들은 어떤 정보나 지식에 접하느냐 하는 것은 신념형성에 영향을 미치게 되고, 이렇게 형성된 태도는 자신의 행동으로 나타날 수 있다. 다시 말하면, 획득된 정보와 지식-신념-태도-행동으로 연결될 수 있다는 점에서 다양한 문화에 대한 올바른 정보나 지식 획득은 매우 중요하다.

3) 고정관념

　고정관념(stereotype)은 어떤 집단 내의 구성원들의 개인차는 인식하지 않은 채, 어떤 집단의 구성원들 모두를 명확한 근거 없이 일반화(generalization)하는 것이다. 가령, 특정 집단이나 민족은 대체로 모두 어떠한 행동이나 특성을 가지고 있을 것으로 묶어서 판단해 버리는 경우이다.

이상에서 고찰해 본 것처럼 편견, 차별행동 및 고정관념은 차이도 있지만, 상호 관련되어 있다. 우리는 사람들을 대할 때 그들이 특정 집단이거나 특정 민족이라는 이유로 명확한 근거 없이 함부로 판단하거나 평가해서는 안 될 것이다. 문화적 다원주의 관점에서는 특히 편견, 차별행동 및 고정관념을 배제해야 할 것이다.

/ 다문화교육의 이론과 실제 /

제 3 장

다문화교육의 이해

1. 다문화교육의 배경 및 개념

앞에서 문화란 무엇이며, 또 다문화주의란 무엇인가에 대해 논의하였다. 이러한 문화와 다문화주의에 대한 이해를 바탕으로 이제 다문화교육이 무엇인지를 알아보기로 한다.

다문화교육운동[1]은 여러 학자의 노력으로 이루어졌는데, 다문화교육의 발달단계를 몇 가지로 나누어 보면 다음과 같다(Banks, 1993).

첫 번째 단계는 소수민족집단의 역사와 문화 연구를 통해 나타난 민족집단의 정보와 이론들을 학교와 교사교육 교육과정에 활용하고자 하는 것이었다. 결과적으로 다문화교육의 첫 번째 단계는 민족연구(ethnic studies)라 할 수 있다.

두 번째 단계는 앞의 민족연구 결과를 토대로 소수민족집단 학생들의 독특한 욕구에 반응하고, 모든 학생이 더 민주적인 인종적 · 민족적 태도를 갖추도록 도움을 주고자 하는 학교개혁 필요성에 대한 인식이었다. 이의 목적은 학교에서 구조적이고 체계적인 변화를 가져옴으로써 교육평등을 증대시키려는 것이었다.

세 번째 단계는 여성과 장애인들과 같이 자신들을 사회와 학교로부터 다소 소외된 것으로 간주하는 집단들이 자신들의 역사, 문화 및 목소리를 학교와 대학의 교육과정

---

1) 다문화교육운동은 직접적으로 Williams(1882~1883)와 같은 학자들에 의해 주도되어 Woodsen(1919/1968), Bond(1939)와 같은 학자들에 의해 계속된 초기 민족연구(ethnic studies)에 관련되어 있다. 이후에 Baker(1977), Banks(1973), Grant(1978) 등은 미국에서의 다문화교육 발달에 중요한 역할을 수행하였다.

과 구조에 반영하도록 요구하는 단계이다.

네 번째 단계는 인종, 계급 및 젠더에 관련된 변인들을 상호 연계시킬 수 있는 이론, 연구 및 실제를 개발하는 일이다.

이를 통해서 볼 때 다문화교육은 민족연구, 민주적인 인종적·민족적 태도 발달을 통한 평등교육, 교육과정 개혁 그리고 다문화교육의 연구 및 실제를 개발하는 과정을 거쳐 오늘에 이르게 되었다고 볼 수 있다.

특히 1960년대와 1970년대의 민족부흥운동(ethnic revitalization movement) 이후 소수민족집단들은 불만을 나타내며 평등과 구조적 통합을 요구하였다. 미국에서의 흑인 시민권 운동(black civil rights movement)은 세계 도처에 민족부흥운동을 자극하였다. 캐나다의 프랑스인과 원주민, 영국의 서부 인도인과 아시아인 그리고 호주의 원주민 등은 민족부흥운동에 참여하여 분노를 나타내었고, 학교와 대학 등의 제도가 소수민족의 욕구와 희망과 꿈에 더 적극적으로 반응하라고 요구하였다.

1960년대와 1970년대에 민족부흥운동이 일어났을 때, 서양 국가들은 민족적·인종적·종교적·언어적 다양성이 존재했음에도 그 당시의 사회는 동화주의의 이데올로기에 의해 지배되었다. 당시의 미국, 캐나다, 호주의 주요한 국가목표는 하나의 문화—앵글로색슨이나 앵글로셀틱(Anglo-Saxon, Anglo-Celtic)—가 지배하는 국가를 창출하는 것이었다. 이러한 국가들을 구성하고 있는 다양한 집단은 국가의 효율적인 시민이 되기 위하여 자신들의 고유문화와 언어를 포기해야 했다. 영국, 독일, 프랑스, 네덜란드와 같이 유럽에서의 역사가 오래된 나라들도 동화주의 이데올로기에 의해 지배되고 있었다. 그들의 목표는 기존의 국가정체성과 지배집단의 문화적 헤게모니(hegemony)를 유지하는 것이었다(Banks, 2009).

이상과 같은 배경을 토대로 등장한 다문화교육은 구체적으로 어떤 의미를 지니고 있을까? 다문화교육의 개념은 학자들에 따라 다양한 정의를 내리고 있는데, 이들의 주장을 중심으로 살펴보기로 한다.

Davidman과 Davidman(1994)은 다문화교육을 네 가지 범주로 나누어 설명하였다.

첫째, 문화적 다원주의이다. 다문화교육은 다양성의 인정과 존중, 다른 문화에 대한 많은 이해, 모든 문화적 배경을 가진 개인 존중, 다양한 문화집단의 경험과 사람들 사이에서 긍정적·생산적인 상호작용을 발전시키는 것이다.

둘째, 교육평등이다. 다문화교육은 문화적·민족적 집단들을 위해 교육평등을 증대하려는 것이다.

셋째, 인종차별주의와 성차별주의 등의 감소이다. 다문화교육은 학생들이 다른 민족의 기원과 역사를 통해 사실, 일반화, 태도 및 행동을 이해하도록 도와주려는 교육활동이다.

넷째, 다문화교육을 사회재건주의, 다양한 민족교육 및 글로벌교육 등과 같이 교육에 대한 다른 철학적 운동이나 접근과 통합하려는 것이다.

Bennett(2011)은 다문화교육의 핵심적 가치를 문화적 다양성의 이해, 인간의 존엄성과 보편적 인권에 대한 존중, 세계공동체에 대한 책임 및 존중이라 하였다. 이러한 핵심 가치를 토대로 다문화교육이란 학교와 학급에서의 평등운동, 교육과정의 변형(transformation of curriculum), 다문화적 역량형성 과정 그리고 사회정의 실현을 위한 운동을 포함하는 교수-학습에 대한 총체적인 접근이라고 하였다.

Arslan과 Raţă(2013)는 다문화교육에 대해 사회계급, 인종, 민족, 종교 또는 성별 특성에 관계없이 모든 학생이 학습할 기회와 자유가 평등해야 한다고 하였다.

Banks(2014)에 의하면, 다문화교육이란 학생을 위한 교육개혁운동으로서 모든 학생이 젠더, 성적 지향성, 사회계급 및 민족적·인종적·문화적 특성에 관계없이 학교에서 학생들에게 균등한 학습기회를 주는 것이다. 다문화교육은 특히 인종, 민족성, 계급, 젠더, 언어, 종교, 성적 지향성 등이 학생의 학습과 행동에 어떻게 영향을 미치는가에 초점을 둔다.

이 외에도 다문화교육이란 문화감응 교수법 또는 문화적합 교수법을 통한 다문화교육의 촉진(Gay, 2000; Ladson-Billings, 2004), 반인종차별주의(Nieto, 2009), 유치원에서 대학에 이르기까지 모든 학생이 추구하여야 할 다원주의적 교육의 유형(Jay & Jones, 2005)이라고 정의되고 있다.

이상을 토대로 볼 때, 다문화교육이란 다양한 민족적 배경을 가진 학생들에게 평등한 교육기회를 제공하기 위한 종합적인 교육개혁운동이다. 이를 위해서는 교육제도, 교육내용, 교육방법 등의 개혁을 통해 다양한 민족적 배경을 가진 학생들의 욕구를 충족시켜 주어야 할 것이다. 그뿐만 아니라 다문화교육을 위한 교육개혁을 위해서는 학생, 교사, 학부모 및 일반 사회구성원 모두의 인식변화도 뒤따라야 할 것이다.

〈표 3-1〉 다문화교육 패러다임

패러다임	주요 가정	주요 목적	학교 프로그램과 실제
민족 관련 내용 추가	• 교육과정의 재개념화나 재구조화 없이 민족 관련 내용을 교육과정에 추가	• 교육과정에 특별단원, 민족기념일 추가로 교육과정 통합	• 특별한 민족 관련 연구단원 • 민족음식과 기념일에 초점 • 민족의 영웅에 관한 단원
자아개념 발달	• 민족 관련 내용을 통해 소수민족 학생들의 자아개념 향상	• 소수민족 학생의 자아개념, 학업성취도 향상	• 소수민족집단들의 국가건설 공헌에 관련된 특별 단원 • 민족지도자 관련 단원
문화실조	• 저소득층, 소수민족 청소년은 학교에서의 성공에 필요한 인지기술·문화적 특성 획득에 어려운 가정과 공동체 속에서 사회화됨	• 저소득층, 소수민족 청소년들의 인지적 결핍과 역기능적인 문화적 특성 보상하기	• 행동주의적·집중적인 보상교육(compensatory education) 경험
문화차이	• 어떤 민족집단은 풍부하고 다양한 문화를 가지고 있음	• 소수민족집단 청소년들의 문화반영, 문화적 특성에 맞는 교수전략	• 문화감응 교수(culturally responsive teaching)전략
언어	• 소수민족집단 학생들의 낮은 성취도는 수업이 그들의 가정과 공동체 언어로 진행되지 않기 때문임	• 학생의 가정과 공동체에서 사용하는 언어로 초기의 수업을 제공할 것	• 제2언어로서의 영어 가르치기 • 이중언어, 이중문화 교육(bicultural education) 프로그램 제공
문화적 생태	• 비자발적 소수민족집단의 낮은 학업성취도는 주류문화에 대한 저항 때문임	• 소수민족집단을 주류문화에 동화시키고 조직적으로 포함시킴	• 주류문화에 더 일치하도록 하기 위해 소수민족집단의 문화를 변화시키는 교육중재 방법
보호적 탈동일시	• 고정관념은 타인의 자아감(sense of self)에 영향을 줌	• 소수민족집단 학생들에 대한 고정관념 줄이기	• 고정관념 감소 교육 프로그램으로 학생들의 기대치 향상
구조	• 저소득층, 소수민족집단 학생의 인종차별 배제와 평등 촉진을 위한 학교의 역할은 제한되므로 정치와 경제 측면에서 구조적 변화가 필요	• 정치·경제의 구조적 요인에 대한 학생과 교사들의 이해 제고 노력	• 평등을 촉진하고 인종차별의 구조적 토대에 대한 학생의 이해와 해결을 위한 교육 프로그램 제공
반인종 차별주의	• 소수민족집단의 교육불평등은 주로 개인적·문화적·사회적·제도적·구조적 인종차별주의 때문임	• 교사, 학교, 학생들이 이러한 변인들을 이해하여 해결책을 찾도록 격려하기	• 문화적 가정(assumption)의 사회·교육적 영향 분석 • 타 문화 문화학습 방법 이해 • 제도적 인종차별주의 이해

출처: Banks (2009).

다음으로는 다문화교육에 대한 학교대응 패러다임이 어떻게 변화해 왔는가를 알아보기로 하자. 다문화교육 패러다임의 변천과정은 다문화교육을 종합적으로 이해할 수 있는 틀을 제공하고 있다. 다문화교육 패러다임별 주요 가정, 주요 목적 및 학교 프로그램과 실제를 보면 앞의 〈표 3-1〉과 같다(Banks, 2009).

〈표 3-1〉에 제시된 내용을 간략하게 설명해 보면 다음과 같다.

- 민족에 관련된 내용 추가 및 자아개념 발달 패러다임(ethnic additive and self-concept): 다문화교육의 첫 단계는 교육과정에 민족집단과 관련된 내용을 일부 포함시키는 것이다. 민족영웅과 민족의 기념일에 대한 교수-학습은 민족 관련 내용 추가 패러다임의 구체적인 특징이다. 이 단계에서는 교사들이 소수민족집단에 대한 지식이 미흡하므로 민족 관련 내용을 교육과정에 통합하기보다는 민족집단의 간단한 정보와 민족기념일을 교육과정에 추가한다. 이 단계의 또 다른 주요 목적은 교육자들이 소수민족 학생들의 자아개념을 향상시키고 소수민족집단의 자긍심을 향상시키는 것이다.
- 문화실조 패러다임(cultural deprivation paradigm): 이 패러다임은 가족해체, 빈곤, 효과적인 개념 획득의 부족 그리고 여타 지적·문화적 결핍 때문에 저소득층 학생들이 학교에서 성취를 잘하지 못할 것이라고 가정한다. 문화실조 이론가들에게 있어서 문화실조 학생들을 위한 학교 프로그램의 주요 목적은 학생들에게 지적·인지적 결핍을 보완할 수 있는 경험을 제공하는 것이다. 문화실조 패러다임에 기반한 프로그램은 학생들의 주요 행동을 변화시키는 것이다.
- 문화차이 패러다임(cultural difference paradigm): 문화실조이론과는 달리 문화차이 패러다임은 저소득층 및 소수민족 학생들이 문화적으로 결핍되어 있다는 것을 거부한다. 즉, 소수민족집단들도 풍요롭고 다양한 문화를 가지고 있다고 믿고 있다. 이러한 문화는 모든 사람의 삶을 풍요롭게 할 수 있는 언어, 가치, 행동양식 및 관점을 가지고 있다는 것이다. 소수민족 학생들이 학교에서 성취도가 떨어지는 것은 그들이 가지고 있는 문화적 결핍 때문이 아니라, 소수민족의 문화가 학교문화와 다르기 때문이라는 것이다. 문화차이 이론가들은 소수민족 학생들의 학업성취도가 낮은 원인은 소수민족집단 학생들의 문화 때문이라기보다는 학교에 주로 책임이 있다는 것이다. 문화차이 이론가들은 학교문화와 소수

민족 학생들의 문화가 가치, 규범 및 행동에 있어서 어떻게 차이가 있는가를 연구한다. 이러한 관점에서 보면, 학교는 저소득층이나 소수민족 학생들이 가지고 있는 문화를 학교와 교육과정에 반영하여 학생들의 문화적 특성을 고려한 교수-학습 방법을 활용해야 할 필요가 있다.

- 언어 패러다임(language paradigm): 한 국가에 많은 이주민이 정착하여 학교에 다니게 될 때, 교육자들은 이주민집단의 성취도 문제를 언어나 방언의 차이에서 그 원인을 찾는다. 1970년대 미국에서 푸에르토리코계 미국인과 멕시코계 미국인들의 낮은 학업성취도는 종종 언어에 그 원인이 있다고 가정되기도 한다. 미국에서의 이중언어교육 프로그램에서, 교육자들은 사회계급, 학습특성, 교사의 태도와 기대 그리고 동기와 같은 많은 요인은 매우 중요하며, 라틴계 학생들의 학업성취도에 영향을 주었다고 믿기 시작하였다. 오늘날 일본의 다문화교육의 초점도 언어에 있다. 실제로 교수-학습과정에서의 소통은 학습결과는 물론 학습과정에도 많은 영향을 미칠 수 있다.

- 문화적 생태 패러다임(cultural ecology paradigm): 아프리카계 미국인들의 학업성취도가 낮은 원인은 백인 주류문화에 대한 반대와 백인의 행동에 대한 두려움 때문이라고 가정하였다. 이러한 입장을 갖는 학자들은 소수민족집단을 두 가지로 분류하였다. 하나는 이주자와 같은 자발적 소수민족집단이고, 다른 하나는 카스트(caste)와 같은 비자발적 소수민족집단이다. 자발적인 이주집단(voluntary immigrant)은 새로운 국가를 기회와 희망의 땅으로 생각하고 오게 된 것이고, 카스트와 같은 비자발적 소수민족집단(involuntary immigrant)은 그들의 나라에서 제도화된 인종주의와 차별을 경험한 토착집단이다. 자발적 이주자들은 카스트와 같은 비자발적 소수민족집단들에 비해 학업성취도가 더 높은데, 그 이유는 자발적 이주자들은 주류사회의 가치와 행동을 학교에서 규범으로 받아들이기 때문이다. 반면에 카스트와 같은 비자발적 이주자들은 학교에서 제도화된 학업적 가치와 행동을 거부하고 있는데, 그 이유는 이주 전 자신의 나라에서 구조적 인종주의와 차별로 희생을 당했기 때문이다.

- 보호적 탈동일시 패러다임(protective disidentification paradigm): 이 패러다임은 사람들이 집단의 고정관념(stereotype)에 의해 판단되거나, 그러한 고정관념과 자신이 동일시될 가능성이 있을 때, 개인의 자아감(sense of self)은 위협을 받게 된

다는 것이다. 따라서 사람들은 자아감을 보호하기 위해서 자신을 관련된 영역과 탈동일시함으로써, 결과적으로는 잠재적인 위협의 영향에서 벗어나도록 반응하게 된다. 그러므로 소수민족 학생들을 위한 프로그램을 치료 목적을 위해 좋은 의도로 설계하더라도 그 자체가 인종적 고정관념을 불러일으킬 수도 있기 때문에 실패할 가능성도 있다.

- 구조적 패러다임(structural paradigm)과 반인종차별주의(antiracist) 패러다임: 이 패러다임은 구조적 · 제도적 측면에서 저소득층 및 소수민족집단 학생들의 학업성취도 문제를 분석하려는 것이다. 다른 패러다임에 의하면, 학교는 소수민족 집단 학생들이 사회적 · 정치적 · 경제적 평등을 달성할 수 있도록 성공적으로 중재할 수 있다고 가정하는 반면, 구조적 패러다임은 학교가 문제의 한 부분으로서 소수민족집단을 주변화하는 데 중요한 역할을 수행하고 있다고 가정한다. 따라서 구조적 패러다임은 반인종주의와 차별을 배제하고 소수민족 학생들을 위한 평등을 촉진하기에는 한계가 있다는 것이다. 학교의 주요 목적 가운데 하나는 학생들을 교육하여 그 사회의 특정 지위를 받아들이도록 함으로써 그 사회의 사회계급을 재생산하도록 한다는 것이다. 따라서 저소득층과 소수민족 학생들의 평등을 실현하기 위해 가장 효과적인 방법은 학교의 노력뿐만 아니라 사회구조적인 노력도 동시에 뒤따라야 하는 복합적인 현상임을 시사한다.

2. 다문화교육의 목적과 원리

1) 다문화교육의 목적

다문화교육이 왜 필요하며, 다문화교육이 궁극적으로 추구하는 바는 무엇인지에 대한 물음은 이미 다문화의 개념 속에 암시되어 있다. 여기서는 다문화교육의 목적을 조금 더 구체적으로 알아보기로 한다.

Davidman과 Davidman(1994)은 다문화교육의 목적을 여섯 가지로 제시하였다. 즉, 교육평등, 학생과 학부모 등에게 권한 부여하기, 문화적 다원주의 사회, 학급 · 학교 · 공동체에서의 문화 · 민족 · 집단 간 이해와 조화, 학생 · 교사 · 직원 · 행정가를 위한 다문화적·다민족적 지식 기반의 확대, 다문화적 관점에서 사고·계획·활동하는 학생·교사·직원·행정가 등이다. 이를 살펴보면 [그림 3-1]과 같다.

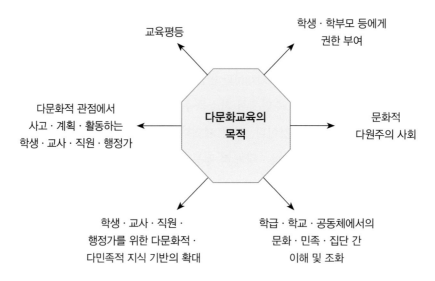

[그림 3-1] **다문화교육의 목적**

출처: Davidman & Davidman (1994).

[그림 3-1]에 나타난 다문화교육의 목적을 간단히 설명하면 다음과 같다.

- 교육평등: 이를 위해서는 다양한 요소가 고려되어야 하지만, 특히 재정적 측면, 학습기회, 개인과 집단 모두를 위한 교육성과 등이 고려되어야 한다.
- 학생·학부모 등에게 권한 부여: 다문화교육 목적으로서의 권한 부여는 일반적으로 학생들만 생각할 수 있으나 부모, 교사 및 기타 교육관계자들을 포함한다.
- 문화적 다원주의 사회: 교육평등이 균등한 학습을 촉진하기 위해 주요 교육조건들을 수정하는 데 초점을 둔다면, 문화적 다원주의는 태도에 관련된다. 이것은 교사, 학생 및 행정가들이 긍정적 문화적 태도를 갖도록 교육과정을 설계하는 것이다. 궁극적으로 문화적 다원주의는 교육평등과 관련된다는 것이다.
- 학급·학교·공동체에서의 문화·민족·집단 간 이해 및 조화: 이를 위하여, 교사들은 학생들에게 다른 문화와 민족집단은 물론이고 자신의 집단구성원들도 더 나은 삶을 준비하도록 지식과 기술을 제공해야 한다. 특히 민족 간에 갈등도 생길 수 있으므로 민족·집단 간 관용성을 촉진할 수 있는 교육과정을 구성해야

할 것이다.

- 학생 · 교사 · 직원 · 행정가를 위한 다문화적 · 다민족적 지식 기반 확대: 다양한 문화에 대한 지식이 증가할수록 다른 문화집단의 자아존중감을 높여 주고 편견을 감소시키는 역할도 할 것이다. 궁극적으로 그러한 지식은 문화적 다원주의, 집단 간 조화 그리고 다문화적 관점에서 사고 · 계획 · 실행하는 토대가 될 것이다.
- 다문화적 관점에서 사고 · 계획 · 활동하는 학생 · 교사 · 직원 · 행정가: 다문화적 관점에서 사고하여 계획하고 가르친다는 것은 개인이 가지고 있는 신념과 태도에 의해 많은 영향을 받는다는 점에서 문화적 다원주의와 유사하다고 할 수 있다. 다문화적 관점은, 가령 미국의 역사와 문화 또는 캐나다의 역사와 문화 등 다문화주의에 대한 신념에 의해 형성된 시각(seeing)과 학습방법, 마음의 상태를 말한다. 다문화적 관점은 교육과정 개발자와 교사들의 교육내용 선정에 영향을 줄 수 있으며, 매우 폭넓은 시각에서 교육과정을 검토하는 데 도움을 준다. 결국 다문화주의에 대한 관점의 발달은 행정가들의 교육정책, 교사의 교수–학습 방법 그리고 학생과 학부모들의 상호 이해방법에 영향을 줄 것이다. 따라서 다양한 문화에 대한 이해와 관점의 계발은 다문화교육에 중요한 요인이라 할 수 있다.

Banks(2014)는 다문화교육의 주요 목적을 다음과 같이 제시하였다.

- 다른 문화의 관점에서 자신들을 바라봄으로써 자신을 더욱 잘 이해하는 데 도움을 준다.
- 학생들에게 문화적 · 인종적 · 언어적 대안들을 제공한다. 역사적으로, 가령 미국과 여타 서구에서의 학교 교육과정은 주로 권력과 영향력을 가진 주류집단의 문화와 역사에 초점을 두었다. 미국에서의 학교문화와 교육과정은 미국의 주류사회 학생들의 문화를 확장하는 것이었다. 따라서 학교는 주류사회 학생들에게 문화적 · 민족적 대안들(alternatives)을 거의 가르치지 않았다.
- 모든 학생이 자신의 공동체문화 · 주류문화 · 다른 민족의 문화 내에서 생활하는 데 필요한 지식, 기술, 태도를 갖도록 한다.
- 독특한 인종적 · 신체적 · 문화적 특성으로 인해 어떤 민족 및 인종 집단들의 구성원들이 경험하는 고통과 차별을 감소시키려는 것이다.

- 학생들이 글로벌·테크놀로지 사회에서 효과적으로 생활하는 데 필요한 읽기, 쓰기, 셈하기 기술을 습득하도록 도와주는 것이다. 다원주의 사회에서의 교육은 학생들이 자신의 가정과 공동체의 문화를 알도록 하는 데 도움을 준다. 나아가 민주사회의 교육은 사회를 더 평등하고 정의롭게 하며, 공동의 선을 만들고 유지하기 위하여 시민행동에 참여하는 데 필요한 지식, 기술, 태도를 획득하도록 도와준다.
- 다양한 인종, 문화, 언어 및 종교 집단의 사람들이 자신의 문화적 공동체, 자신의 지역문화, 국가의 시민으로서 필요한 문화 및 글로벌 공동체 내에서 효과적으로 활동하는 데 필요한 지식, 기술, 태도를 습득하도록 한다.

또한 다문화교육을 크게 동화주의 또는 용광로(melting pot) 관점 그리고 다원주의 또는 글로벌 관점에서 볼 때, Ameny-Dixon(2004)은 여러 학자의 의견을 토대로 다문화교육의 목적을 글로벌 관점(global perspective)에서 제시하였다. 이러한 글로벌 관점은 장기적으로 볼 때 다음과 같은 이점이 있다고 주장하였다.

첫째, 다문화교육은 생산성을 증대시킨다. 왜냐하면 다양한 정신적 자원을 통해 하나의 과제를 완성하는 데 유용하고, 모든 사람 사이에서 인지적·도덕적 성장을 촉진하기 때문이다. 둘째, 다문화교육은 문제해결 과정에서, 동일한 문제를 다양한 관점에서 접근하도록 함으로써 창의적 문제해결 기술을 증대시킨다. 셋째, 다문화교육은 공동의 목표 달성, 존중, 이해 및 평등을 통해 긍정적 관계를 증대시킨다. 넷째, 다문화교육은 다양한 사람과의 직접적인 접촉과 상호작용을 통하여 고정관념과 편견을 감소시킨다. 다섯째, 다문화교육은 구성원들의 다양한 문화를 통해 사회에 활력을 불어넣음으로써 더 폭넓은 세계관을 갖게 한다.

Ameny-Dixon(2004)은 이상과 같은 다문화교육에 관한 관점을 토대로 글로벌 관점에서의 다문화교육의 목적을 〈표 3-2〉와 같이 제시하였다.

〈표 3-2〉에 제시된 바와 같이, 글로벌 관점에서의 다문화교육의 목적은 모든 사회구성원이 사회적 행동기술을 발달시킴으로써 다문화의식을 강화하고, 편견과 차별을 감소시켜서 세계와 글로벌 역동성을 인식하는 것이다. 이처럼 다문화교육을 글로벌 관점에서 접근하는 것은 그 바탕에 문화적 다원주의가 자리 잡고 있기 때문에 이제는 다문화교육을 글로벌교육이라고 해도 큰 문제는 없을 것처럼 보인다.

〈표 3-2〉 **글로벌 관점에서 다문화교육의 목적**

목적 2: 다양한 역사적 관점 발달		목적 3: 문화의식과 다문화역량 강화
	목적 1: 핵심 가치 • 세계공동체에 대한 책임감 • 지구에 대한 경건함 • 문화적 다양성의 수용과 이해 • 인간의 존엄성 존중	
목적 5: 글로벌 역동성의 인식 증대		목적 4: 인종주의, 성차별주의, 여타 모든 형태의 편견 및 차별을 없애고 사회적 행동기술 개발하기

이상에서 살펴본 다문화교육의 목적을 토대로 다문화교육의 중요성 또는 필요성을 정리하면 다음과 같다(Tonbuloğlu, Aslan, & Aydin, 2016).

- 학생들의 사회문화적 배경과 경험에 적합한 자료와 접근방법을 사용함으로써, 모든 영역에서 자신의 학업적 성공에 도움이 되도록 해야 한다.
- 다문화교육의 중요한 부분 중 하나는 다양한 목소리에 귀를 기울이는 것이다.
- 교사의 언어적 · 비언어적 의사소통 모형은 학생들의 학습참여를 증대시키기 위해 계속 분석되어야 한다.
- 학생들의 학습양식(learning style)과 교사의 교수양식(teaching style)은 내용과 수업설계 과정에서 고려해야 할 중요한 요소이다.
- 다문화교육은 공식적인 교육 프로그램으로 다루어야 한다.
- 다문화교육은 모든 수준을 포괄하는 프로그램이어야 한다.
- 다문화교육은 학생들의 비판능력을 길러 줌으로써, 객관적 사고와 자유로운 질문능력을 길러 주어야 한다.
- 다문화교육은 공동체의 가족문화 이해를 필요로 한다.
- 다문화교육은 공동체가 잘 살 수 있는 하나의 원천으로 평가되어야 한다.

Banks(2014)도 다양성(diversity)은 국가를 풍요롭게 하며, 개인적 · 공적 문제를 지각하여 해결방법을 증대시킨다고 보았다. 더욱이 다양성은 모든 시민에게 다른 문화 경험 기회를 제공함으로써 사람들을 더 풍요롭게 한다는 것이다. 개인이 다양한 문화에 관여하게 되면 전체적인 인간 경험으로부터 더 많은 혜택을 얻을 수 있다는 것으로 생각할 수 있다.

이상에서 제시된 다문화교육의 목적을 달성하기 위해 노력한 결과는 사회구성원들에게 다양한 영향을 미칠 수 있다. 가령, 다양한 문화를 접하게 될 때 다양한 경험을 통해 다양한 아이디어를 얻을 수 있을 것이다. 다양한 경험을 통한 다양한 아이디어는 특정 문제를 다양한 시각에서 볼 수 있도록 함으로써 문제해결능력을 증대시킬 것이다. 그뿐만 아니라 문화적 다양성의 경험은 다양한 아이디어를 통한 창의력을 증대시키는 계기도 될 것이다. 따라서 다문화교육은 이주민이나 소수민족집단의 학생들에게도 중요하지만 바로 우리 자신의 발전에도 중요하다. 즉, 다문화교육은 우리 모두를 위한 것으로 생각할 수 있다. 물론 다문화교육의 목적 달성을 위한 과정에서는 사전에 준비해야 할 것들이 많이 있는 것도 사실이다.

2) 다문화교육의 원리[2]

UNESCO(2006)는 문화 간 교육의 지침을 제시했는데 이를 다문화교육에 적용해 볼 수 있다. 이것을 세 가지 원리로 분류하여 각 원리마다 하위요소들을 제시하였다. 세 가지 원리는 ① 문화적 정체성 존중, ② 지식·기술·태도, ③ 타 문화의 존중·이해·유대감에 관한 것이다. 다문화교육의 원리 세 가지를 [그림 3-2]와 같이 제시해 볼 수 있다.

---

2) 이것은 UNESCO(2006)의 내용을 본 저자가 그림과 표로 재구성한 것이다. 모든 부분에 인종차별 금지 부분이 공통적으로 제시되어 있다.

[그림 3-2] **다문화교육의 원리**

[그림 3-2]에서 제시된 다문화교육의 원리를 구체적으로 살펴보면 다음과 같다.

- 원리 1: 다문화교육은 모든 사람에게 문화적으로 적절하고 문화를 고려한 질 높은 교육을 통하여 학습자들의 문화적 정체성을 존중해야 한다. 이를 구체적으로 살펴보면 〈표 3-3〉과 같다.

〈표 3-3〉 **원리 1: 문화적 정체성 존중**

목표 달성 방법	세부 내용
교육과정과 교수-학습자료	• 학습자 자신의 문화유산의 이해 및 다양한 지식과 경험 활용 • 학습자의 역사, 지식, 테크놀로지, 가치체계, 사회적 · 경제적 · 문화적 포부 통합 및 지역의 자료 활용 • 학습자의 문화적 정체성, 언어 및 가치를 존중하도록 할 것
교수-학습 방법	• 문화적합성 교육(예: 전통적인 교수방법과 스토리텔링, 드라마, 시, 노래 등의 전통적인 형태의 미디어를 통합) • 실천적 · 참여적 · 맥락화된 학습방법: 현장학습, 홈페이지와 기념물 방문을 통한 활동과 공동체의 사회적 · 문화적 · 경제적 요구와 연계된 생산적 활동
교사교육	• 교사들이 그들 나라의 문화적 유산 이해하기 • 실천적 · 참여적 · 맥락화된 교수방법 활용 • 소수민족집단의 교육적 · 문화적 요구에 대한 인식 증대 • 소수민족집단의 요구에 맞는 교육내용, 교육방법, 학습자료 활용능력 함양 • 학습자에게 도움이 될 수 있는 다양한 도구 활용능력 함양
학교와 공동체 간의 상호작용	• 학교를 사회적 · 문화적 활동의 센터로 활용 • 전통적 기능보유자와 연주자 · 연기자들의 수업 참여 • 지역 특성을 고려한 교육내용과 교육방법 개발 • 학교경영, 의사결정, 교육 프로그램 기획과 실행, 교육과정과 교수-학습 자료 개발에 다른 문화적 배경의 학습자, 부모, 공동체 구성원, 교사와 행정가 참여

〈표 3-3〉에서는 특히 교수방법 측면에서 문화를 고려한 적절한 사정방법을 강조하였다. 아마 이 부분은 다른 문화적 배경을 지닌 학생들을 사정 또는 평가할 때 주류문화의 관점에서 평가도구를 활용하는 것은 신중을 기하여야 함을 시사한다. 또한 수업 시 언어 선택은 가능하면 학습자의 모국어를 포함하는 방안도 제시하였다. 이 부분이 쉬운 일은 아니지만 가능하면 보조교사나 이중언어 활용 등의 학습자 지원 대책이 있어야 할 것이다.

- 원리 2: 다문화교육은 모든 학습자에게 사회에 능동적이고도 충분히 참여하도록 함으로써 성취에 필요한 문화적 지식, 기술, 태도를 제공한다. 이를 구체적으로 살펴보면 〈표 3-4〉와 같다.

〈표 3-4〉 **원리 2: 지식 · 기술 · 태도**

목표 달성 방법	세부 내용
균등한 교육기회 보장	• 모든 문화집단을 위한 균등한 교육접근 기회와 학습참여 기회 제공 • 학교와 직업교육에 대한 균등한 접근기회와 질 높은 교육 제공 • 특수한 문화적 욕구를 가진 집단의 교육체계에서의 통합 촉진
교육과정과 교수-학습 자료	• 소수민족집단의 역사, 전통, 언어와 문화에 관한 지식을 주류사회 집단에게 제공 • 사회 전반에 관한 지식을 소수민족집단에게 제공 • 읽기, 쓰기 및 말하기 등의 종합적인 이해와 파악 능력 개발을 통해 정보접근능력, 주변 상황 이해능력, 욕구표현능력 및 사회활동 참여능력 증대
교수-학습 방법	• 형식적 · 비형식적 방법과 전통적 · 현대적 교수방법의 통합, 학습자들의 능동적 참여 • 능동적 학습환경 구축: 구체적인 프로젝트 실행, 교재 중심 지식 탈피, 자신감 제고, 타인과의 협동이나 의사소통능력 등의 문화적 기술 획득방법 활용
교사교육	• 교실 · 학교 · 공동체에서의 실천에 필요한 다문화교육 패러다임의 깊은 이해 • 학습자의 이질성을 고려할 수 있는 기술 • 학습자들의 욕구, 포부와 그들의 공동체에 기반한 교육과정의 설계 · 이행 · 평가 역량 • 소수민족집단 문화의 학생들을 학습과정에 통합할 수 있는 기술 • 관찰, 청취 및 하나 이상의 언어로 의사소통할 수 있는 방법과 기법 획득 • 적절한 사정 절차와 평가방법 개선

〈표 3-4〉에서, 특히 교수방법 측면에서는 지식, 기술, 태도 및 가치를 포함한 학습 결과에 대해 정확하게 사정할 것을 강조하였다. 사실 학습과정에서 다문화적 상황이 아니라고 해도, 특히 태도와 가치를 사정하기란 쉬운 일이 아니다. 다음으로 적절한 언어를 가르치는 측면으로서, 모든 학습자는 의사소통과 자신을 표현할 수 있는 능력을 길러야 한다는 것이다. 즉, 학습자의 모국어, 국가의 공식적 언어 및 하나 또는 그 이상의 외국어 등을 통해 대화에 참여해야 할 것이다. 이것은 학습자와의 교수-학습 과정에서 소통의 주요 도구인 언어교육의 중요성을 강조한 것으로 볼 수 있다.

- 원리 3: 다문화교육은 모든 학습자에게 문화적 지식, 기술, 태도를 제공함으로써 개인 · 민족 · 사회 · 문화 · 종교 집단 · 국가 간에 존중 · 이해 · 유대감을 갖도록 한다. 이를 구체적으로 살펴보면 〈표 3-5〉와 같다.

〈표 3-5〉 원리 3: 존중 · 이해 · 유대감

목표 달성 방법	구체적인 내용
교육과정 개발	• 문화적 다양성 발견, 문화적 다양성의 긍정적 인식, 문화유산 존중 • 역사, 지리, 문학, 언어, 예술과 미학, 과학과 테크놀로지 교과에 대한 교수-학습 • 모든 사람, 모든 문화의 가치와 생활양식의 이해와 존중, 글로벌 상호의존성 이해 • 권리와 의무를 동시에 인식, 다양한 사고 유형의 존중 • 자신의 문화적 가치에 대한 인식과 다양한 문화적 관점을 통한 정보 성찰 · 검토 능력
교수-학습 방법	• 다양한 민족집단의 유산, 경험 및 기여도를 존중 • 균등한 맥락에서 학습 제공 • 다학문적 프로젝트 제공
의사소통과 협동에 필요한 기술 습득	• 다른 나라의 학생, 교사, 교육자들 간의 접촉과 정기적 교류 • 공동의 문제를 해결하기 위해서 다른 나라의 제도와 장치들 간의 공동 프로젝트 실행 • 동일한 목표를 추구하는 학생들과 연구자들의 국제 네트워크 구축
교사교육	• 문화적 다양성과 타인의 권리를 긍정적으로 인식 • 지역, 국가, 글로벌사회에서의 학습과정에서 나타나는 지식체계에 대한 비판적 인식 • 문화의 다원적 · 역동적 · 상대적 · 보완적 측면을 이해 · 전달할 수 있는 능력 함양 • 학교경영: 학교계획과 프로그램 설계 · 실행 · 평가를 위한 역량과 개방적 태도 • 효과적인 다문화 교수를 위해 박물관과 여타 기관을 활용할 수 있는 능력 개발 • 학생들의 타인 이해와 학습흥미 촉진을 위한 개방적 태도와 능력 함양 • 관찰, 공감적 청취 및 다문화적 의사소통 기법의 습득

이 외에도 '문화적 장벽을 넘어선 의사소통 및 협동에 필요한 기술 습득' 과정에서는 외국어의 교수–학습 과정을 강조하였다. 이것은 다양한 문화적 배경을 가진 사람들과 협동적 활동과정에서 원활한 의사소통 수단인 언어학습은 물론이고 그 언어에 내포된 문화적 요소를 깊이 이해할 것을 강조한 것으로 사료된다.

이상에서 살펴본 바와 같이, UNESCO(2006)의 가이드라인은 다문화교육에서 준비해야 할 다양한 내용을 상세하게 제시하였다고 볼 수 있다. 특히 다문화 교수–학습 과정에서의 의사소통의 토대인 언어학습 지원방법을 강구해야 할 것이다.

3. 다문화교육의 영역

다문화교육 또는 다문화 교수–학습 과정에서, 다문화교육의 범위나 내용이 어느 정도냐 하는 것은 효과적인 다문화교육을 위해서 매우 중요하다. 세계의 수많은 민족이 가진 다양한 문화를 모두 다 고려하여 이해하기란 쉬운 일이 아니기 때문이다. 따라서 다문화교육의 영역을 논의해 보는 것은 다문화교육의 방향이나 범위를 이해하는 데 도움을 줄 수 있다. 여기서는 다문화교육의 영역이나 다문화교육의 차원들을 학자들의 연구를 토대로 알아보기로 한다.

1) Banks의 다문화교육의 영역

Banks(2014)는 교사, 행정가 및 정책결정자들이 다문화교육을 너무 단순화해서 보려는 경향이 있다는 것을 비판하면서 다문화교육이란 복합적이고 다차원적이라는 입장을 취하고 있다. 따라서 그는 다문화교육의 주요 구성요소를 다섯 가지 영역으로 나누어 설명하였다. 이를 살펴보면 [그림 3–3]과 같다.

[그림 3–3]은 Banks의 다문화교육의 개념 및 목적에 함의된 내용을 더욱 체계화해 놓은 것이다. 이의 의미를 간략히 제시하면 다음과 같다.

- 내용 통합(content integration): 이 영역은 교사들이 자신의 교과영역에서 핵심 개

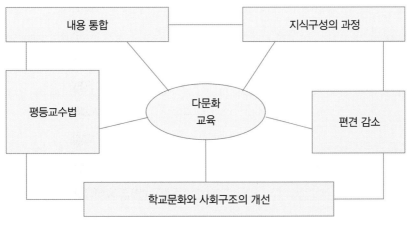

[그림 3-3] **다문화교육의 영역**

념, 원리, 일반화 및 이론을 설명하기 위해 다양한 문화와 집단의 사례, 데이터 및 정보를 사용하는 정도를 말한다. 일반적으로 다문화교육은 단지 내용을 통합하는 것으로만 간주되고 있다. 이처럼 좁은 의미의 다문화교육에서는 많은 교사가 자신이 가르치는 교과와 학생들에게는 상관이 없는 것으로 생각한다는 것이다. 따라서 다문화교육이라고 하면 물리학과 수학보다는 사회과나 언어교과에 더 적절하다고 생각할 수도 있다. 그러나 물리와 수학 교사들도 다양한 문화집단의 물리학자와 수학자들의 전기를 사용함으로써 자신의 교과에 다문화내용을 반영할 수 있다. 다시 말하면, 이 영역은 다양한 교육과정과 교과서에 반영할 다문화교육 내용 선정과 통합 방법에 관련되어 있다.

• 지식구성의 과정(knowledge construction process): 이 영역은 사회과학자, 행동과학자 및 자연과학자들이 지식을 창조하는 절차와 교과영역 내에 내포된 문화적 가정, 준거의 틀, 관점 및 편견이 지식구성 방법에 어떻게 영향을 미치는가에 대한 것이다. 지식구성의 과정은 다문화 교수-학습에서 중요한 부분이다. 교사들은 학생들에게 지식이 어떻게 창조되며, 또 지식이 개인과 집단의 인종적·민족적·젠더 및 사회계급적 지위에 의해 어떻게 영향을 받는가를 이해시키는 데 도움을 주어야 한다.

• 편견 감소(prejudice reduction): 이 영역은 유아들의 인종적 태도에 대한 특성을 이해함으로써 그들이 더 긍정적인 인종적·민족적 태도를 발달시키는 데 도움을 줄 수 있는 전략에 관한 것이다. 1960년대 이후 사회과학자들은 유아들의 인

종적 태도가 어떻게 발달되는가 그리고 교육자들은 유아들이 다른 인종집단에 대해 더 긍정적인 감정을 갖도록 하는 데 필요한 중재설계 방법에 대해 많은 연구를 하였다. 유아의 인종적 태도에 관한 연구에서, 아프리카계 미국인 유아, 백인 유아 및 멕시코계 미국인 유아들이 4세경에 인종 차이를 인식하며, 종종 백인 쪽으로 편향된 인종 선호를 한다는 연구 결과가 나타났다.

- 평등교수법(equity pedagogy): 이 영역은 교사들이 모든 학생에게 학습기회를 증대시키기 위하여 교수–학습에 관한 사회문화적 맥락을 이해해야 하는 것을 말한다. 교사들은 학생들의 배경 차이를 인식하여 이를 수업에 활용할 수 있는 기술을 가져야 한다. 실제로, 다양한 문화적 · 인종적 · 언어적 집단의 학생들의 문화적 강점(strength)을 이끌어 내어 수업에 활용함으로써 학급에의 참여와 학업 성취도를 증대시킨 사례가 있다.

- 학교문화와 사회구조의 개선(empowering school culture and social structure): 이 영역은 학교문화와 학교조직의 재구조화(restructuring) 과정을 통하여 다양한 인종적 · 민족적 · 언어적 및 사회계급의 학생들이 교육평등과 자율성을 경험하게 하는 것이다. 즉, 모든 학생에게 공평한 평가방법, 학교문화의 중요한 부분인 학교 규범 등의 구조적 변화를 통해서 모든 집단의 학생들이 균등한 성취기회를 갖도록 하는 것이다. 집단화와 명명(labeling), 스포츠 참여, 성취의 불균형, 교직원과 다양한 민족적 · 인종적 배경을 지닌 학생들의 상호작용 등은 학교문화의 구성 요소이므로, 다양한 인종적 · 민족적 · 문화적 집단의 학생들에게 권한을 부여하는 학교문화를 창조하는 노력이 필요하다.

Banks의 다문화교육 영역에서 강조되고 있는 것은 크게 보면, 먼저 다양한 문화적 배경을 가진 학생들에게 가르칠 내용의 구성방법과 구성된 교육내용의 효과적인 교수방법을 제시한 것이다. 다음으로 다양한 문화적 배경을 가진 학생들에 대한 편견 감소를 통하여 이들이 학교생활에 적극적으로 참여할 수 있는 새로운 학교문화를 창조하려는 것으로 볼 수 있다. 즉, Banks의 다문화교육 방향의 핵심은 균등한 교육기회 제공, 평등 · 정의 · 인권과 같은 민주주의의 이상 실현 그리고 학교문화 및 구조 개혁을 통한 종합적 교육개혁운동으로 볼 수 있다.

2) Bennett의 다문화교육의 영역

Bennett(2011)은 다문화교육을 평등운동, 다문화역량 습득과정 및 사회정의 실현을 포함하는 교수-학습에 대한 복합적인 접근으로 보았다. 이러한 관점에서 Bennett은 다문화교육의 네 가지 원리를 제시하였다.

첫 번째 기본 원리는 '문화적 다원주의의 이상(ideal of cultural pluralism)'이다. 이것은 각 민족집단의 문화적 유산을 유지하도록 하는 민주적 권리를 확고히 하는 것이다. 이 원리는 평등과 사회정의의 중핵적 가치, 인간의 존엄성과 보편적 권리, 자신의 언어와 문화를 유지할 자유 등을 나타내는 것이다.

두 번째 기본 원리는 반인종차별주의와 정체성집단에 관한 구조적 불평등을 배제하려는 것이다. 특히 주류사회에서 형성되어 유지되는 인종차별주의를 개혁하는 것이 다문화교육의 주요 초점이 된다.

세 번째 기본 원리는 교수-학습 과정에서 문화의 중요성에 관한 것이다. 문화란 앞서 언급된 바와 같이, 사람들의 공유된 지식, 행동, 사회적 가치, 세계관 및 선호하는 행동표준 및 사회구성원들이 만들어 낸 물질적 산물을 일컫는다. 따라서 문화적 다양성의 사회에서는 다양한 문화를 고려한 교수-학습 방법이 활용되어야 한다.

네 번째 기본 원리는 학업의 수월성과 평등을 위한 요구이다. 교육에서의 평등은 모든 학생이 충분한 잠재력을 발휘할 수 있도록 하는 기회균등을 의미한다. 학생들의 잠재력은 다양하므로 학생들이 이해할 수 있는 언어로 수업하는 것과 같이 학생들이 가지고 있는 특성에 맞게 가르치려는 것이다. 교육의 수월성을 성취하기 위해서는 모든 학생이 높은 수준으로 학습할 수 있다고 지각되도록 해야 하며, 학업 성공을 위한 기회가 제공되도록 하는 공정한 교육제도가 필요하다.

이상과 같은 다문화교육의 네 가지 기본 원리는 다문화교육의 개념적 틀의 기저를 이루는 전제이자 철학이다. 이를 토대로 한 Bennett(2011)의 다문화교육의 영역[3]을 살펴보면 [그림 3-4]와 같다.

3) Bennett은 네 가지 차원(dimension)의 다문화 교수(multicultural teaching)라고 하였으나 여기서는 다문화교육의 영역이란 말로 사용하였다.

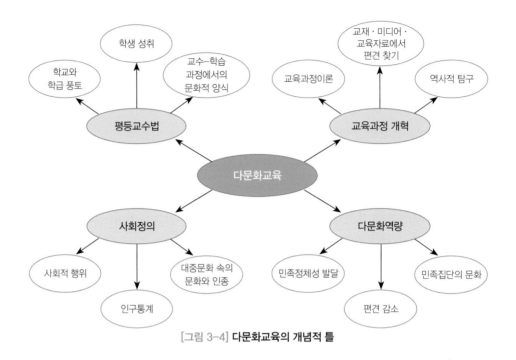

[그림 3-4] **다문화교육의 개념적 틀**

Bennett(2011)은 다문화교육에 필요한 네 가지 영역을 평등교수법, 교육과정 개혁, 사회정의 및 다문화역량으로 제시하였다.

- '평등교수법(equity pedagogy)'에는 학교와 학급풍토, 학생 성취, 교수–학습 과정에서의 문화적 양식 등이 포함된다. 즉, 평등교육은 교사들이 긍정적인 학급풍토를 만들며, 학생들의 학업성취도를 향상시키기 위하여 문화적 특성에 맞는 교수법을 활용하고, 문화적 스타일(cultural style)과 문화적 특성에 맞는 유아사회화를 고려하기를 기대하는 것이다.

- '교육과정 개혁(curriculum reform)'에는 교육과정이론, 교재·미디어·교육자료에서 편견 찾기, 역사적 탐구 등이 포함된다. 즉, 교육과정 개혁은 교사들이 전통적인 교육과정을 재고하여 변형하기를 기대하는 것이다. 교육과정 개혁은 다민족적·글로벌 관점을 포함시킴으로써 전통적인 과정내용(course content)을 확대하는 것이다. 이것은 새로운 지식에 대한 적극적인 탐구와 발달이 필요하고, 현재의 민족집단 및 국가의 문화차이와 역사에 대한 이해를 필요로 한다.

- '사회정의(social justice)'는 사회적 행위, 인구통계, 대중문화 속의 문화와 인종 등으로 구성되어 있다. 교사들이 공정하지 못한 사회구조 및 지역적·글로벌 측면

에서 더 큰 사회적 평등을 실현하기 위해 사회적 행위를 개선하는 데 교사들이 관심을 갖는 것이다.

• '다문화역량(multicultural competence)'에는 민족정체성 발달, 편견 감소, 민족집단의 문화 등이 포함된다. 즉, 이것은 교사들이 인종적으로, 문화적으로 자신들과는 다른 학생, 가족 및 교사들과 상호작용을 잘해 주기를 기대하는 것이다. 다문화적으로 되어 가는 과정(process of becoming multicultural)은 다양한 방법으로 지각, 평가, 신뢰(believing), 행동하는 역량을 개발하는 과정이다. 여기서 중요한 점은 단일 국가 내에서 그리고 단일 학급에서뿐만 아니라 국가들 사이에서 나타나는 문화적 다양성을 이해하고 학습하는 데 있다. 이처럼 다문화역량을 개발하는 과정이 다문화교육의 주요 목적이다.

이상에서 제시한 다문화교육의 개념, 목적 및 요소 등을 토대로 다문화교육의 영역을 크게 나누어 보면 공통적으로 제시된 요소가 평등교육, 문화적 다원주의, 각 민족집단의 문화이해, 사회정의 등을 들 수 있다. 따라서 다문화교육의 영역은 다문화교육의 목적을 실현하는 데 필요한 교육내용의 범위라 할 수 있다.

/ 다문화교육의 이론과 실제 /

제 4 장

다문화역량의 이해

1. 역량의 개념

역량의 개념은 원래 직업사회의 요구에 의해 등장하였으나 최근에는 유아교육, 초 · 중등교육, 고등교육, 건강케어, 금융, 기업 및 조직 연구와 같은 무수히 많은 영역에서 널리 적용되고 있다. 이는 역량이란 말이 일반적인 삶의 질 향상과 관련하여 다양한 분야에서 논의되고 있음을 보여 준다.

역량(competence)이란 말은 심리학자 White(1959)의 『동기의 재고: 역량의 개념 (Motivation Reconsidered: The Concept of Competence)』이라는 연구에서 처음 사용되었다. 그는 역량을 우수한 수행(superior performance)과 높은 동기유발을 위해 반드시 필요한 것으로, 환경에 효과적으로 상호작용하기 위한 능력이라 정의하였다. 이후 McClelland(1973)는 역량의 개념을 더욱 발전시켰다. 그는 역량 개념의 기원과 발전의 영역에서 현대 역량운동의 개척자로서 가장 유명한 연구자 중의 한 사람이다. 1973년 하버드 대학교 심리학과 교수로서, 지능보다는 오히려 역량을 위한 측정 (testing for competence rather than for intelligence)에서 역량운동의 새로운 방향을 제시하였다. 즉, 특정 상황이나 직업에서의 수행과 효과성을 결정할 때, 개인의 행동 특성이 전통적인 지식과 적성검사보다 더 유용하다고 주장하였다.

McClelland의 연구는 전문가들에게 지대한 영향을 미쳤는데, 주요 특징을 보면 다음의 다섯 가지로 제시할 수 있다(Vazirani, 2010).

- 학교에서의 성적(grades)은 직업 성공을 예측하지 못하였다.
- 지능검사와 적성검사는 직업적 성공이나 여타 중요한 생활의 성과를 예측하지 못하였다.
- 지능과 학업성취도는 단지 근본적인 사회적 지위로 인한 직무수행을 예측하였을 뿐이다.
- 그러한 검사는 소수민족집단에게는 불공평하다.
- 역량은 전통적인 검사보다는 중요한 행동을 더 잘 예측할 수 있을 것이다.

1982년 Boyatzis는 McClelland의 연구를 확대하여 직무역량 사정기법을 개발하였으며, 그 이후 역량은 전 세계로 확산되기 시작하였다.

이후 OECD(1997) 회원국들은 의무교육을 마친 학생들이 사회의 원만한 일원이 되는 데 필요한 지식과 기술을 어느 정도 습득했는지 조사할 목적으로 국제학업성취도 평가 프로그램(Programme for International Student Assessment: PISA)을 착수하였다. PISA의 평가는 읽기 · 수학 · 과학 · 문제해결 분야에서 지식과 기술을 비교하는 것이었다. 이 프로그램은 일부 교과목에 대한 학생들의 수행능력평가이지만, 학생들의 성공적인 삶은 매우 다양한 역량에 달려 있다고 보았다. 여기서, 역량이란 지식과 기술 외에도 특정 맥락에서 태도와 같은 심리사회적 자원을 활용하여 복잡한 요구에 대처하는 능력도 포함된다.

이에 OECD의 DeSeCo(Definition and Selection of Key Competences) 프로젝트에서는 핵심 역량을 위한 개념적 틀을 크게 세 가지 범주로 나누었다(OECD, 2003).

첫째, 개인은 환경과 효과적으로 상호작용하기 위해 다양한 도구(tool)를 사용할 필요가 있다. 여기서 도구란 정보기술과 같은 물리적 도구뿐만 아니라 언어와 같은 사회문화적 도구를 모두 포함한다. 또한 그 도구들을 자신의 목적에 맞게 활용할 수 있도록 충분히 이해할 필요가 있다.

둘째, 점점 더 상호의존적인 세계에서 개인은 다양한 배경을 가진 사람들과의 만남을 통한 관계형성이 필요하며, 이질적인 집단에서 상호작용할 수 있어야 한다.

셋째, 개인은 자신의 삶의 관리를 위한 책임감을 지녀야 하고, 더 넓은 사회적 맥락 속에서 자율적으로 행동할 수 있는 능력을 갖춰야 한다.

이 세 가지의 범주는 각각 차이점도 있지만 서로 연결되어 있으므로, 전체적으로 보면 핵심 역량의 토대를 형성하게 된다. 이를 정리해 보면, 미래사회에서 사람들이 갖춰야 할 3대 역량을 '도구의 상호작용적 활용(use of tools interactively)' '이질적 집단에서의 상호작용(interact in heterogeneous groups)' '자율적 행동(act autonomously)'으로 제시하였다. 이를 살펴보면 〈표 4-1〉과 같다.

〈표 4-1〉 **DeSeCo 프로젝트의 핵심 역량**

요소	도구의 상호작용적 활용	이질적 집단에서의 상호작용	자율적 행동
특징	• 언어, 상징 및 텍스트를 상호작용적으로 사용 • 지식과 정보를 상호작용적으로 사용 • 테크놀로지를 상호작용적으로 사용	• 타인과 좋은 관계형성 • 자신의 생각 제시 및 타인의 생각 경청하기, 협동적 작업 • 갈등 관리 및 해결하기	• 자신의 행동과 결정을 더 넓은 맥락 속에서 이해 • 생활계획과 개인적 계획의 형성 및 생애계획의 수립과 실천 • 권리, 이익 및 욕구 주장

출처: 이 표는 OECD (2003). *DeSeCo*의 pp. 10-16 내용을 표로 재구성하였음.

역량이라는 말의 표준국어대사전(국립국어원 표준국어대사전, 2021) 정의를 살펴보면, "어떤 일을 해낼 수 있는 힘"이라고 되어 있다. 한자로 역량(力量)은 '힘'과 '헤아리다'의 합성어로 이루어진 말이다. 이를 통해서 보면, 역량이란 어떤 일을 해낼 수 있는 힘의 정도를 나타내는 말이라고 볼 수 있다. 즉, 어떤 사람이 특정 과제를 수행할 수 있는 능력과 이를 적절히 수행했는지를 측정할 수 있어야 한다는 의미가 동시에 포함되어 있다.

영어로 역량은 competence, competency, ability 등으로 표현되고 있다. competence와 competency는 일부 차이점도 있다. 가령, 역량을 결과, 산출, 지식과 기술, 과업중심적인 측면에 중점을 두느냐 또는 행동, 개인의 특성과 태도, 사람중심적인 측면에 초점을 두느냐에 따라 두 용어를 다르게 표현하고 있지만 여기서는 상호보완적 개념으로서 사용하고자 한다.

그러면 역량의 의미를 몇몇 학자를 중심으로 알아보기로 하자. McClelland(1973)는 사람들의 삶에 있어서 성과와 관련된 심리적 또는 행동적 특성으로 보았다. Spencer와 Spencer(1993)는 동기, 자아개념, 특성, 태도나 가치, 지식, 기술이라고 하였다. 특히 우수한 수행자와 평균 수행자 간에, 효과적인 수행자와 비효과적인 수행자 간에 결과를 측정할 수 있어야 한다고 보았다. Athey와 Orth(1999)는 역량을 개인이 가지고 있는 지식, 기술, 태도 및 행동뿐만 아니라 팀이나 조직의 능력을 포함한 관찰 가능한 수행 정도라고 하였다. Chouhan과 Srivastava(2014)는 역량이란 중요한 과업을 성공적으로 수행하기 위한 지식, 기술, 능력, 행동 및 개인적 특성을 적용하고 활용할 수 있는 능력이라고 보았다.

이 외에도 UNIDO(United Nations Industrial Development Organization, 2002)에서는 역량을 개인이 직무나 특정 기능 내에서 과업이나 활동을 수행하는 데 필요한 기술, 지식 및 특성(attribute)이라고 하였다. 이를 제시해 보면 [그림 4-1]과 같다.

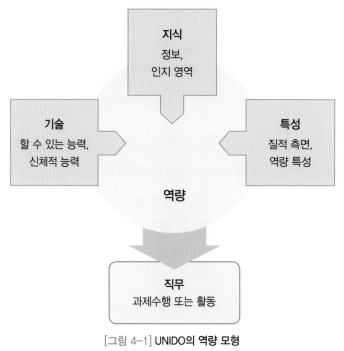

[그림 4-1] UNIDO의 역량 모형

출처: UNIDO (2002).

이상의 역량의 개념을 지식, 기술, 태도 및 가치 등을 중심으로 [그림 4-2]와 같은 아이스버그 역량 모형으로 제시해 볼 수 있다(Salleh et al., 2015).

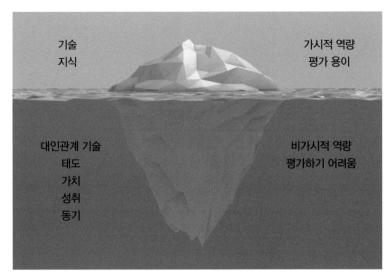

[그림 4-2] **아이스버그 역량 모형**

출처: Salleh et al. (2015).

[그림 4-2]는 지식, 기술, 태도, 가치, 성취, 동기 등의 주요 측면에 기반한 아이스 버그 역량모형(Iceberg competency model)이다. 이 모형에서는 사람들의 기술과 지식 은 가시적인 부분으로서 관찰하여 평가하기가 쉽다. 그러나 대인관계 기술, 태도, 가 치, 성취, 동기는 수면 아래에 숨겨져 있어서 관찰하여 평가하기가 쉽지 않은 영역임 을 보여 주고 있다.

이상의 연구를 토대로 볼 때, 역량이란 특정 상황에서 사람들이 어떤 목표를 달성 하는 데 필요한 지식, 기술 및 태도 등이라 할 수 있다. 역량 개념에서 '태도' 영역은 가치, 특성 및 동기 등을 모두 포함하여 일컫는 말이다. 또한 역량의 개념 속에는 투 입-산출 과정을 거쳐 나타난 목표 달성의 측정이 포함되어 있다는 점을 고려하여 역 량 중심 교육방법을 생각해야 할 것이다.

세계경제포럼(World Economic Forum, 2016)에 의하면, 오늘날 초등학교에 입학하 는 어린이의 65%는 지금까지 존재하지 않은 완전히 새로운 유형의 직업에서 일을 하 게 될 것이라는 연구가 있다. 이 말은 앞으로 맞이하게 될 미래사회는 엄청난 변화를 가져올 것임을 시사하는 것이다. 따라서 우리가 급변하는 미래사회에 적응하고 새로 운 사회발전을 가져오기 위해서는 다양한 역량을 개발해야 할 것이다.

2. 다문화역량

오늘날 우리는 많은 사람의 잦은 왕래와 교류 및 글로벌 경제 등의 영향으로 국가 간에 심리적 경계선이 무너진 이른바 글로벌사회(global society)에서 생활하고 있다. 따라서 세계의 다양한 사람과 교류하고 의사소통하기 위해서는 무엇보다도 먼저 그 나라의 문화를 이해해야 한다. 이러한 다양한 문화의 이해는 글로벌사회에서 세계시민으로서 생활하는 데 필요한 문화이해능력을 키워 주기 때문이다. 이는 곧 다문화역량 강화의 필요성을 말하는 것이다.

다문화역량[1]은 영어로는 다양하게 표현되고 있으나 여기서는 영어의 두 의미 (multicultural competence, multicultural competency)를 혼용해서 사용하고자 한다.

다문화역량의 단어 구성에 대해 잠시 생각해 보고자 한다. 다(多)는 '많은' '넓은' 등의 뜻을 지니고 있고, multi는 '여러 가지' '다양한' '다수'의 뜻을 지니고 있다. 다음으로 앞에서 논의된 문화와 역량의 의미를 잠시 상기해 보기로 하자. 문화란 한 사회의 구성원들이 가지고 있는 삶의 양식 또는 삶의 방식을 의미한다. 그리고 역량이란 특정 과업을 성공적으로 수행하는 데 필요한 지식, 기술 및 태도 등을 의미한다. 이렇게 보면 다문화역량이란 다양한, 다수의, 여러 가지 문화를 이해하고 이를 실천할 수 있는 능력이라 할 수 있다.

또한 다문화역량이라고 할 때 떠오르는 두 단어는 '다문화'와 '역량'이다. 이를 통해서 다문화역량의 의미를 생각해 보면, 먼저 두 단어를 조합해 볼 수 있다. 즉, 다양한 문화 또는 많은 문화를 이해하는 데 필요한 역량이다. 따라서 다문화역량[2]이란 다양한 문화적 배경을 가진 사람들—다양한 민족이나 인종, 집단 등—과의 상호작용 과정에서 자신과는 다른 사람들을 이해할 수 있는 능력, 즉 일반적으로 지식, 기술

---

1) 다문화역량이라는 용어는 intercultural competence, intercultural communicative competence, global competence, global citizenship, multicultural competence, cultural fluency, communicative competence, cultural competence, intercultural sensitivity, cross-cultural awareness, cultural intelligence, cultural literacy, cross-cultural capability 등 다양하게 사용되고 있다(Deardorff & Jones, 2012).

2) 다문화역량의 구성요소에 대해서는 학자들에 따라 다양한 의견이 있다. 가령, 지식, 기술 및 태도(Deardorff & Jones, 2012; 2004; Howard-Hamilton, Richardson, & Shuford, 1998; Saldaña, 2001), 인식, 지식 및 기술 (Vincent, & Torres, 2015), 태도와 신념에 대한 인식(awareness of attitude/beliefs), 지식 및 기술(Sue & Sue, 2008) 등이다.

및 태도라 할 수 있다. 다시 말하면, 다문화역량이란 다양한 인종적·민족적 집단구성원들의 문화적 배경을 이해함으로써 차별과 편견 없이 상호 존중을 통하여 더불어 살아갈 수 있는 능력이라 할 수 있다. 이를 위해서는 다양한 문화에 임하는 자세나 태도, 다양한 문화이해에 필요한 지식 그리고 이를 실천할 수 있는 기술이 필요할 것이다.

다문화역량이란 자신과는 다른 문화를 가진 사람들과 상호작용하는 데 필요한 역량을 말하는데, 다문화인식이란 문화에 대한 신념, 의견, 가치 및 태도를 말한다. 다문화 지식이란 문화적 특징, 역사, 도덕적 기준, 다른 민족 구성원들의 행동 및 다양한 다른 문화의 관점을 수집하는 과정 등의 측면을 말한다. 그리고 다문화 기술이란 자신과는 다른 문화적 배경을 가진 사람들과 효과적이고 의미 있는 상호작용을 하는 데 사용되는 기술이다(Vincent & Torres, 2015). Deardoff(2004)는 다문화역량을 다문화 상황에서 효과적이고 적절한 행동과 의사소통으로 보았다. 또한 이러한 틀 위에서 다문화역량의 요소로는 태도, 지식 및 기술을 들었다.

- 지식(knowledge): 문화적 자기인식, 심오한 문화적 지식, 사회·언어적 인식을 포함한다. 특히 다문화를 연구하는 사람들은 다른 사람들의 관점에서 세계를 이해하는 것이 중요하다.
- 기술(skill): 지식의 획득과 지식의 처리과정으로서 청취·관찰·평가하기 그리고 분석·해석·관련 맺기 등을 들 수 있다.
- 태도(attitude): 태도의 핵심적인 요소로는 존중(다른 문화를 소중히 여김), 개방성(판단 유보), 호기심 및 발견(애매모호성에 대한 관용)을 들 수 있다. 개방성과 호기심은 자신의 생활권 밖으로의 이동과 모험에 대한 의지를 포함한다. 다문화 발달은 존중, 개방성, 호기심의 근본적인 태도로부터 시작된다.

Deardorff(2004)는 자신의 연구들을 토대로 다문화역량을 지식, 기술 및 태도를 바탕으로 내적 성과(internal outcome)와 외적 성과(external outcome)로 나누어 설명하고 있다. 다문화역량에 대한 이 관점은 다양한 학자가 의견을 함께하는 연구로 알려져 있다. 이를 살펴보면 [그림 4-3]과 같다.

| 기대된 외적 성과 |
| 목적 달성을 위해 효과적이고 적절하게(다문화적 지식, 기술 및 태도를 기반으로) 행동하고 의사소통하기 |

| 기대된 내적 성과 |
| • 다른 의사소통 양식과 행동 및 새로운 문화적 환경에 대한 적응성 • 적절한 의사소통 양식과 행동에 대한 유연성, 인지적 유연성 • 문화적 상대주의 관점 • 공감 |

지식 및 이해	기술
• 문화적 자아인식 • 문화(맥락, 역할, 문화의 영향 및 타인의 세계관 포함)에 대한 깊은 이해와 지식 • 문화에 대한 구체적 정보 • 사회적 인식	• 청취, 관찰 및 해석하기 • 분석, 평가, 관련 맺기

| 태도 |
| • 존중(다른 문화와 문화적 다양성을 소중히 여김) • 개방성(타문화학습과 타 문화에 대하여) • 호기심과 발견(애매모호성과 불확실성에 대한 관용) |

[그림 4-3] **Deardorff의 다문화역량 모형**

[그림 4-3]에서 보는 바와 같이, 개인은 자신이 습득한 태도, 지식, 기술 정도에 따라 유연성, 적응성, 문화적 상대주의 관점 및 공감 등의 내적 성과에 이르게 되고, 이 내적 성과는 관찰 가능한 외적 성과에 영향을 미쳐 다문화적 상황에서 적절하고 효과적으로 행동하고 의사소통할 수 있도록 하는 것이다. 즉, 태도, 지식, 기술을 토대로 한 내적 성과는 개인의 행동과 의사소통을 통하여 외부로 나타나게 된다. 사람들이 다문화 상황에서 얼마나 효과적이고 적절한가는 행동과 의사소통을 통하여 나타날 수 있는데, 이는 다문화역량의 가시적인 외적 성과가 되는 것이다. 따라서 다문화 상황에서 나의 행동과 태도, 의사소통 등은 자신의 생각도 중요하지만 다른 사람들이 어떻게 생각하느냐에 따라 영향을 받기도 한다.

학생들이 갖추어야 할 지식, 기술 및 태도를 인식, 이해 및 가치 측면에서 접근해 보면 〈표 4-2〉와 같다.

〈표 4-2〉 학생들이 갖추어야 할 문화적 역량

구분	지식	기술	태도
인식	• 자신의 문화적 정체성에 관련된 자신에 대한 지식 • 다른 문화집단에 대한 지식, 집단 간 유사점과 차이점 인식	• 자기성찰(self-reflection) • 문화 간 유사점과 차이점 인식능력, 타인에 대한 정보전달 기술	• 자신의 문화집단 내에서 자부심 갖기 • 어떤 문화집단도 타 문화집단보다 우월한 것은 없음
이해	• 압박(oppression)에 대한 쟁점 이해 • 인종, 젠더, 계급, 생활양식 및 종교 등으로 인한 다양한 압박감 이해	• 다양한 관점과 맥락에서 현상을 이해할 수 있는 능력 • 다양한 맥락에서의 차이 이해	• 사람은 문화적 지위로 인해 차별받아서는 안 됨
가치	• 사회변화에 포함된 요소 이해 • 의사소통 유형은 문화적 차이에 의해 어떻게 영향을 받는지 이해	• 다문화에 대한 의사소통 능력 • 차별행동에 도전할 수 있는 방법	• 삶의 사회적 변화에 있어서의 위험을 감수해야 함 • 다양한 문화 간의 상호작용은 삶의 질을 향상시킴

출처: Howard-Hamilton, Richardson, & Shuford (1998).

Hansen 등(2000)은 다양한 학자의 연구들을 토대로 실천지향적인 다문화역량을 갖추기 위해서는 최소한 다음과 같은 역량을 갖추어야 한다고 하였다.

• 자신의 문화유산, 젠더, 계급, 민족-인종적 정체성, 성적 지향성(sexual orientation), 장애 및 연령집단 등의 특성이 다른 집단에 관한 자신의 가치, 가정(assumption) 및 편견을 형성하는 방법에 대한 인식

• 탐구방법 및 전문적 실천이 역사적, 문화적으로 어떻게 내재되어 있는지, 또 이러한 것들이 사회적 가치와 정치적 우선순위에서 시간 경과에 따라 어떻게 변화하는지에 대한 지식

• 억압, 편견, 편견의 역사 및 증후에 관한 지식

• 문화에 대한 구체적인 평가절차와 도구에 대한 지식

• 가족구조, 젠더 역할, 가치, 신념 및 세계관에 관한 지식 그리고 이들이 집단에 따라 어떻게 다르며, 이들이 성격형성, 발달 및 신체적 · 정신적 질병에 미치는 영향에 대한 지식

- 질병, 도움요청 행동, 상호작용 방식 및 세계관에 대한 규범적 가치와 관련된 쟁점에 관한 지식
- 문화적 보편성과 문화적 특수성을 정확하게 평가할 수 있는 능력
- 개인적 편견 및 민족의 정체성, 필요한 지식·기술·언어유창성의 부족 그리고 사회·정치적 영향과 같은 환경이 전문적 활동을 하는 데 어떤 영향을 미치는지 자신의 다문화역량을 스스로 평가할 수 있는 역량
- 사정도구를 수정하고 결과를 적절히 관리할 수 있는 능력
- 다른 민족집단의 구성원들을 위한 효과적인 처치계획 및 중재를 설계·이행할 수 있는 능력

특히 교사는 다양한 문화적 배경을 지닌 학생들의 교수–학습뿐만 아니라 학생이나 학부모들과의 잦은 상담을 실시해야 한다. 따라서 상담가의 다문화상담 역량을 지식, 기술, 신념/태도로 나누어 살펴보면 〈표 4-3〉과 같다(Sue, Arredondo, & McDavis, 1992).

〈표 4-3〉 **문화적 역량의 구성요소 및 내용**

구성요소	내용
지식	• 자신의 인종/민족적 문화유산이 지각에 미치는 영향 • 인종적 정체성 발달에 대한 지식 갖기, 자신의 인종적 태도 및 신념을 인정하기 • 자신의 사회적 영향과 의사소통 방법 알기 • 함께 일하거나 상호작용하고 있는 집단에 대한 이해 • 인종/민족이 성격형성, 직업선택, 심리적 장애 등에 미치는 영향 이해 • 사회·정치적 영향, 이주민, 소수민족집단 등에 대한 이해 • 심리적 도움이 필요한 문화, 계급, 언어의 특징 이해 • 제도적 장벽의 영향력 이해 • 사정방법의 편견 이해 • 소수민족집단의 가족구조, 공동체 등에 대한 이해 • 차별이 공동체에 미치는 영향 이해
기술	• 교육적·다문화적 훈련방법 모색 • 인종적·문화적 존재로서의 자신의 이해방법 모색 • 인종/민족집단에 관한 적절한 연구방법 모색 • 공동체 이벤트, 기념일 등에 소수민족집단 참여시키기

	• 다양한 언어적 · 비언어적 도움 요청에 참여하기 • 내담자들을 위한 제도적 중재방법 함양 • 내담자의 언어적 역량 향상시키기 • 사정에 대한 문화적 측면의 전문성 함양 • 편견, 차별 배제방법 함양
신념/태도	• 자신의 문화유산 인식 및 차이에 대한 존중 • 자신의 배경, 경험 및 편견의 인식과 이것이 심리적 과정에 미치는 영향 인식 • 역량과 전문성의 한계 인식 • 자신과 타인 간에 존재하는 차이 포용 • 인종/민족집단에 대한 부정적인 정서 반응은 신중을 기해야 함 • 고정관념과 사전 판단 방지 • 타인의 종교나 신념 존중 • 고유의 상부상조 관행과 공동체 네트워크 존중 • 이중언어를 소중히 생각하기

출처: Sue, Arredondo, & McDavis (1992).

3. 유아교사의 다문화역량

이상에서 역량의 개념과 다문화역량을 알아보았다. 이를 토대로 유아교사 또는 유아예비교사들의 다문화역량에 대해 알아보기로 하자. 〈표 4-4〉〈표 4-5〉〈표 4-6〉은 다문화역량의 주요 요소인 지식, 기술 및 태도의 하위요소 그리고 교육내용으로서 한 연구결과의 예를 제시해 본 것이다(오유미, 2014).[3]

1) 다문화 지식의 하위요소 및 내용

먼저, 다문화 지식 관련 교육내용의 하위요소들을 제시해 보면 〈표 4-4〉와 같다.

---

3) 오유미(2014). 유치원교사의 다문화역량 강화를 위한 교육프로그램개발 및 효과분석. 인천대학교 대학원 박사학위논문의 내용 중 일부를 발췌한 것이다. 따라서 여기에 제시된 것은 이 논문 중 하나의 예이다.

〈표 4-4〉 다문화 지식 교육내용의 하위요소 도출(예)

연구자	하위요소 및 내용	교육내용의 하위요소 도출
Ashton(1984)	• 유아의 문화에 대한 지식 • 행동, 태도, 가치, 장애 및 인종의 영향에 대한 지식 • 소수민족집단 유아의 도움 추구 행동에 대한 지식 • 다른 지역사회에서 언어, 대화습관, 의사소통 유형의 역할에 대한 지식 • 다른 인종 유아의 사회서비스 정책들의 영향에 대한 지식 • 소수민족집단 유아와 지역사회를 위해 이용 가능한 자원들에 대한 지식 • 다문화 출신 유아의 요구 수용 및 갈등에 대한 지식 • 지역사회 내에서 문화에 영향을 주는 지식	• 다문화에 대한 지식 • 다문화사회에 대한 지식 • 다문화교육의 가치 및 목적에 대한 지식 • 다문화가정의 이해에 대한 지식 • 다문화가정의 문화적 환경에 대한 지식 • 다문화사회에서의 언어, 대화습관, 의사소통의 유형 등에 대한 지식 • 아동 인권에 대한 지식
Sue, Arredondo, & McDavis(1992)	• 소수 인종의 긍정적 관점에 대한 신념과 태도 • 다문화교육에 대한 이해와 지식 습득	
Banks(2008)	• 다문화교육의 주요 패러다임에 대한 지식 • 다문화교육의 주요 개념에 대한 지식 • 주요 민족집단에 대한 역사적 · 문화적 지식 • 교육과정과 교수법을 다양한 유아에게 맞추어 적용하는 지식	
Darling-Hammond & Bransford(2009)	• 유아와 유아의 발달에 관한 지식 • 교과와 교육과정에 대한 지식 • 교수에 대한 지식	
윤갑정, 김미정 (2010)	• 다문화의 개념 및 다문화교육의 가치에 대한 지식 • 국내 다문화가정의 이주에 대한 역사적 지식 • 다문화가정의 문화적 환경에 대한 지식 • 한국 문화에 대한 지식 • 아동 인권에 대한 지식	
최현정(2011)	• 사회문화적 환경에 대한 지식 • 문화적으로 다양한 유아와 가정에 대한 지식 • 다문화교육의 내용과 교수방법에 대한 지식	
박미경(2012)	• 다양한 문화적 환경에 대한 지식 • 다문화가정과 유아에 대한 지식 • 다문화교육에 대한 지식	
이경선(2012)	• 다문화의 개념 및 다문화교육의 가치에 대한 지식 • 다문화가정의 문화적 환경에 대한 지식 • 다문화가정의 상황에 대한 지식	

〈표 4-4〉에 제시된 바와 같이, 선행연구를 토대로 도출해 낸 다문화 지식 교육내용의 하위요소로는 다문화에 대한 지식, 다문화사회에 대한 지식, 다문화교육의 가치 및 목적에 대한 지식, 다문화가정의 이해에 대한 지식, 다문화가정의 문화적 환경에 대한 지식, 다문화사회에서의 언어·대화습관·의사소통의 유형 등에 대한 지식 및 아동 인권에 대한 지식 등을 들 수 있다.

2) 다문화 기술의 하위요소 및 내용

다문화 기술 관련 교육내용의 하위요소들을 제시해 보면 〈표 4-5〉와 같다.

〈표 4-5〉 **다문화 기술 교육내용의 하위요소(예)**

연구자	하위요소 및 내용	교육내용의 하위요소 도출
Ashton(1984)	• 민족적 소수 유아집단의 문화를 배우기 위한 기술 • 문화적으로 다른 유아의 의사소통능력 • 인종적·민족적 차이와 이슈, 개방적 토론, 문화적 단서들에 반응하는 능력 • 민족성이 개별 유아에게 갖는 의미를 사정하는 능력 • 개인적인 스트레스 증상과 사회구조에서 오는 스트레스를 구별하는 능력 • 교사가 유아의 문화적 언어의 역할을 이해하고 적응하도록 돕는 인터뷰 기술 • 소수민족집단 유아와 그들의 지역사회 이익을 위하여 자원을 활용하는 능력 • 민족주의, 민족적 편견, 민족에 대한 오해를 찾아내는 능력 • 다른 민족의 유아에 대한 적용 가능한 새로운 기법, 조사 등을 평가하는 능력	• 다문화유아의 정서적 지원 기술 • 다문화유아의 이해를 위한 의사소통 기술 • 다문화유아 발달에 적합한 새로운 지식 및 기법을 평가하는 기술 • 다문화가정 부모교육 및 부모참여 유도 기술 • 다문화가정 부모와의 의사소통 기술 • 다문화가정 부모와 지역사회를 연결하는 허브 역할 기술 • 다문화교육을 위한 교수-학습 역량 강화 기술 • 다문화가정과 일반 가정과의 상호이해 기술
Sue, Arredondo, & McDavis(1992)	• 효과적인 개입 기술과 전략	
Gay(2000)	• 문화적으로 반응하는 교육과정 설계 • 다문화교육 학습공동체 형성	
Banks(2008)	• 다양한 집단의 학습 특성과 문화적 특성을 반영한 적합한 교수 기법	

윤갑정, 김미정 (2010)	• 유아에게 정서적 지원하기 • 부모와의 의사소통 기술 • 부모교육 및 부모참여 유도 기술 • 지역사회와 부모를 연결하는 허브 역할하기 • 다문화교육을 위한 교수 기술
최현정(2011)	• 다양한 교수-학습에 대한 기술 • 다문화교육과정 운영능력 • 관계형성을 위한 기술
박미경(2012)	• 효과적인 다문화교육 교수방법 기술 • 다문화교육과정 운영 기술 • 의사소통과 관계형성을 위한 기술
이경선(2012)	• 다문화가정 유아에게 정서적 지원하기 • 다문화가정 부모교육 및 부모참여 유도 기술 • 다문화가정 부모와의 의사소통 기술 • 유아들 간의 갈등해결능력 • 다문화가정 부모와의 상담능력

〈표 4-5〉에서 제시된 바와 같이, 선행연구를 토대로 도출해 낸 다문화 기술 교육 내용의 하위요소로는 다문화유아의 정서적 지원 기술, 다문화유아의 이해를 위한 의사소통 기술, 다문화유아 발달에 적합한 새로운 지식 및 기법을 평가하는 기술, 다문화가정 부모교육 및 부모참여 유도 기술, 다문화가정 부모와의 의사소통 기술, 다문화가정 부모와 지역사회를 연결하는 허브 역할 기술, 다문화교육을 위한 교수-학습 역량 강화 기술 및 다문화가정과 일반 가정과의 상호 이해 기술 등을 들 수 있다.

3) 다문화 태도의 하위요소 및 내용

다문화 태도 교육내용의 하위요소들을 제시해 보면 〈표 4-6〉과 같다.

〈표 4-6〉에서 제시된 바와 같이, 선행연구를 토대로 도출해 낸 다문화 태도의 하위요소로는 다문화에 대한 포용력과 수용적 태도, 자기반성과 자기성찰, 다문화 배경의 유아를 가르치려는 의지, 다문화가정 부모와 협력관계 형성하기, 아동 인권에 대한 감수성 및 새로운 문화 학습태도 등을 들 수 있다.

〈표 4-6〉 **다문화 태도 교육내용의 하위요소 도출(예)**

연구자	하위요소 및 내용	교육내용의 하위요소 도출
Ashton(1984)	• 순수성, 따뜻함 등의 개인적 특성과 이에 대해 융통성 있게 반응하려는 의지 • 다른 민족 차이에 대한 수용 • 다른 민족 배경의 유아를 가르치려는 의지 • 자기 자신, 다른 민족 등에 대한 교사의 개인적 가치, 편견, 고정관념들을 명확히 이해하고, 다른 문화 출신 유아의 욕구를 수용하는 방법들에 대한 인식	
Boutte & McCormick (1992)	• 교사들이 유아의 모델 되어 주기 • 다른 사람에게서 보이는 차이점 인정하기 • 정형화된 사고 피하기 • 유아들에게 존재하는 차이 인정하기 • 학급 내에서 다양성을 발견하고 인정하기	
Sue, Arredondo, & McDavis(1992)	• 소수인종에 대한 보다 효과적이고 긍정적인 문화적 관점을 가지고 접근하려는 신념과 태도	• 다문화에 대한 포용력과 수용적 태도 • 자기반성과 자기성찰 • 다문화 배경의 유아를 가르치려는 의지 • 다문화가정 부모와 협력관계 형성하기 • 아동 인권에 대한 감수성 • 새로운 문화 학습태도
De Melandez & Beck(2009)	• 유아가 가진 개별적 특성에 대한 관심과 배려 • 모든 유아의 유능성에 대한 믿음 • 유아를 위하여 기꺼이 변하려는 마음가짐 • 전문성을 갖추고 매사에 도덕적으로 행동 • 유아의 요구를 만족시킬 수 있는 방법에 대한 이해 • 유아에 대한 책임을 알고 봉사적이며 헌신적인 의지	
윤갑정, 김미정 (2010)	• 포용력과 수용적 태도 • 인권에 대한 감수성 • 자기반성과 자기성찰 • 새로운 문화에 대해 배울 용기 • 부모와 협력관계 형성하기	
최현정(2011)	• 자아성찰과 자기인식 • 존중과 수용적 태도 • 자신감과 적극적인 태도 • 서로 간에 긍정적인 관계형성	
박미경(2012)	• 자기반성과 자기성찰 • 다문화 감수성 • 교사의 적극적인 태도	
이경선(2012)	• 타 문화에 대한 존중과 수용적 태도 • 편견에 대한 자기반성과 자기성찰 • 다문화가정 유아에 대한 이해 • 다문화가정 유아의 부모와 협력관계 형성하기 • 인권에 대한 감수성	

/ 다문화교육의 이론과 실제 /

제 5 장

다문화 교사교육[1]

1. 다문화 교사교육의 필요성

단일 문화권 또는 한 국가 내에서도 한 사람의 교사가 다수의 학생을 대상으로 효과적인 학생지도를 하기란 쉬운 일이 아니다. 한 사람의 교사가 다양한 가정환경 배경, 학습습관, 경험 및 학습양식 등의 차이를 가진 다수의 학생을 가르쳐야 하기 때문이다. 그런데 이제는 단일 문화를 벗어나서 학습자가 가진 배경이 이전보다 훨씬 더 다양하고 폭이 확대되었다. 다시 말하면, 이제는 다양한 민족적 배경에 따른 다양한 문화적 배경을 지닌 학생들을 가르쳐야 하는 상황을 맞고 있다. 이는 바로 다양한 문화적 배경을 가진 학생들의 교수−학습 및 생활지도 등에 필요한 또 다른 교사교육의 필요성을 제기한다.

특히 다문화교육은 앞으로 본격적으로 직면하게 될 예비교사들의 교육에 대한 많은 도전을 던져 주고 있다. 가령, 미국, 호주 및 유럽은 점점 더 다문화사회가 되어 가고 있으므로 더 많은 다문화학급(multicultural classroom)이 표준학급(standard classroom)으로 되어 가고 있다. 다문화학급의 특징은 다양한 민족, 종교, 모국어 및 문화적 전통을 가진 학생들로 구성된다는 점이다. 따라서 다문화학급이 학생들과, 특히 초임교사들에게 부과되는 도전들 중 하나는 다른 민족적·사회문화적 배경을 가진 학생과 교사 간의 상호작용에 어려움이 잠재되어 있다는 점이다(Tartwijk et al., 2009).

---

[1] 이 책의 내용 중 '학생' 또는 '유아' 등이 혼용되고 있는 것은 선행연구 결과에 따른 것을 그대로 제시하는 과정에서 나타난 것이다.

〈표 5-1〉은 외국에서 주로 예비교사들이 직면하는 도전들—일부는 교사들을 대상으로 한 연구도 있음—을 정리해 본 것이다. 이 연구결과들은 우리의 문화와 차이가 있기 때문에 일반화하기에는 다소 어려움이 있으나, 이미 다문화사회를 먼저 경험한 국가들의 예비교사 및 현직교사 연구결과라는 점에서 많은 시사점도 줄 것이다. 물론 다문화교육 과정에서 긍정적인 측면들도 있지만 여기서는 미래 다문화교육의 과제라는 측면에서 주로 문제점을 중심으로 제시하였다.

〈표 5-1〉 **예비교사와 현직교사들의 다문화교육 과제**

연구자	주요 특징	비고
Causey, Thomas, & Armento(2000)	• 학생 인구는 점점 더 다양해지는 반면, 예비교사 인구는 주로 백인 중류계급으로 더 동질적이 되어 가고 있음	• 백인 중류계급 출신 교사
Rego & Nieto (2000)	• 미국에서의 교사준비 프로그램은 일반적으로 문화적 피지배 집단 학생들을 주류문화에 완전히 동화시킬 필요가 있다는 결핍이론에 기초를 두는 부정적 가정에 빠져 있음	• 동화주의 • 문화적 결핍론
Taylor & Sobel (2001)	• 학생들의 다양성은 자원이 아니라 문제이며, 유색인종 유아들은 배울 수 없다는 예비교사들의 신념이 나타남으로써 학생과 교사 간에 단절 현상이 증가하고 있음	• 예비교사들의 신념
Téllez(2008); Sogunro(2001)	• 예비교사 교육에서 다문화교육에 필요한 지식과 기술을 제공받지 못할 경우, 빈곤층 유색인종 학생들은 어려움에 처할 수 있음 • 대부분의 교사는 그들의 교과영역에서는 능력이 있을지 몰라도 다양한 학생을 성공적으로 가르치고 관리하는 데 필요한 충분한 지식, 기술, 태도는 부족함	• 다문화 역량 함양의 필요성
Tatar & Horenczyk (2003)	• 교사의 배경, 학교문화의 이질성의 정도, 교사에 의해 지각된 다문화주의에 관한 학교조직 문화와 관련된 변인들로 인한 교사의 소진이 예측됨 • 다양성과 관련된 가장 높은 소진은 동화주의자들로 범주화된 교사들 사이에서 발견되었으며, 초등학교 재직 교사들이 다양성과 관련된 소진이 더 높았음 • 직무수행 관련 스트레스 관리전략이 필요함	• 다문화교육과정에서 교사의 스트레스 관리전략 필요
Ambe(2006)	• 교사준비기관은 다양한 학습자의 지적ㆍ사회적ㆍ개인적 욕구를 충족시키는 데 필요한 기술을 교사들에게 제공해야 함	• 다문화교육 기술 필요

Evertson & Weinstein(2006)	• 교실에서의 긍정적인 활동 분위기를 조성하는 것이 대부분의 학생과 초임교사의 첫 번째 관심사임	• 긍정적인 학급 분위기 형성
Siwatu(2007)	• 신뢰감을 통한 긍정적인 교사-학생관계에서 교수-학습효과가 가장 높았음	• 교사-학생 관계, 신뢰감
Kidd, Sánchez, & Thorp(2008)	• 다양한 유아와 가족의 이야기 공유는 교수-학습 과정에 영향을 주었음 • 효율적인 다문화교육은 대화를 통한 교사-학생 간의 이해와 신뢰감 형성이 중요함	• 다양한 유아와 가족과의 대화 및 신뢰
Téllez(2008)	• 예비교사들은 다문화교육에 대한 관심도에 비해 적절한 지원을 받지 못하고 있음 • 예비교사들은 소규모 집단의 학생들의 수업대화(instructional conversation)를 이끌어 가는 데 어려움을 겪고 있음	• 다문화교육 지원 및 수업활동 지원
Tartwijk et al. (2009)	• 교사교육은 다문화학급에서의 학급경영과 학생 준비를 위한 지식 기반을 필요로 함	• 다문화학급 경영 지식
Yilmaz(2016)	• 다문화교육에 대한 예비교사의 긍정적인 태도는 다양한 문화적 정체성을 수용·존중하고 함께 살아가는 데 중요한 역할을 수행함 • 다양한 문화를 가진 학생들의 수준에 맞는 교수방법이 필요함	• 다문화 교수방법
Taylor, Kumi-Yeboah, & Ringlaben(2016)	• K-12 학교에서의 다양성으로 인해 예비교사들이 학생들의 사회문화적·종교적 가치를 인식하도록 중요한 훈련과 경험을 제공해야 함 • 다문화교육에 대한 예비교사들의 지식과 인식은 대학 입학 전에 가지고 있던 문화적 유대와 배경에 따라 차이가 있음	• 다문화교육에 필요한 연수 • 교사의 문화적 배경
Cherng & Davis (2019); Karacabey, Ozdere, & Bozkus(2019)	• 흑인과 라틴계 예비교사들은 다문화인식이 높은 데 비해, 아시아계 미국인들은 다문화인식이 낮게 나타났음 • 다문화에 관한 향상된 부분도 있으나 교사들의 다문화교육에 대한 인식이 낮고, 다문화주의와 교사연구가 미흡한 점도 있음	• 다문화인식 제고 • 다문화교육 준비
Dražnik, Llompart-Esbert, & Bergroth (2022)	• 예비교사들은 언어적으로 다양한 학생으로 구성된 학급에서 학생지도에 대한 자신감 부족 • 예비교사들은 언어, 관계설정, 교수방법, 평가방법 및 정책에 대한 불안을 가지고 있음	• 다문화학생 지도의 어려움

출처: 이 표는 안병환(2010)의 연구와 여타 일부 선행연구를 첨가하여 본 저자가 표로 재구성하였음.

〈표 5-1〉은 여러 나라의 예비교사와 현직교사들을 대상으로 한 다문화교육 연구결과이다. 외국의 경우 대체로 다문화교육에 대해 오랜 역사를 가지고 있음에도 고려해야 할 많은 과제를 안고 있다. 이를 살펴보면, 교사 구성, 동화주의, 문화적 결핍론 논쟁, 예비교사와 현직교사들의 다문화교육에 대한 신념과 인식, 교사-학생 관계, 학급경영 문제, 의사소통 문제 그리고 수업방법 등 다양한 문제에 직면하고 있다. 물론 위의 내용은 다문화교육에 대한 일부 연구결과이기 때문에 이를 일반화하기에는 어려움이 있다. 그럼에도 이러한 연구결과는 학업지도, 학생상담, 생활지도, 진로지도 및 의사소통 등의 방법과 과제를 던져 주고 있다. 우리나라는 2000년대 초에 본격적인 다문화교육 정책이 제시되었기 때문에 앞으로 글로벌·다문화 사회에 적극 대처할 수 있는 다양한 연구와 교육정책 개발이 요청된다.

2. 다문화교육의 접근방법

Gorski(2009)는 다문화 교사교육에 대해 수행된 수많은 학자의 연구결과를 토대로, 대부분의 연구는 다음과 같은 네 가지 범주 중 하나로 제시할 수 있다고 하였다.

첫째, 기존 데이터를 분석하지 않은 순수 이론적이거나 철학적 입장으로부터 다문화 교사교육의 실제를 비판적으로 분석한 연구이다. 둘째, 보통 학생들로부터 수집된 자료분석을 통해 교사교육자들이 다문화교육의 학급에 미치는 영향을 측정한 연구이다. 셋째, 예비교사들의 다문화적 의식 제고에 관한 도전들을 기술하는 연구이다. 넷째, 다문화 교사교육의 측면들에 관한 문헌들을 비판적으로 분석한 연구이다.

Gorski(2009)는 이러한 연구의 범주화를 토대로 다문화 교사교육에 대한 새로운 접근을 〈표 5-2〉와 같이 제시하였다.

〈표 5-2〉는 다문화 교사교육과정-보수적, 자유적, 비판적-의 변화에 대한 설명이라 할 수 있다. 즉, 초기에는 동화주의 다문화교육에 초점을 두는 경향이 있었으나, 다음 단계는 교사들이 차이에 관대하고 다양성을 인식하며, 다문화 감수성을 통한 다문화역량을 강화하는 방향이다. 마지막으로 비판적 접근은 저항과 반헤게모니적 실제(counter-hegemonic practice)로서 다문화교육은 누구도 소외받지 않고 평등교육을 받을 수 있는 사회정의를 추구하는 방향으로 나아가야 한다는 것이다.

〈표 5-2〉 **다문화 교사교육에 대한 접근**

접근		틀의 맥락화	목표	코스(course)의 조직
보수적 접근	비지배집단의 동화	구체적인 집단연구(예: 빈곤문화, 라틴 학생 가르치기 등): 기여적 접근	정체성 집단들의 문화, 가치, 생활양식, 세계관의 연구를 통해 다양한 학생을 효과적으로 가르쳐서 그들을 교육체제로 동화하는 방법을 교사들에게 준비시키기	학생들은 수업시간에 특정 집단(예: 아프리카계 미국인 학생, 빈곤층 학생 등)의 문화, 가치, 삶의 양식, 세계관에 대한 학습
자유적 접근	문화적 감수성과 관용성 가르치기	인간관계, 집단 간 관계, 관용성교육, 문화적 감수성, 다양성을 축하하기	교사들이 차이에 관대하고 다양성을 인식하도록 준비시킴. 특히 개인적 편향과 편견을 검토하기	학생들은 수업시간에 인종, 젠더, 계급 등의 편견에 관련된 예방교육에 참여
	다문화역량 가르치기	다문화역량, 문화를 고려한 교수-학습, 문화적 특성에 맞는 교수-학습	교사들이 다문화 교육과정과 교수전략을 실행하는 데 필요한 지식과 실제적 기술을 갖추어, 학생들의 다양한 학습요구를 충족시킬 수 있도록 준비하기	학생들은 수업시간에 다문화교육과정 개발, 문화를 고려한 학급경영 등에 참여
비판적 접근	사회·정치적 맥락 가르치기	비판적 이론, 자유교육, 비판적 다문화교육, 사회정의교육, 비판적 교수	개인으로부터 교육정책 제도에 이르기까지 학교교육에 대한 권력, 억압, 지배, 불평등 및 부정의에 영향을 미치는 체제에 대해 교사들이 비판적으로 검토하도록 참여시키기	구조적으로 정의롭지 못하고 불평등한 교육체제에 대한 비판의식 함양
	억압에 대한 저항과 반헤게모니적 실제 교수	사회·정치적 맥락에서의 교수-학습	사회·정치적 맥락에서의 교수-학습에 대한 비판적 검토하기	억압에 대한 저항에 초점

출처: Gorski (2009).

〈표 5-2〉가 다문화교육에 대한 거시적 접근이었다면, 다음으로는 실질적으로 학교 내에서 사회의 목표가 무엇이며, 교육목표가 무엇인지에 따른 교육과정과 수업 등에서 어떤 내용들이 강조되는지에 대해 알아보기로 하자. Sleeter와 Grant(2003)는 다문화교육에 대한 실제 수업 관련 접근방법을 〈표 5-3〉과 같이 예를 들어 제시하였다.

〈표 5-3〉 **다문화교육에 대한 목표, 대상, 실제적 접근**

사회적 목표		• 사회구조적 평등과 문화적 다원주의
학교목표		• 학교에서의 기회균등, 문화적 다원주의, 다양한 생활양식 경험, 타인에 대한 존중, 집단 간의 평등을 위한 지원
대상		• 모든 학생
실제	교육과정	• 다양한 집단의 기여와 관점에 관한 개념 조직 • 비판적 사고방법 가르치기 • 다양한 관점 분석하기 • 학생들의 경험적 배경에 적합한 교육과정 편성 • 한 가지 이상의 언어 사용 장려
	수업	• 학생들의 학습양식 반영 • 학생의 기술(skill)을 고려한 수업 • 사고 · 분석 활동에 학생들의 능동적 참여 장려 • 협동적 학습방법 활용
	학급운영	• 문화적 다원주의를 반영한 학급운영 • 탈전통적 성역할 • 학생의 관심과 장애인 고려
	지원 서비스	• 많은 다양성을 고려한 학급활동 지원
	기타 학교활동	• 저소득층과 유색인종 부모들의 학교참여 촉진 • 다양한 집단의 특성을 반영한 장식품, 특별이벤트 및 학교메뉴 등의 제공 • 학교행사에 다양한 집단 참여시키기 • 과외활동에 모든 집단의 학생 포함 • 고정관념 탈피 등

출처: 이 표는 Sleeter & Grant (2003)의 내용을 재구성한 것임.

〈표 5-3〉에 의하면, 물론 하나의 예를 제시한 것이지만, 다문화교육의 목표는 평등과 다문화주의이며, 모두가 교육의 대상임을 알 수 있다. 이것은 다문화교육을 위한 교육목표-교육과정-수업-학급운영-기타 학교활동 등을 체계적으로 나타내 주고 있다.

이상에서 다문화교육에 대한 접근의 변천과정과 실제 수업에 관한 절차 및 학교 운영방식에 대한 접근을 알아보았다. 그러나 이러한 접근 못지않게 다양한 문화에 대한 태도변화도 병행되어야 할 것이다. 즉, 교사들이 처음 다문화를 접할 때 어떤 태도로 임하는가 하는 것도 대단히 중요하다. 다문화교육은 지적 측면의 변화만이 아니라 정의적·정서적 측면에서도 변화자세가 필요하다. 따라서 다문화에 대한 자신의 관점, 차이에 대한 정서적 반응, 문화적 상호작용 양식, 교수-학습에 대한 접근, 관리에 대한 접근과정을 알아보겠다. 이를 살펴보면 〈표 5-4〉와 같다(Boutte, 1999).

〈표 5-4〉 **다문화적 성장 단계**

구분	단계 1	단계 2	단계 3
자기인식 수준	• 나의 관점이 옳거나 유일하다.	• 나의 관점은 많은 것 중의 하나이다.	• 나의 관점은 점점 변화되고 있다.
차이에 대한 정서적 반응	• 두려움/거절/부정	• 관심 • 인식 • 개방	• 이해/존중 • 기쁨/능동적 탐색
문화적 상호작용 양식	• 고립 • 회피 • 적대	• 통합 • 상호작용 • 수용	• 변형 • 내면화 • 보상
교수(teaching)에 대한 접근	• 유럽 중심/자민족 중심 교육과정	• 다른 문화에 관한 학습	• 다른 문화로부터 학습
관리에 대한 접근	• 단문화적 • 독재적 • 지시적	• 승낙 • 관용	• 협동적 • 가치부여 • 다양성, 잠재력의 극대화

〈표 5-4〉는 개인들이 단일 차원의 관점에서 다양한 차원의 관점으로 어떻게 발달되어 가는가를 나타낸 것이다. 즉, 처음에는 종종 교사들과 예비교사들이 다른 문화를 경시하거나 부정하고, 또 두려움의 대상으로 여기지만 시간이 흐름에 따라 자신의 태도변화를 가져온다는 것이다. 다른 문화에 대해 초기에는 두려움이나 거절 단계에서 시작하지만 점점 관심과 인식을 통해 상호존중하는 방향으로 나아가야 함을 시사한다.

이러한 현상은 우리의 경우도 초기에 이러한 과정을 겪을 수 있다. 따라서 미리 다문화사회에서의 다문화교육을 실시하기 위한 예비교사나 교사교육 과정에서 다양한 다문화이해 프로그램이 필요하다. 이것은 단순히 교사로서의 다른 문화이해라는 관점보다는 글로벌시대의 필수이기 때문이다. 교사는 언어적·문화적 다양성을 즐거운 교실로 만들 수 있는 기회로 활용하여야 할 것이다. 그뿐만 아니라 다른 것에 대한 두려움이 아니라 호기심을 통한 창의성 함양 기회로 활용할 수 있는 학생지도가 필요할 것이다.

3. 다문화 교수-학습

　다문화사회에서의 다문화 교수-학습은 학생들의 다양한 문화적 배경을 고려하여 이루어져야 할 것이다. 왜냐하면 문화에 따라 특정 현상에 대한 관점이 다르고, 생활배경에 따라 사고방식이나 지각방식이 다를 수 있기 때문이다. 다양한 문화적 배경을 지닌 학생들의 다문화 교수-학습에서 고려해야 할 점을 살펴보기로 하자.

　학생들은 학습에 접근하는 방식에 있어서 차이가 있다. 즉, 학생들은 학습특성에 따라 다음과 같은 점에서 차이가 있을 수 있다(Bennett, 2011).

- 어떤 학생들은 집단 속에서 공부하는 것을 선호하고, 어떤 학생들은 혼자서 공부하는 것을 선호한다.
- 어떤 학생들은 집중하기 위하여 주변이 매우 조용해야 하는 반면에 어떤 학생들은 시끄럽고 이동하는 상황에서도 집중을 잘한다.
- 어떤 학생들은 많은 지지와 격려를 필요로 하지만, 어떤 학생들은 독립적이며 스스로 동기가 유발된다.
- 어떤 학생들은 말로 하는 수업을 빠르게 파악하고, 어떤 학생들은 글자로 써(writing) 주어야 이해한다.
- 어떤 학생들은 교사와 온정적이고 개인적인 라포를 필요로 하고, 어떤 학생들은 그렇지 않기도 하다.
- 어떤 학생들은 직관적이고, 어떤 학생들은 연역적 또는 귀납적 추론을 선호한다.
- 어떤 학생들은 형식적인 환경에서 학습을 잘하고, 어떤 학생들은 자연스러운 분위기(relaxed atmosphere)를 선호한다.
- 어떤 학생들은 학습준비 시간이 많이 걸리는가 하면, 어떤 학생들은 책상 앞에 앉자마자 바로 학습을 시작한다.

이상과 같은 예는 일반적으로 볼 수 있는 현상이라 할 수도 있지만, 문화와 학습양식의 관계에서 논의되기도 한다. 왜냐하면 문화는 사회구성원들의 사고방식, 행동, 성격, 지각방법에도 영향을 줄 수 있기 때문이다.

Bennett(2011)에 의하면, 전형적으로 우리는 유아가 왜 학습을 하지 않는지를 설명할 때 정서적 이유, 정서장애, 갈등 또는 학습장애에서 그 이유를 찾는 경우가 있다. 이는 유아들은 자신이 성장해 온 가정배경, 가족문화 등에 의해 사물을 바라보고 이해하는 방식에 영향을 미칠 수 있음을 보여 주는 것이다. 그럼에도 많은 교사는 유아들이 교실에서 그들 자신만의 학습양식을 사용할 기회가 없기 때문에 학습하지 못할수도 있다는 가능성을 지나치고 만다.

이는 사람들이 세계를 알고 이해하는 데 문화가 어떻게 영향을 미치는지, 또 문화가 사람들의 사고, 지각, 기억 및 문제해결 방법에 어떤 영향을 미치는지에 대한 문제를 제기하게 한다. 문화와 개인의 학습양식에 관한 연구를 통해, Worthley(1987)는 학습양식에 영향을 미치는 문화적 요인을 다음과 같이 제시하였다.

- 사회화 과정이다. 이것은 권위적인 방식에서 자유방임적 방식에 이르기까지 한 사회의 유아에 대한 양육방식이 어떠한가에 대한 것이다. 사회가 유아를 통제하면 할수록 더 장의존적이 된다.
- 사회문화적 타이트함(tightness)이다. 사회구조가 순응하도록 압력을 가하면 가할수록 사람들은 더욱더 장의존적이 된다.
- 생태적 적응(ecological adaptation)이다. 어떤 사회에서 생존은 환경을 얼마나 잘 관찰하느냐에 의존한다. 가령, 어떤 지역에서는 눈이 얼마나 오는지, 또 어떤 지역에서는 파도의 패턴이 어떤지 등을 파악하는 것이다. 이처럼 환경은 사람들의 지각 발달에 영향을 미친다.
- 언어, 특히 한 사회의 문해력이 어느 정도인가 하는 것은 학습양식에 중요한 영향을 미친다. 즉, 문해력의 정도에 따라 문어(written language)를 강조하는 경우도 있고, 직접적인 관찰과 모델링을 강조하는 경우도 있다.

교사와 학생 모두가 학습에 대한 문화의 영향을 상호 인식해야 하며, 교사들은 학습자들의 욕구, 능력, 잠재력 및 학습양식 선호도를 인식해야 한다(Xiao, 2006). 이를 위해서는 문화적 감수성을 개발해야 하는데, 특히 학습자의 문화적 특성에 따라 시각적(visual) 방법, 청각적(auditory) 방법 그리고 운동감각적(kinesthetic) 방법을 적절히 활용해야 할 것이다.

문화가 사람들의 지각방법에 영향을 준다는 것은 다양한 문화적 배경을 지닌 유아들의 교수-학습과정에서 문화적 특성을 고려해야 함을 강조하는 것이다. 물론 문화와 학습양식[2] 관계에 대한 논의는 계속 더 연구되어야 할 과제이기도 하다. 이 외에도 학습양식은 개인의 문화적 배경과 양육의 결과로서 학생들의 학습에 영향을 미친다고 주장한다(Heredia, 1999). 문화와 학습양식에 관한 또 다른 연구를 보기로 하자(〈표 5-5〉 참조).

〈표 5-5〉 **문화와 학습양식에 관한 연구**

연구자	내용
Ogbu(1988)	• 전통적 교육과정은 학교의 중류계급의 문화적 가치, 신념 및 규범을 반영함
Irvine & York (1995)	• 문화는 가치, 신념 및 지각방법으로 구성되어 있음 • 아프리카계 미국인 학생들은 운동감각 학습을 선호하고, 비언어적 의사소통이 더 발달됨 • 토착 미국인 학생들은 아프리카계 미국인과 히스패닉 학생들처럼 장의존적 경향이 있으며, 구어적 정보보다는 시각적 정보를 선호하고, 개별적 학습을 선호하며, 정확한 언어 의사소통을 선호함 • 유색인종 학생들은 주류사회 학생들과 비교할 때 학습양식의 차이 때문에 학업에 실패하는 경향이 있음
Guild & Garger (1998)	• 유아들의 학습양식에 있어서 문화차이는 그들의 초기 경험을 통해 발달할 수 있음
Worthley(1999)	• 문화적 집단의 가치와 전통적 삶의 방식은 개인의 학습양식에 영향을 줄 수 있음

출처: 이 표는 Heredia (1999)를 본 저자가 재구성하였음.

---

2) 문화와 학습양식에 관한 연구는 이 연구자들이 연구할 당시에는 논쟁의 여지가 있다고 주장하였다. 그럼에도 교육사회학적 연구에서도 사회계층과 언어 발달, 사회계층과 학업성취도 관계에 관한 연구는 많이 이루어져 있다.

　이상과 같은 다문화적 배경을 가진 학생들의 학습양식을 고려할 때 이들의 특성에 맞는 문화적합 교수법(culturally relevant pedagogy)이 중요하다. 문화적합 교수법[3]이란 학교가 학생들의 가정과 공동체의 문화를 이해하는 방법으로서, 문화적 뉘앙스에 대한 감수성을 통하여 문화적 경험, 가치 및 이해를 교수-학습환경으로 통합하는 것이다(Brown-Jeffy & Cooper, 2011). 즉, 문화적합 교수법은 다양한 민족적 배경을 지닌 학생들을 적절히 가르치는 방법을 말한다. 다양한 민족이 가진 다양한 문화는 학생들의 학습뿐만 아니라 생활지도, 상담에도 영향을 미칠 수 있다. 따라서 이것은 유아들의 문화를 고려한 교수-학습, 문화적 특성에 맞는 교수-학습뿐만 아니라 학생 및 부모 상담 등에도 적용될 수 있다.

　여러 학자의 연구를 토대로 문화적합 교수법의 원리를 제시해 보면 [그림 5-1]과 같다(Brown-Jeffy & Cooper, 2011).

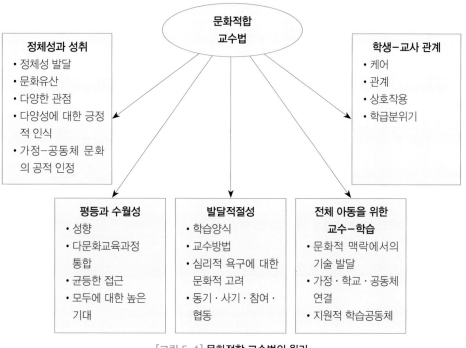

[그림 5-1] 문화적합 교수법의 원리

---

3) 이와 유사한 문화반응적 접근(culturally responsive approaches)으로는 culturally responsive education, culturally relevant teaching, culturally congruent teaching 등으로 다양하게 표현되고 있다. 우리나라에서는 문화감응 교수 또는 문화적합 교수 등으로 사용되고 있으나 여기서는 문화적합 교수법으로 표기하고자 한다.

[그림 5-1]에서 제시된 바와 같이, 문화적합 교수법은 다섯 가지 원리를 적용해 볼수 있다. 이것은 다양한 문화적 배경을 지닌 학생들의 교수-학습 시 종합적으로 고려해야 할 일종의 지침이라고도 할 수 있다.

- 정체성과 성취는 정체성 발달, 문화유산, 다양한 관점, 다양성에 대한 긍정적 인식 그리고 학생들이 가지고 있는 사회자본(social capital)과 문화자본(cultural capital) 등의 가정-공동체 문화의 공적 인정과 관련되어 있다.
- 학생-교사 관계는 케어, 관계, 상호작용, 학급분위기 등이 포함된다.
- 평등과 수월성에는 성향, 다문화교육과정 통합, 균등한 접근, 모두에 대한 높은 기대 등이 포함된다.
- 발달적절성에는 학습양식, 교수방법, 심리적 욕구에 대한 문화적 고려, 동기 · 사기 · 참여 · 협동 등이 포함된다.
- 전체 아동을 위한 교수-학습은 문화적 맥락에서의 기술 발달, 가정 · 학교 · 공동체 연결, 지원적 학습공동체 등이 포함된다.

지금까지 다양한 문화적 배경을 가진 학생들의 다양한 학습특성과 학습양식을 고찰하였다. 전통적으로 학생의 학교부적응이나 학업성취도 저하는 학생의 능력 부족이나 문화적 결핍에 그 원인을 두는 경향이 많았다. 그러나 다원화사회에서 다양한 문화적 배경을 지닌 학생들의 교수-학습 과정에서는 문화의 차이에 대한 이해가 선

⟨표 5-6⟩ **문화적합 교수-학습을 위한 교사의 자질**

자질	정의
사회문화적 인식	사회문화적 구조가 개인의 경험과 잠재력에 어떤 영향을 미치는가에 대해 인식하기
평등에 대한 의지	더 많은 평등을 위한 교육체제의 변화
높은 기대	학생들의 사회문화적 배경에 관계없이 모든 학생에게 높은 기대하기
교수에 대한 구성주의적 접근	학습자는 자신의 지식을 구성한다는 것을 이해하기
문화적합 교수법의 실천	학생들이 가지고 있는 현재의 지식과 사고를 토대로 학습방법을 실행하기

행되어야 할 것이다. 이를 통해 다양한 문화적 배경을 지닌 학생들에게 적절한 교수
방법이 활용되어야 할 것이다. 문화적합 교수-학습을 위한 교사의 자질을 정리해 보
면 앞의 〈표 5-6〉과 같다(Akkari & Radhouane, 2022).

4. 유아 다문화 교사교육

차별, 사회정의와 같은 무거운 이슈들은 유아들과는 동떨어진 세계처럼 보일 수 있
다. 그러나 유아들은 끊임없이 가족, 학교 및 공동체 속에서 권력, 특권 등을 학습하
고 있으므로 유아들이 이러한 것을 비판적으로 이해하여 도전하도록 도와줄 필요가
있다. 따라서 유아들에게 다양한 사회적응을 위해 필요한 내용을 제시해 보면 다음
과 같다(Ramsey, 2004).

- 유아들은 가족으로서, 사회구성원으로서, 이 지구상에 살아가는 존재로서 강한
  정체성을 발달시킬 필요가 있다.
- 유아들은 사람 및 세계와의 유대감을 발달시킬 필요가 있다. 인간의 유사점 및
  차이점은 양극으로서 극단적인 것이 아니라 연속체라고 학습함으로써, 처음에
  얼핏 보기에는 차이가 있거나 다르게 보이는 사람들을 더 편안하게 대하게 될
  것이다. 또한 유아들은 그들의 감정을 인식하고 관리할 수 있는 정서적 능력과
  다른 사람들의 정서(emotion)를 이해하여 공감할 수 있는 정서적 능력을 길러야
  한다. 특히 유아들은 우리가 많은 차이(difference)가 있음에도 불구하고 우리 모
  두는 같은 지구상에 살고 있다는 것을 이해해야 할 필요가 있다.
- 유아들은 비판적인 사고를 해야 할 필요가 있다. 현상유지를 위해 수동적으로 수
  용하기보다는 어떤 현상에 대해 적극적인 문제의식을 갖출 필요가 있다. 물론 불
  평등과 같이 너무 넓은 쟁점들을 이해한다는 것은 유아들의 능력을 넘어서는 것
  이라 볼 수도 있지만, 유아들은 책, 자료 및 전자매체 등에서 나타나는 고정관념
  적 메시지에 비판적인 시각을 던질 수도 있다. 또한 유아들은 학급 및 공동체의
  정책과 불공정하거나 환경파괴적인 것처럼 보이는 실제 현상들을 알고 도전할
  수 있다.

- 유아들이 자신감을 갖고 끊임없는 문제해결자가 됨으로써 세계의 도전을 헤쳐 나갈 수 있도록 해야 한다. 유아들이 다른 문화에 대한 신념, 도구 및 테크놀로지 등에 대한 학습을 통해 모든 사람의 삶의 질 개선을 위해 사고를 확대할 수 있도록 도와줄 수 있다.
- 유아들이 사회의 다양한 지식에 접근할 수 있는 학습기술을 가질 수 있도록 도와주어야 한다.

이상과 같은 주장은 다문화사회에서의 다양성을 이해하는 데 있어 유아들이 수행하기에는 다소 어려운 점일 수도 있다. 따라서 유아교사는 다문화교육의 목적이나 취지를 달성할 수 있도록 유아 발달 특성에 맞는 다양한 다문화교육 방법을 활용하여야 할 것이다.

따라서 어느 단계보다도 유아기의 다문화교육은 문화적 다양성을 인식하는 틀을 다듬어 준다는 점에서 대단히 중요하다. 특히 앞으로 더 넓은 글로벌사회에서 자신의 역량을 발휘할 수 있는 튼튼한 토대를 조기에 마련할 수 있도록 하기 위해서는 교사의 다문화역량이 더욱 중요할 것이다.

실제로 유아들의 문화적 다양성에 대한 인식과 태도 형성에 대한 연구들이 제시되고 있다. 유아들은 아주 어린 시기에도 민족적 · 인종적 다양성을 인식하기 시작한다(Logvinova, 2016). 즉, 자신의 인종 및 다른 인종집단에 대한 태도는 취학 전에 형성되기 시작한다. 최초의 인종적 · 민족적 선호도(preference)는 3~4세에 나타나므로 유아들의 기본적인 인종적 · 문화적 태도형성은 매우 어린 시기에 시작해야 한다는 주장이다.

1940년대 이후 많은 연구에 의하면, 유아들은 피부색에 따라 사람들을 구별할 뿐만 아니라 친 백색/반 흑색 편향(pro-White/anti-Black bias)을 보인다. 왜 그들이 이러한 편견을 가지고 있는지에 대해서는 논쟁의 대상으로 남아 있다.[4] 그럼에도 유아들이 흰색은 좋은 것과 관련되고, 검은색은 나쁜 것과 관련되어 있다는 것을 배움으로써 색상으로 사람들을 일반화한다는 것이다. 이는 다양한 연령과 인종집단에

---

4) Perkins와 Mebert(2005)는 Augoustinos & Rosewarne(2001), Boswell & Williams(1975), Clark & Clark(1947), Morland(1962) 등의 연구를 근거로 하였다.

걸쳐 색상에 대한 평가와 사람들 사이의 연관성을 알 수 있다는 것인데, 이러한 현상은 낮과 밤의 밝고 어둠의 순환에 대한 유아들의 일상적인 경험에서 비롯될 수 있다. 즉, 낮의 빛은 밤의 어둠보다 더 큰 편안함과 연관되어 있다는 주장이다(Perkins & Mebert, 2005).[5]

또한 최초의 문화에 대한 이해는 어린 시기에 발생하는데, 전형적으로 5세경에 형성된다는 연구도 있다(Lynch & Hanson, 1998). 이 연구에서는 유아들이 성인들보다 새로운 프로그램을 더 쉽게 배우며, 적절한 방법으로 모두가 동일하거나 다르다는 것을 학습할 수 있다는 주장을 한다. 즉, 3세에도 피부, 눈 및 헤어 컬러와 같은 차이에 관심을 기울인다는 것이다. 사회화 과정을 통해 유아들은 자신과 타인을 비교함으로써 자신의 정체성을 발달시킬 수 있다. 다른 사람들이 문화적 차이에 어떻게 반응하는가를 관찰함으로써 무엇이 가치 있고 또 가치 없는지를 알게 된다. 즉, 관찰된 차이에 대한 긍정적 · 부정적 감정이 발달하기 시작한다. 이러한 감정(feeling)은 이러한 차이가 좋은지 나쁜지에 대한 평가적 판단의 토대를 형성하게 된다. 그런데 이러한 판단이 부정적인 틀로 형성되면 편견을 갖게 된다는 것이다. 가령, 유아들이 인형을 선택하거나, 다른 민족의 유아들과 손잡기를 할 경우에도 동일한 민족에게 호감을 보인다. 유아들은 민족, 젠더, 연령, 능력, 종교 및 문화적 유산을 사회화와 문화전계(encultuturation)를 통하여 직접적으로 또는 대리 경험을 통해 타인을 다르게 대하는 방법을 배우게 된다. 이를 통해서 볼 때 가족, 중요한 타인, 유아기의 교육 및 매스미디어의 영향 등은 차이에 대한 유아의 태도와 행동을 발달시키는 데 중요한 역할을 수행할 수 있다.

따라서 유아교사는 유아지도에 있어서 다양한 문화적 특성을 이해하여 유아 다문화교육 방법을 학습해야 한다. 유아교육에 있어서 교수방법과 교수자료를 제시할 때 고려해야 할 점을 살펴보면 다음과 같다(Abdullah, 2009).

- 교실의 유아들은 가능한 한 민족적 · 문화적으로 혼합된 집단으로 앉아서 활동을 수행한다.
- 교실에서 사용되는 포스터, 책, CD, 이미지, 노래 및 기타 자료들은 유아들의 현

---

5) Perkins와 Mebert(2005)는 Williams(1966, 1969); Williams, Boswell, & Best(1975) 등의 연구를 활용하였다.

실적인 언어, 문화 및 사회적 실제를 나타낸다.

- 정형화된 이미지를 벗어나서, 문화와 언어 실제(practice)의 전통적이고 현대적인 이미지를 모두 나타낼 수 있는 균형 잡힌 자료 제시가 필요하다.
- 책, 신문, 게임, 전자 매체 및 대중문화 텍스트를 포함한 유아 언어 텍스트는 다양한 교육과정 영역에서 사용될 수 있다.
- 프로그램은 모든 유아, 직원 및 가족이 주류 언어(majority language) 이외의 언어를 포함한 다양한 의사소통 형태를 사용할 수 있는 기회를 제공한다.
- 프로그램은 더 넓은 공동체로 대표되는 문화의 다양성을 반영하고, 유아들의 고유한 문화에 대한 지식과 그들 자신의 문화가 아닌 다른 문화에 대한 지식을 확장하는 데 도움을 준다.
- 부모와 지역사회는 프로그램을 개발할 때 상담을 받고, 가치 차이를 명확하게 파악하여 논의해야 한다.
- 편견이 발생할 경우 교사가 개입하여 유아들에게 정의와 평등을 옹호하는 방법을 가르쳐야 한다.

한편, 앞으로는 다문화사회뿐만 아니라 과학·기술발달로 인한 급격한 사회변화에도 적응해야 하는 이중 과제에 직면하고 있다. 따라서 교사는 이러한 사회변화에 적응할 수 있는 역량을 동시에 길러야 하는 상황에 놓여 있다. 사회변화와 문화변화는 명확히 구분하기 어려울 정도로 상호 관련되어 있기 때문이다. 사회를 그릇이라고 가정하면, 문화는 그 그릇 속의 내용물이나 음식물이라고 볼 수 있다. 이렇게 본다면, 4차 산업혁명 시대에 강조되고 있는 역량, 즉 지식, 기술 및 태도나 다문화역량의 구성요소는 대상에 차이는 있으나 그 뿌리는 상호 관련되어 있음을 알 수 있다.

이에 세계경제포럼(World Economic Forum, 2023)에서는 미래사회에 대비하기 위한 유아교육을 강조하였다. 특히 기술 발달(skill development)은 유아기에 시작된다는 점을 강조한다. 여기서 유아교육과 초등학교 교육은 비판적인 인지 발달에 많은 영향을 미치게 되며, 이를 통해 형성된 기술은 이후 학습을 통하여 크게 증대된다. 그럼에도 유아교육을 통하여 미래를 대비할 기술 발달을 막는 하나의 주된 도전은 미래를 대비할 기술의 기초(foundation), 정의(definition) 및 이해(understanding)와, 이러한 기술을 유아기에 발달시킬 수 있는 방법이 부족하다는 것이다. 따라서 미래의 교육

은 유아기에 자신의 독특성을 개발할 수 있도록 지원을 강화해야 한다. 유아기에 가
져야 할 역량을 크게 분류해 보면 능력과 기술, 태도와 가치 그리고 지식과 정보이다.
이를 세 영역으로 나누어 보면 [그림 5-2]와 같다.

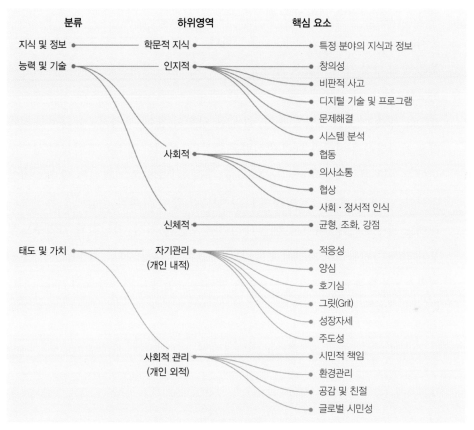

[그림 5-2] **교육 4.0의 분류체계(The Education 4.0 Taxonomy)**

출처: World Economic Forum (2023).

[그림 5-2]에 나타난 바와 같이, 교육 4.0의 분류체계는 대영역에 능력과 기술, 태
도와 가치 그리고 정보와 지식이 포함된다. 첫째, 능력과 기술의 하위영역에는 인지
영역(분석적), 사회영역(대인관계) 및 신체영역이 포함된다. 둘째, 태도와 가치의 하위
영역에는 자기관리(self-regulatory) 및 사회적(societal) 관리가 포함된다. 셋째, 지식과
정보의 하위영역에는 학문적 지식이 포함된다.

• 지식과 정보: 이것은 전통적인 지식암기 위주의 교육이 아니라 정보처리 방법을

강조한다. 특히 오늘날은 지식과 정보의 양이 방대하므로 이를 수집, 처리, 해석하기 위해서는 새로운 테크놀로지가 필요하다. 이러한 의미에서 미래사회는 급증하는 지식과 정보를 해석할 수 있는 진보된 기술과 능력을 필요로 하고, 이러한 해석의 기반이 되는 적절한 태도와 기술이 필요하다.

- 능력과 기술: 이것은 개인이 구체적인 목표를 성취할 수 있도록 하는 과정지향적 능력(process-oriented capabilities)을 말한다. 한 연구에 의하면, 고용주들이 요청하는 상위 다섯 가지 기술은 의사소통, 창의성, 협동, 창의적 문제해결 및 비판적 사고로 나타났다.

- 태도와 가치: 이것은 개인적 동기, 더 넓은 사회의 참여, 도적적 · 윤리적 배려와 같은 자기관리적 행동과 관련된 신념을 말한다. 이러한 자질은 유아들이 성장태도와 유연한 평생학습자(resilient lifelong learner)가 되도록 가르치는 데 본질적인 것이다. 또한 이것은 글로벌시대 다양한 사람 간에 사회적 응집력을 촉진하는 데에도 필수적이다. 여기서 개인 내적 자질로는 호기심, 자신감과 자기주도성 등과 같은 자기관리적 자질이 포함되고, 개인 외적 자질(사회적 자질)로는 다양한 지역적 · 문화적 배경을 가진 사람들과 함께하는 문화적 역량이 포함된다.

/ 다문화교육의 이론과 실제 /

제 6 장

다문화교육 정책

1. 다문화교육 정책 변천 및 추진 배경

1) 정책 변천과정

우리나라는 1988년 서울올림픽, 2002년 한·일 월드컵 등의 국제적인 스포츠 행사를 개최함으로써 세계 많은 나라로부터 주목을 받게 되었다. 또한 짧은 기간 동안의 급속한 경제발전을 통한 삶의 질 향상은 실질적인 삶의 터전으로서 많은 사람의 관심의 대상이 되었다고 본다. 이후 음악, 드라마, 음식 등 이른바 한류의 바람으로 전 세계의 관심을 촉진시켰다.

이러한 것은 우리나라의 내부적인 요소이고, 외부적인 요소로 눈을 돌려 보면 역시 글로벌경제와 지구촌 시대로 인한 글로벌화의 영향일 것이다. 글로벌화는 세계를 단일 생활권으로 묶어 활발한 교류를 하게 하였다. 이로 인해 자연스럽게 과거 그 어느 때보다 다양한 문화와 접촉하게 되었다. 이상과 같은 최근의 내외부적인 요소 이전에도 국제적인 교류가 없었던 것은 아니지만 최근 들어 교류가 활성화되었다는 점은 부인할 수 없다.

이처럼 다른 나라 사람들과의 빈번한 접촉과 교류가 더 실질적으로 이루어지기 위해서는 상호 이해가 바탕이 되어야 할 것이다. 상호 이해의 핵심은 상대방의 문화를 이해하는 것이 출발점이라 생각하므로 다양한 문화이해의 필요성이 제기된다. 그러나 외국의 경우 다문화교육이 주로 이민으로 출발하였다면, 우리나라는 주로 국제결혼 가정 자녀 중심으로 출발되었다는 점에서 다소 차이는 있다.

　우리나라는 2006년에 처음으로「다문화가정 자녀 교육지원 대책」을 수립하였다. 그 이후 다문화 가정 자녀들의 증가로 계속적인 후속 대책이 수립되었는데 이러한 다문화교육 정책 수립과정을 보면 〈표 6-1〉과 같다(교육부, 2023).

〈표 6-1〉 다문화교육 지원정책 추진 성과

	구분	내용
1	다문화가정 자녀 교육지원 대책	• 다문화가정 자녀의 교육지원을 위한 대책을 처음으로 수립함('06)
2	다문화학생 교육권 보장을 위한「초·중등교육법 시행령」개정	• 출입국·외국인 증명 서류를 준비할 수 없는 경우를 위하여 임대차 계약서 등 거주 증명만으로 편·입학이 가능하도록 개정('08, '10) • 다문화학생 특별학급 운영 및 다문화학생 학력인정 근거 마련('13) • 중도입국 학생의 중학교 입학·전학·편입학 절차 개선 및 학력심의 대상 확대('20)
3	다문화교육 정책학교 운영	• '예비학교'와 '한국어 교육과정(KSL)' 도입, 한국어교육 지원('12~), '찾아가는 예비학교'를 도입하여 한국어교육 사각지대 해소('16~) • 다문화 이해교육을 위한 '다문화 중점학교' 운영('14~) • '다문화 유치원'에서 다문화유아 및 유치원 다문화교육 지원('15~) • 다문화교육 정책학교 사업을 개편하여 지역의 자율성 강화('19~)/예비학교, 다문화 중점학교, 다문화 유치원 → 다문화교육 정책학교(유치원, 초·중등, 한국어 학급)/다문화교육 정책학교 내에서 시·도교육청 자체 배분
4	다문화학생 교육 프로그램 지원	• 다문화학생 대학생 멘토링 실시('09~), 한국어가 서툰 중도입국·외국인 학생을 위한 모국어 멘토링 운영('17~) • '글로벌브릿지' 운영을 통해 우수 다문화학생 발굴·육성('11~'18)
5	다문화학생 교육 도움 자료 발간	• 교과보조교재(17종, '15~'20), 이중언어교재(9종, '16~'18), 전자책 형태의 이중언어교재(9종, '19~'20), 교과보조교재 기반 영상 콘텐츠(115차시, '21) • 외국 국적 학생 학적관리 매뉴얼('13~), 학력심의위원회 운영 매뉴얼('14~) • 한국어교육 원격수업 콘텐츠 제작·공유(222차시, '20/96차시, '21) • 한국어능력 진단·보정 시스템 구축·확대('19년~), 전 학년 개통('21)
6	다문화교육 추진 체계 구축	• 중앙다문화교육센터 지정·운영('07~'11 서울대학교, '12~ 국가평생교육진흥원) • 지역다문화교육지원센터 운영 지원('15~'19 17개 시·도교육청)

출처: 교육부(2023).

2) 추진 배경[1]

캐나다, 호주, 미국 등은 오래 전부터 이미 다문화교육이 실시되었다. 오랜 다문화교육의 역사를 가진 국가에서도 예비교사 교육이나 학교 현장에서 보다 더 체계적인 다문화교육의 필요성이 제기되고 있다. 오늘날은 과거보다 사회환경 변화가 훨씬 더 빠르게 일어나고 있다는 점에서 우리나라도 더 체계적인 다문화교육 정책이 수립되어야 한다.

다문화교육 추진 배경을 살펴보면 다음과 같다(교육부, 2023. 2.).

① 국제결혼·외국인 가정 자녀 증가에 따른 교육수요 대응
- 국가 간 교류 확대로 외국인 유입이 증가하는 한편, 저출산 기조에 따라 다문화학생 비율은 점차 높아질 것으로 예측되며, 학령인구(6~21세)는 2023년부터 향후 10년간 173만 명 감소 전망(통계청 인구추계)
- 이에 따라 국내 학교에 재학하는 학생들의 언어, 인종, 문화적 배경 등은 더욱 다양해지고 학교현장의 변화도 가속화될 전망
② 다문화학생의 교육수요를 고려한 사각지대 없는 맞춤형 지원
- 국적, 체류자격 등과 무관하게 공교육에 진입할 수 있는 기반을 조성하고, 다문화학생의 특성을 고려해 맞춤형 교육지원
- 다문화학생이 학교현장에 조기 적응하고 다양성과 잠재력을 발휘하여 미래인재로 성장할 수 있도록 내실 있는 지원체계 마련[이주민 유입 1% 증가 시 국내 총생산(GDP) 5년간 1% 상승(IMF, 2020)]
③ 학교구성원의 다문화 수용성 개선으로 다문화 친화적 교육환경 조성
- 다문화학생의 성장을 위해서는 모든 학교구성원이 문화적 다양성을 이해하고 조화롭게 어울리는 다문화 친화적 교육환경 조성 필요
- 전체 학생 및 교원의 다문화 수용성이 향상될 수 있도록 지원하고, 가정·학교·지역사회가 연계하여 통합 지원하는 지원체계 조성

---

[1] 교육부(2023. 2.). 출발선 평등을 위한 2023년 다문화교육 지원계획(안). pp. 1-26의 다문화교육 관련 내용을 일부 발췌한 것임.

2. 유아 다문화교육 정책

우리나라는 다문화학생의 증가와 학령기 인구 감소에 따른 전체 학생 수 감소로 인한 전체 학생 대비 다문화학생 비율이 지속적으로 상승하고 있다. 2021년 기준 다문화학생은 3.19%로 나타났는데(교육부, 2023), 다문화가정의 자녀 연령은 6세 미만이 30.9%로 나타났다(여성가족부, 2022).

따라서 유치원 단계가 더 시급한 준비를 거쳐야 할 시기라 할 수 있다. 이는 다문화 수용성 및 글로벌 역량 개선을 위해서도 필요하다. 교육부(2023)는 학교교육 준비도 격차 해소를 위해서 유치원 단계부터 지원체계를 마련하고 있다. 이를 구체적으로 살펴보면 다음과 같다.

1) 유치원 단계부터 지원체계 마련

① 다문화유아에 대한 체계적인 지원을 위하여 공립유치원을 기준으로 보통교부금 교육복지 지원비를 산정기준에 반영('21)
② 다문화유아 조기 적응 및 교육지원을 위한 각종 교수−학습자료 및 도움자료 배포
  • 누리과정 연계 다문화교육 실천 방안('22 개발)
    −유아 다문화교육의 이해, 놀이 중심 유아 다문화교육 실천사례 관련 영상 콘텐츠(총 3편)
  • 중도입국 · 외국인 유아 대상 교육지원 도움자료('21 개발)
    −입국 초기 유아의 특성, 다문화교육 지원현황, 한국어교육 지도방법 등
  • 누리과정 연계 다문화유아 한국어능력 평가도구('20 개발)
    −개정된 누리과정과 한국어 교육과정을 연계한 평가도구
  • 누리과정 연계 다문화교육 수업 도움자료('20 개발)
    −다문화 감수성 제고를 위한 누리과정 연계 세계시민교육 교수−학습자료

이러한 내용 외에도 우리나라 유 · 초 · 중등 다문화교육 정책에서 공통적으로 제시되고 있는 점은 다양성이 공존하는 학교환경 조성을 위해서 전체 학교의 다문화교

육 확대, 교원의 다문화교육 역량 제고 그리고 가정·지역사회와의 연계 등이다.

2) 다문화 정책학교 운영

학생을 대상으로 학교 교육과정을 통한 다문화이해교육 실시 및 한국어교육 지원 필요 시 '한국어 학급'을 운영한다는 계획이다. 이 정책학교는 유치원의 경우 다문화 유아교육의 언어 발달을 통합교육 형태로 지원하고, 전체 유아 및 학부모 대상 다문화교육을 운영하는 것이다. 한국어 학급의 경우는 중도입국·외국인 학생이 다수 재학할 경우 한국어 학급을 설치하여 맞춤형 한국어교육을 제공하는 것이다.

3) 다문화가정의 지원 확대[2]

① 복수 국가의 다문화유아가 존재하는 공립유치원 학급 등의 경우 수업 보조인력, 이중언어 지원인력 배치 지원(지역 내 대학생 멘토링 등 연계)
② 입국 초기 유아를 대상으로 한 한국어 특별학급 운영 확대, 유관센터와 협력하여 언어 발달 상태 평가 및 적절한 언어교육 지원(찾아가는 한국어교육, 다문화교육지원센터, 다문화가족지원센터 등)
③ 다문화학급 내 교사, 부모, 유아를 위한 지원자료 및 프로그램 개발
  • 교사의 다문화 유아놀이·생활지도, 학부모 소통법 등 지원자료
  • 다문화 부모의 유아교육 이해 및 참여를 위한 지원자료 개발·보급
  • 유아가 학급 내 다문화 친구를 이해할 수 있도록 도서 등 다양한 수단을 활용한 학급 내 다문화 프로그램 개발·운영
④ 외국인 유아에 대한 지원 확대, 부모가 모두 외국인인 유아에 대한 학비, 급식비 등 지원 관련 제도 정비 추진('23~)

---

2) 이 자료는 관계부처 합동(2023). 제3차(2023~2027) 유아교육발전기본계획(안). pp. 1~41 중 다문화교육 관련 일부 내용을 발췌한 것이다.

3. 외국의 다문화교육 정책

1) 싱가포르[3]

싱가포르는 인구 약 520만 명의 작은 국가로서 다인종, 다언어 및 다종교 사회이다. 인구는 주로 중국, 말레이시아, 인도 및 기타 국가로 구성되어 있는데, 인구구성비율[4]은 중국(77%), 말레이시아(14%), 인도(8)%, 기타(1%)의 순이며, 공식언어는 4개국어이다. 싱가포르는 일반적으로 세계에 대한 관심이 증대하고 있으며, 교사와 학생들도 교실에서 글로벌 이슈에 대해 토론하고, 학교에서 다문화교육을 점점 더 중시하고 있다(Karuppiah & Berthelsen, 2011). 싱가포르는 평화와 조화(peace & harmony) 및 관용성을 강조하고 있다.

싱가포르는 1959년에 중국계와 말레이계 간의 인종갈등을 경험하였다. 그러나 싱가포르는 유교문화적 유산을 가진 사회였으므로 국가건설 과정에서 유교문화를 다문화인식을 증대하는 수단으로 활용하였다. 이러한 맥락에서, 싱가포르는 다문화주의를 강력히 요구함으로써 갈등을 줄여 오늘날 선진국으로 발전하게 되었다(Patras et al., 2022). 이러한 측면 외에도 싱가포르의 국가경제 발전이라는 강력한 정책은 국가안정과 정체성 형성에도 큰 영향을 미쳤다.

싱가포르는 1997년에 미래 글로벌사회에 필요한 창의적인 사고기술과 학습기술 개발 및 문화학습을 위한 비전을 선포하였다. 이는 보다 더 개별화된 접근과 능력 중심 교육으로 모든 유아의 재능과 능력을 최대로 개발하려는 것이다. 나아가 싱가포르인들의 다양한 욕구를 충족시킴으로써 모든 사람의 삶의 질을 개선하려는 것이다. 특히 이것은 문화적 배경에 관계없이 다양한 방법과 기회를 통해서 성취하려는 것이다. 학생 중심 · 가치 중심 교육에 초점을 두고, 그 중심에는 사회정서 발달과 인

---

3) 여기서 제시된 내용 모두가 싱가포르의 다문화교육 정책이라 보기는 어렵다. 왜냐하면 일부 다문화교육 정책에 직접 관련된 내용도 있고, 국가 전체 교육의 방향에 관련된 내용도 있을 수 있음을 참고하기 바란다.

4) Patras, Y. E., Hidayat, R., Maksum, A., & Nurhasanah, N. (2022). *Understanding multiculturalism education from Indonesia, Singapore, Malaysia, and Thailand* 연구에서도 중국인 74%, 말레이시아인 14%, 인도네시아인 10%, 기타 2% 등으로 구성되어 있는 것으로 나타났다.

성 발달이 있다. 이후 언어 정책과 언어교육에 의한 평등교육, 질 높은 교수준비를 통해 모든 학생이 질 높은 교수-학습 과정에 접근할 수 있도록 하였다(Goodwin & Low, 2017).

특히 싱가포르는 언어 정책에 많은 노력을 기울였다. 2010년에 발표된 인구조사에서 둘 또는 그 이상의 언어문해력은 2000년 56%에서 2010년에는 71%로 증가하였다. 2010년 조사에서는 총인구의 40.04%가 영어와 표준중국어(Mandarin Chinese)를, 12.56%는 영어와 말레이어를, 3.3%는 영어와 타밀(Tamil)어를 사용하는 것으로 나타났다. 싱가포르인들은 이중언어를 가지고 있지만 이들의 59%는 집에서 영어를 말하지 않는다. 그러나 국제무역 등의 분야에서는 영어가 중요하기 때문에 이에 대한 과제는 남아 있는 상태이다.

싱가포르에서 영어의 유창성은 예비교사 교육 프로그램의 필수조건이므로 예비교사들은 영어유창성 테스트를 통과하여야 한다. 이는 여타 교과목을 영어로 수업하는 전 단계라 할 수 있다. 이 외에도 학부모와의 의사소통 기술 등도 준비를 해야 한다. 싱가포르는 구성원들의 정체성과 사회통합을 더 강화하기 위해서 경제적 측면의 발전뿐만 아니라 유아인성교육과 유아들의 역량 개발에도 많은 노력을 기울인다.

(1) 핵심 역량

싱가포르는 유아들이 미래를 대비하여 준비해야 할 기본적인 역량을 제시하였다. 글로벌화, 인구변화 및 기술진보에 대처하기 위해서는 이를 헤쳐 나갈 수 있도록 준비하여 새로운 기회로 받아들여야 한다. 이에 싱가포르 정부는 급속하게 변화하는 글로벌사회에서 학생들이 생존하기 위해서는 핵심 가치와 역량을 길러 주어야 한다는 인식을 하게 되었다. 즉, 학생들이 21세기에 필요한 역량을 개발할 수 있도록 학교와 부모가 함께 노력해야 한다는 것이다.

싱가포르인들의 신념, 태도와 행동을 형성하는 데 영향을 미치는 핵심 가치는 존중, 책임감, 회복탄력성, 진실성, 배려 및 조화이다. 이를 자세히 살펴보면 〈표 6-2〉와 같다(Ministry of Education Singapore, 2023).

〈표 6-2〉 **싱가포르 국가교육과정의 핵심 역량**

핵심 역량	내용
존중(respect)	자신의 가치와 다른 사람들의 내재적 가치에 대한 믿음
책임감(responsibility)	자신, 가족, 공동체, 국가 및 세계에 대한 의무감
회복탄력성(resilience)	회복탄력성을 가진 사람들은 정서적 강점(emotional strength)을 보이며, 인내심을 가지고 도전하고 용기, 낙천주의, 적응력, 지혜를 보임
진실성(integrity)	윤리적 원리를 유지하고 옳은 일에 대한 도덕적 용기
배려(care)	친절함, 동정심으로 행동하고, 공동체와 세계의 발전에 대한 공헌
조화(harmony)	사회적 결속을 촉진하고, 다문화사회의 통합과 다양성의 이해

(2) 사회-정서 역량

이것은 유아들의 건전한 정체성 발달, 정서의 인식·관리, 책임감 함양, 타인의 배려와 관심 고취, 타인과의 긍정적 관계형성, 도전극복, 책임 있는 의사결정, 자신과 타인을 위해 선한 행동을 하는 데 필요한 역량이다.

- 자아인식(self-awareness)
- 자기관리(self-management)
- 책임 있는 의사결정(responsible decision-making)
- 사회적 인식(social awareness)
- 관계 관리(relationship management)

(3) 21세기 역량

- 비판적 · 적응적 · 발명적 사고
- 의사소통, 협동, 정보 기술
- 시민, 글로벌 및 다문화의 문해력

(4) 기대하는 교육의 성과

기대하는 교육의 성과(desired outcomes of education)란 모든 싱가포르인이 형식교육을 완성할 시기에 갖기를 희망하는 특성을 말한다. 이러한 성과는 싱가포르 교육체제 아래에서의 유아들은 훌륭한 자아인식, 건전한 도덕성 그리고 미래의 기회와 도

전에 필요한 지식, 기술 및 태도를 가져야 한다는 것이다. 즉, 유아들은 자신감, 자기
주도적 학습자, 강한 시민의식, 공감적이며 개방적이고 협동적인 능동적인 참여자가
되어야 한다.

　이상에서 살펴본 싱가포르의 핵심 역량, 사회－정서 역량, 21세기 역량 및 기대하
는 교육의 성과 체계도를 살펴보면 [그림 6-1]과 같다.

[그림 6-1] **21세기 역량과 학생성과**

출처: Ministry of Education Singapore (2023).

2) 호주

(1) 호주의 다문화주의 정책 변천

　오늘날 호주는 전체 인구의 약 1/4이 해외 출생일 정도로 대표적인 다문화국가 중
하나이다. 1960년대까지 호주의 학교는 비영어권 학생들이 곧 주류사회로 통합될 것
으로 가정했기 때문에 그들을 위해 특별한 프로그램을 제공하지 않았다. 그러나 이
러한 가정은 의문이 제기되었다. 왜냐하면 비영어권 배경을 지닌 학생들이 증가하게
되었는데, 이들의 부모들은 종종 농촌지역에서 왔으며, 학교교육이 부족한 부모들과

함께 생활한 학생들이었기 때문이다. 그들은 호주의 또래들에 비해 성취도가 낮았으며, 중등학교 조기 중퇴자들이 많이 나타나거나 학급부적응자들이 나타났다. 이에 이민자와 그 자녀들에 대처하기 위해서 교육제도에 변화가 일어났다(Banks, 2009).

1972년 12월에 호주[5]의 노동당정부는 광범한 개혁 프로그램을 통하여 호주의 변화에 착수하였다. 이 시기에 다문화주의에 대한 정확한 정의는 없었으나, 국가의 가족(family of nation)이라는 개념은 최초의 공식적인 정의에 가까웠다. 여기서 중요한 점은 모든 사람은 모든 사람의 이익을 위해 헌신한다는 것이었다. 따라서 이 시기의 주요 성과는 이민법 제정을 통해 인종차별을 금지하는 것이었다. 즉, 1960년대와 1970년대경 동화주의에 대한 초점이 다문화주의로 대체되었으며, 1973년에 이주민 정착, 복지 및 사회문화적 정책을 위한 토대가 처음으로 제시되었다. 미래를 위한 다문화사회라는 이름으로, 이것은 공식적인 호주 정부 정책에서 사용되었다.

1975년 후반에는 문화적 다양성에 대한 하나의 개념으로서, 또 실질적인 정부의 반응으로서 다문화주의를 확대하였다는 점이다. 이로 인하여 처음으로 다문화주의 개념이 정립되었으며, 정부도 정책을 지지하게 되었다. 이것은 사회응집력, 기회의 균등 및 문화정체성의 원리에 기반한 사회의 이상이었다. 모든 호주인은 편견에 대한 불안 없이 자신의 문화를 가질 권리가 있다는 것이 공포된 것이며, 문화적 다원주의라는 접근으로 최초의 공식적인 다문화주의 정의라 할 수 있다. 이에 호주의 다문화주의의 수용은 정부와 관련 기관들이 민족문화의 타당성을 인정하고 민족의 신념, 가치 및 관습을 고려한다는 의미가 포함되어 있다.

1977년에 Galbally 보고서는 다음과 같은 원리를 토대로 행동 프로그램을 제공하였다.

- 우리 사회의 모든 구성원은 그들의 잠재력을 충분히 발휘할 수 있도록 균등한 기회를 가져야 하며, 프로그램 및 각종 서비스에 균등하게 접근할 수 있어야 한다.
- 모든 사람은 편견과 불이익 없이 자신의 문화를 유지할 수 있어야 하며, 다른 문화를 이해하고 포용하도록 격려되어야 한다.

---

5) 이 내용은 Koleth, E. (2010). *Multiculturalism: A review of Australian policy statements and recent debates in Australia and overseas*; Ozdowski, S. S. (2016). Australia: Immigration and multiculturalism. *Krakowskie Studia Międzynarodowe, 13*(4), 175-248를 참고하였다.

- 이주민의 욕구는 전체 공동체에 유용한 프로그램과 서비스에 의해 충족되어야 한다.
- 각종 서비스와 프로그램은 의뢰인과 충분한 자문을 통해 설계·운영되어야 한다.

1980년대에는 실질적으로 서비스를 제공하는 방향으로 전개되었다. 이때 이민청(국)의 설립으로 다문화 정책과 프로그램을 조정하였으며, 다문화적 관심이 확대되었고 주류사회와 연계하였다. 이와 같은 강력한 다문화주의 정책 추진으로 다문화주의가 정착되었고 문화적 다양성과 관용성은 호주의 국민정체성의 일부가 되었다.

이 시기의 큰 성과를 들자면 1989년의 다문화 호주를 위한 국가계획(National Agenda for a Multicultural Australia)이 있다. 이 계획에는 다문화주의 개념을 더 보완하고 발전시켰는데, 즉 효과적인 다문화주의란 법에 의한 통치, 언어와 종교의 자유, 자신의 문화를 표현할 권리 등이었다. 이때 다문화주의란 권리는 보장하되 책임도 져야 하는 정책으로 기술되었으며, 다문화주의는 한편으로는 개인 및 집단의 문화적 권리의 촉진이지만, 다른 한편으로는 공동의 국가이익과 가치를 촉진시켜야 한다는 점에서 본질적으로 균형을 맞추어야 한다는 점이다. 따라서 다문화주의의 성공은 양측에서 서로 노력할 때 이루어지는 것이다. 특히 1980년대 후반에는 교육과정에 언어의 중요성이 더욱 강조되었다.

또 이 시기에 호주의 경제발전에 모든 호주인이 기여할 수 있도록 하는 권리를 강조하였다. 이것은 이민자의 가치 있는 경제기여를 인정한 것으로, 호주 정부는 이민자의 모국과 호주 간 무역기여를 부각시키는 생산적 다양성(productive diversity)을 강조하였다. 따라서 호주의 경제적·전략적 필요를 위해서 아시아 언어를 지원해야 한다는 주장도 제기되었다.

1990년대 말과 2000년대에 접어들면서 포용을 위한 새로운 다문화주의 호주라는 보고서는 시민성(citizenship) 교육에 초점이 추가되었다. 이것은 조화로운 삶을 통하여 공동체의 조화를 촉진하려는 것이었다. 그러나 2001년 9월 미국 뉴욕에서의 테러리스트 공격은 호주의 다문화주의에 영향을 주었다. 2003년에 정부는 1990년대 말의 '새로운 다문화주의 호주'라는 어젠다를 업데이트하여 다양성의 통합, 다양성 촉진, 모든 분야에서의 이해와 관용을 언급하였다.

2000년대에 들어서는 평등과 반인종차별주의에 초점을 두고서 다문화주의를 다시 정리하였다. 즉, 다문화주의란 책임(responsibilities)과 권리(rights)를 동시에 가져야 하는 것으로서, 자신의 관습, 언어 및 종교를 유지할 권리와 다른 문화의 존중을 위한 책임을 동시에 가져야 한다. 또 민주주의 가치와 법치주의를 존중하고, 서로를 존중하고 호주를 존중하고, 공유된 가치를 존중하게 되면, 다문화주의 국가로서 세계에서 가장 성공적인 국가 중의 하나가 될 것이라고 주장하였다.

"만약 여러분이 존중받기를 원한다면, 다른 사람들을 존중해야 한다(If you want to be respected, then we have to respect others)." 이 말은 호주의 다문화주의 정책을 강조하는 중요한 문장이라고 할 수 있다.

이상에서 살펴본 것처럼 호주의 다문화교육 정책은 다문화주의의 확대와 그 맥을 같이하고 있다. 호주의 다문화교육 정책은 정권 변화에 따라 한때 재정지원 축소 등으로 어려움을 겪기도 하였지만, 다문화교육 정책과 프로그램은 해를 거듭할수록 증가하였다. 이러한 정책은 비록 정치적 맥락에서 개발되었을지라도 사회정의와 반인종차별주의를 통한 사회응집력, 기본 가치, 시민성 및 권리와 책임을 강조하고 있는 것으로 볼 수 있다.

이상에서 호주의 다문화주의와 이로 인한 교육적 시사점을 살펴보았다. 다음으로 호주의 대표적인 다문화교육 정책 사례를 빅토리아주의 예를 통해 알아보고자 한다.

(2) 빅토리아주의 다문화교육 정책

빅토리아주는 호주에서도 이민자들이 많이 거주하는 지역이다. 이곳에서는 다문화주의에 의한 통합과 평등을 강조하고 있다. 2016년 인구통계 기준 빅토리아주 청소년 인구의 48%는 외국에서 태어났거나, 적어도 부모 중의 한 명은 외국 출생이다. 이것은 지난 약 10여 년 동안 4% 증가한 것이다. 빅토리아주 청소년 4명 중 1명 이상(27%)은 가정에서 영어 이외의 다른 언어를 사용하고 있다. 2021년에 빅토리아주 인구(Victorian Multicultural Commission Annual Report 2022-2023)는 약 550만 명으로 나타났는데, 이 중 58.7%는 적어도 부모 중 한 명은 해외 출생인 것으로 나타났다. 12~24세 청소년의 경우 호주인 44%, 비호주인 55%, 기타 순이었다. 빅토리아주에 거주 중인 해외 출생을 국가별로 보면, 인도(15.3%), 중국(12.0%), 뉴질랜드(7.4%), 잉글랜드(5.7%) 그리고 필리핀, 말레이시아, 베트남(3개국 합 12.1%) 순으로 나타났다.

또한 가정에서 영어 이외의 다른 언어를 사용하는 청소년들은 약 5명 중 1명으로 나타났다.

이 통계자료는 다문화공동체가 주류를 이루고 있다는 것을 보여 주고 있다. 따라서 빅토리아다문화위원회에서는 적절한 지원과 인프라 구축을 통해 문화를 고려한 또는 문화에 적합한 반응(cultural responsiveness)과 포용(inclusiveness)을 우선과제로 삼음으로써 정부 차원의 접근을 강력히 추진하고 있다. 이것은 삶의 모든 측면에 다문화공동체를 위한 의미 있고 지속가능한 성과를 가져오려는 시도이다. 빅토리아주는 세계에서 가장 다양하고 사회적으로 성공적인 다문화사회 중의 하나로 알려져 있다.

특히 유아교육의 경우, '모든 유아에게 모든 기회를 부여하자(Every Child, Every Opportunity)'라는 정책 바탕 위에서, 글로벌사회와 다문화사회에서의 원활한 시민 양성이라는 방향에서 모든 유아가 생산적이고 행복한 삶(fulfilling life)을 향유할 수 있도록 돕는 것에 초점을 두고 있다. 동시에 지역과 글로벌공동체에 공헌도 해야 한다는 것이다. 이 전략의 목적은 학생들에게 글로벌 및 다문화 교육을 위한 새로운 비전을 제공하려는 것이다. 다문화교육과 글로벌 시민성[6]에 대한 새로운 개념으로서 구체적인 활동 행동, 목표를 살펴보면 다음과 같다(State Government Victoria, 2009).

- 글로벌 및 다문화 시민권과 관련된 빅토리아 필수 학습 표준(Victorian Essential Learning Standards: VELS) 영역을 활용한 교수-학습과 포용을 실천함으로써 모든 학생의 교육성과를 향상시킨다.
- 학생, 학부모, 교육자 및 지도자 집단은 다양하고 글로벌화된 사회에서 생활하고 활동하는 데 필요한 다문화에 관련된 문해력을 향상시킨다.
- 모든 학생을 위해 교육적·경제적 이익의 원천으로서 사회적 응집력과 다양성을 촉진한다.
- 안전한 학습환경에서 모든 학생을 위한 참여, 웰빙 및 소속감을 향상시킨다.
- 인종차별, 고정관념 및 여타 형태의 편견을 확인하고 해결할 수 있는 학교 공동체의 역량을 구축하는 것이다.

---

6) 이 전략은 교육과 유아 발달을 위한 청사진이라는 것이다. 따라서 여기서 말하는 글로벌 및 다문화시민성 교육은 이미 수립된 다문화교육 정책을 이행함으로써 이루어진다. 이를 통해서 볼 때, 빅토리아 주정부의 유아 다문화교육은 글로벌 및 다문화시민성과 연계된다고 볼 수 있다.

- 모든 학생이 글로벌 및 다문화시민성 함양을 위한 포괄적이고 참여적인 학교-지역사회 파트너십을 구축하고 유지한다.

3) 미국

1954년 미국 대법원은 인종분리에 의한 학교교육이 부당하고 불평등하다는 판결을 내렸다. 이것은 미국의 역사에서 대단히 중요한 판결로서 흑인 유아들에게 사실상의 분리에 대한 돌파구를 열어 주어 학교교육에 대한 특별한 관심을 이끌었다. 이후 1964년에는 연방재정지원을 받는 모든 활동에서 인종, 피부색, 성별, 종교 및 국적에 의한 차별을 금지하였다. 1965년에는 소수민족의 저소득층 유아지원, 1974년 모든 장애아를 위한 교육지원 등의 변천과정을 거치게 되었다(Akkari & Radhouane, 2022).

미국의 다문화교육은 오랜 역사를 가지고 있지만 보다 체계적인 접근은 1960년대 중반경 시민인권운동으로 시작되었다. 이로 인한 민족, 성, 장애 연구 및 이중언어교육은 다문화교육의 발전에 영향을 주었다. 다문화교육의 초기에는 앵글로색슨 이외의 민족이나 인종 집단의 학생들은 주로 격리된 학교에 다녔다는 것이다. 이는 교육의 접근기회의 불평등을 의미한다. 이에 국내에서 발생한 민족적·인종적 갈등을 해소하기 위해 일어난 문화 간 교육운동(intercultural education movement)은 학생들 간의 인종 간, 민족 간 차별을 감소시키고 상호 이해를 통해 존중심을 갖도록 했다는 점에서 오늘날의 다문화교육과 관련이 깊다. 미국의 다문화교육 과정을 간략히 제시해 보고자 한다(Nieto, 2009).

- 민족연구운동(ethnic studies movement): 이 운동은 민족학운동이라고도 하는데, 아프리카계 미국인 유아들이 오랫동안 교육적으로 소외되어 왔다는 인식에서 출발하였다. 1960년대까지 아프리카계 미국인 학생들은 분리된 학교에 다녔을 뿐만 아니라 공립학교의 교육과정 내용에도 포함되지 않았다. 뒤이어 다른 집단들도 의사결정권, 시설 개선 및 민족 관련 내용을 교육과정에 포함시키는 등의 교육기회에 관한 요구를 하였다. 특히 1960년대와 1970년대 초에는 대학에 소수민족의 역사와 문화 관련 교육과정을 요구하고, 다양한 민족적 배경을 지닌 교수를 선발해 줄 것을 요구하기도 하였다.

그러나 1960~1970년대에 아프리카계 미국인 학생들의 통합 과정에서 소수민족 학생들이 그들의 동료들보다 성취도가 낮았기 때문에, 주류사회 학생들과 소수민족 학생들의 교육격차에 대한 여러 해석이 나타났다. 이에 대해 일부 교육자들은 소수민족 학생들이 학교의 상이한 규범에 준비부족으로 인해 나타난 실패를 단순히 결핍으로 명명하는가 하면, 어떤 교육자들은 학교와 교사들은 차이에 대해 준비하고, 다양한 문화적 배경을 지닌 학생들을 효율적으로 가르칠 방법을 배워야 한다고 주장하였다. 또한 소수민족 학생들의 학업성취도가 낮은 이유로 언어적·계급적 차이가 관련되어 있다는 주장도 제기되었는데, 그 이유는 그들이 영어와는 다른 언어를 가지고 학교에 가기 때문이라는 것이다. 이에 따라 소수민족집단 학생들의 학업성취도 성공을 위해서 이중언어교육의 필요성이 제기되었다(Fullinwider, 2003).

- 이중언어교육(bilingual education): K-12에서의 이중언어교육은 또 하나의 다문화교육운동이다. 이중언어교육은 1960년대부터 시작되었는데, 이것은 유아들이 자신의 모국어를 사용하고 또한 영어를 학습하는 것이다.

- 다문화 교사교육(multicultural teacher education): 다양한 민족집단의 증가로 교사교육의 필요성이 증대됨에 따라 1970년대에 교사교육은 다문화교육의 중요한 부분을 차지하게 되었다. 다문화교육을 강조하는 학자들은 다양한 학급을 위해서 교사의 준비, 선발, 재교육이 중요한데도, 교사교육 과정에서의 다문화교육 코스가 부족하다고 하였다. 따라서 교사들이 모든 학생을 잘 가르치기 위해서는 지식, 인식, 태도를 발달시킬 필요가 있다. 최근 한 연구에서 많은 신규교사가 다양한 소수민족 학생에 대한 교수-학습 방법과 관련해서 이미 교사양성 과정에서 학습했다는 것을 발견하였다. 그럼에도 반 이상의 교사들은 다양한 배경의 학생들을 교수-학습하는 데 준비가 덜 되어 있다고 느끼는 것으로 나타났다(Nieto, 2009).

최근 또 하나의 다문화교육에 관련된 방법은 문화적합교육(culturally relavant education) 또는 문화감응교육(culturally responsive education)이다. 즉, 다양한 배경을 지닌 학생들의 문화적 배경을 고려한 수업 또는 문화맞춤형 수업에 초점을 둔 문화적합 교수법은 미국의 많은 유색인종 학생의 낮은 학업성취도를 향상시킬 수 있다는 것이다.

그러나 미국의 다문화교육은 1980년대 초에 「위험에 처한 국가(A Nation at risk)」라는 보고서가 발표된 후, 동화주의적 지향과 앵글로 순응주의를 가진 교육표준을 지향하는 교육개혁으로 주춤하기도 하였다. 이 보고서에서 강조하는 우선적인 목표는 미국의 학교가 학교성과에 대한 국제 비교에서 그 자리를 다시 찾아야 한다는 것이었다. 학교들은 미국이 세계 경제 경쟁에 유리하게 참여할 수 있도록 학생들에게 필요한 역량과 지식을 제공하지 않았다는 비난을 받았다. 게다가 다문화주의는 소수민족의 특정 이익에만 기여한다는 비난을 받기도 하였다. 그러나 인구통계학적 현실은 결국 교육 결정권자들이 미국 학교의 사실상의 다문화적 다원성에 다시 한 번 깊은 관심을 기울이도록 하였다. 예를 들어, 많은 미국 마을에는 이미 소수민족에 속하는 학생들이 다수를 차지하고 있으며, 2014년에 백인 학생 인구는 전체 등록 학생 인구의 약 50%를 차지하였으나, 2060년경에 백인 학생 인구는 불과 34%로 추정되고 있다(Akkari & Radhouane, 2022).

이처럼 다문화교육에 대한 논쟁도 남아 있다. 보수주의 입장에서는 다문화교육이 지나치게 급진적이라고 주장하고, 급진주의 입장에서는 다문화교육이 지나치게 보수적이라는 입장도 상존해 있는 현실이다.

이상에서 우리나라, 싱가포르, 호주 및 미국의 다문화교육 정책에 대해 간략히 살펴보았다. 이를 통해서 향후 다문화교육에서 고려해야 할 점을 몇 가지 제시해 보고자 한다.

첫째, 다문화교육의 오랜 역사를 가진 나라에서도 다문화교육 정책 수립과정에서 여러 가지 어려움에 직면하였다. 우리나라는 2006년에 이르러 실질적인 다문화교육 정책이 제시된 만큼 교육 정책 수립과정에서 보다 체계적인 연구와 논의가 있어야 할 것이다. 특히 다문화교육 정책을 보다 효율적으로 실행할 수 있는 여러 기관의 유기적 관계 설정이 필요하다.

둘째, 다문화교사의 확보 문제이다. 다양한 문화적 배경을 지닌 유아를 지도하기 위해서는 단순히 한두 교과목을 수강하는 차원으로는 너무나 미흡하다. 따라서 예비교사 양성과정에서부터 다문화교육에 관련된 전문성 및 자질 함양 과정 또는 프로그램이 체계적으로 제공되어야 한다. 그리고 중장기적으로는 다문화 배경을 가진 외국인 교사 활용 문제도 더 논의되어야 할 필요가 있다.

셋째, 다문화교육 내용 선정 및 교수방법에 관한 문제이다. 즉, 어떤 내용을 어떻게 가르칠 것인가 하는 문제이다. 먼저, 문화적 보편성과 문화적 특수성 관련 내용을 어떻게 선정하여 이를 어떻게 제시할 것인가 하는 점이다. 이를 위해서는 유사한 또는 관련된 내용이나 문화를 영역별이나 지역 권역별로 통합성의 원리를 활용해 보는 것이다. 특히 통합성의 원리 활용은 일종의 교육내용 선정방법이기도 하지만 오늘날 강조되고 있는 융합적 사고능력을 키워 줄 수 있는 방법이기도 하다.

다음으로 효율적인 다문화 교수–학습 방법이다. 선행연구에서도 많이 지적된 바와 같이, 오랜 다문화교육 역사를 가진 나라의 교사들도 다문화교육 방법에 많은 어려움을 갖고 있다. 이에 효율적인 교수–학습지도를 위해서는 유아의 정서적·학업적 욕구는 물론이고, 다양한 문화적 배경을 지닌 유아들의 학습양식 등을 이해해야 한다. 최근 강조되고 있는 유아의 문화적 특성에 맞는 이른바 유아적합 교수법 또는 문화적합 교수법을 활용하는 것이다. 문제는 교사 혼자서 다양한 유아의 문화적 특성 이해를 통한 교수–학습 준비를 하기에는 너무 어려운 일이다. 따라서 유관 기관의 체계적인 지원책도 마련되어야 한다.

넷째, 의사소통 문제이다. 이는 곧 이중언어의 필요성을 제기하는 것으로서 유아 지도 과정에서는 물론이고, 학부모와의 일상 대화나 상담과정에서도 중요한 부분이다. 따라서 유아나 학부모와의 상호작용을 위한 체계적인 의사소통 지원책도 강화되어야 한다. 언어 문제는 단순히 다문화교육 차원에서뿐만 아니라 시야를 넓혀 글로벌사회의 적응력을 높이기 위해서도 중요한 도구이다. 의사소통 지원을 위해서는 지자체나 유관기관들의 공동 노력이 필요하다. 가령, 외국어 지원이 가능한 유치원 권역별 순회 수업지원교사 및 상담교사 등을 활용하는 방법이 있다. 다문화교육의 핵심은 무엇보다도 의사소통 문제이다.

마지막으로, 문화적 다양성을 즐거움의 대상으로 생각할 것인지, 두려움의 대상으로 생각할 것인지에 관한 문제이다. 우선 교사는 언어적·문화적 다양성을 통해 즐거운 교실로 만들도록 노력해야 한다. 또한 유아들이 자신과는 다른 것에 대한 호기심과 글로벌 친구들을 통해 다양한 사고력을 개발할 수 있는 기회로 활용할 수 있는 학교문화 형성이 필요하다.

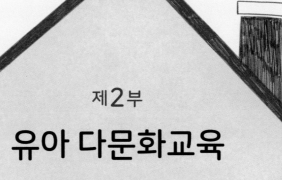

제2부

유아 다문화교육

/ 다문화교육의 이론과 실제 /

제 7 장

유아 다문화교육의 이해

◆ 생각열기

강남구, '다 행복한 대한민국 작품전' 개최

강남구는 9일까지 국회의원 회관 3층 전시장에서 제569돌 한글날과 광복 70주년을 기념하는 '다 행복한 대한민국 작품전'을 연다고 밝혔다. 이번 전시회는 '함께하면 더 행복한 강남(Better Together Gangnam)'이라는 다문화 인식개선 사업의 일환으로 열리며, '사람, 사람과 사람, 사람과 사람 그리고 아름다운 한국인' 3가지 테마로 떠나온 모국과 가족, 한국인으로 살기 등 다양하고 따뜻한 이야기가 작품 속에 잔잔하게 녹아 있어 감동을 주고 있다. 그동안 한글을 배우는 데 많은 어려움을 겪었던 다문화가족들이 이번 기회를 통해 갈고닦은 실력으로 그들만의 세상 이야기들로 꾸며진 멋진 작품으로 그들을 이해하고 사랑을 나눌 수 있길 기대해 본다. ……(후략)……

출처: 연합뉴스 보도자료(2015. 10. 6.). https://www.yna.co.kr/view/RPR20151006000400353(2023. 9. 15. 인출).

☞ 신문기사를 보고 어떤 생각이 들었나요? 다문화사회로 전환된 우리 사회의 긍정적인 모습일까요? 혹은 다문화가정을 동정의 대상으로 바라보고 있는 것일까요? 여러분의 생각은 어떤가요?

1. 유아 다문화교육의 개념 및 필요성

1) 유아 다문화교육의 필요성

(1) 사회적 배경

디지털 기술의 혁신은 우리 사회에 큰 변화를 불러오고 있다. 전 세계의 사람들은 언제 어디서든 네트워킹을 할 수 있게 되었고, 다양한 분야에서 국가와 인종 간 경계가 허물어지고 교류가 활성화되고 있다. 세계의 글로벌화로 개인은 다른 나라의 문화와 관습, 삶의 양식을 경험하거나, 대중문화와 사회관계망을 통해 다른 나라의 문화가 세계화되기도 한다. 인터넷을 통해 다른 나라의 다양하면서도 특별한 삶의 모습(예: 식용 곤충을 먹는 장면, 성중립 화장실 등)에 대해 직간접적으로 경험할 수 있는 기회도 증가하고 있다. 이처럼 다양한 국가와 인종, 문화, 관습 등의 범위가 더욱 확대되고, 언제 어디서나 다양한 문화가 공존하는 세계로의 접근이 가능한 지구촌사회가

◆ 다문화 감수성 높이기 1

캘리포니아 공립학교 성중립 화장실 설치 의무화 추진

캘리포니아주 내 공립학교에 성중립 화장실 설치가 의무화될 전망이다. Josh Newman 상원의원이 발의해 최종 통과할 것으로 보이는 이 법안에 의하면 캘리포니아 주내 K-12 모든 공립학교는 오는 2025년 1월 1일까지 최소한 한 곳의 성중립 화장실을 의무적으로 설치하고 학생들이 이용할 수 있도록 해야 한다. Newman 민주당 상원의원은 하루 8시간을 보내는 학교에서 LGBTQ(성소수자) 학생들이 자유롭고 안전하게 화장실을 이용할 권리를 보장하는 것이 당연하다며 법안의 정당성을 주장하였다. 현행법에 의하면 캘리포니아주 공

[그림 7-1] 미국 미네소타주 메트로폴리탄 주립대학교의 성중립 화장실 푯말

립학교들은 모든 학생에게 성 정체성과 관계없이 화장실을 제공하는 것을 의무로 하고 있다. 하지만 LGBTQ 학생들은 남녀로만 구분된 화장실 체계에서 어떤 곳을 사용해야 할지 혼란스럽거나 이로 인한 차별을 당한 경우가 많았다고 Newman 의원은 주장하였다. ……(후략)……

출처: 케이뉴스엘에이(2023. 3. 1.). https://www.knewsla.com/top3/20230301101(2023. 9. 15. 인출).

되었다.

우리나라의 다문화사회는 외부 요인뿐 아니라 내부적인 특수성을 고려해 볼 수 있다. 현재 한국사회는 저출산 현상, 1인 가구 증가, 딩크족 등으로 노동력 부족 현상이 발생하고 있다. 이에 타국으로부터 노동력 유입 현상이 확대되고 있으며, 다문화가정과 학생이 증가하고 있다. 다문화가정의 가족구성원 배경, 문화적 차이, 성장환경, 외모의 차이, 그로 인해 야기되는 부적응의 문제는 다문화가정 자녀들의 긍정적 자아개념과 자기정체성 및 가치관 형성에 심각한 장애물이 된다(최일, 김병석, 안정희, 2010). 예를 들어, 언어가 미숙한 부모에게서 자라나는 다문화가정의 자녀들은 언어 소통에 어려움이 발생하고 이는 또래관계 형성의 어려움, 더 나아가 학교, 기관에서 함께 생활하는 친구들과 긍정적인 인간관계를 맺지 못하게 되면서 학교생활 부적응의 양상을 보일 수 있다. 그리고 다문화가정의 자녀들은 성장하면서 자기정체성에 대한 혼란과 갈등을 경험하며, 모국의 역사, 문화, 언어를 잃어버리거나 숨기는 경우도 많다. 따라서 다문화가정의 자녀들이 한국의 문화를 주체적으로 습득함으로써 한국인으로서의 정체성을 갖도록 하는 동시에 모국 문화에 대한 긍정적인 정체성을 갖도록 하는 것이 필요하다. 더불어 다문화가정 유아에 대한 편견을 버리고 그들을 존중하며 동등한 사회구성원으로서 함께 살아갈 수 있도록 비다문화 유아도 함께하는 다문화교육이 이루어져야 할 것이다.

(2) 유아 발달적 측면

유아는 발달특성상 2, 3세가 되면 다른 사람의 피부색이나 성, 신체 구조에 관심을 보이기 시작한다. 4세가 되면 민족집단이나 성정체성을 지니게 되면서 자신이 소속되어 있는 문화 또는 자신과 친숙한 사람이 소속되어 있는 문화와 다른 문화 간의 공통점과 차이점에 흥미를 보인다. 5, 6세가 되면 민족, 성 이외에 다른 나라의 생활방식 또는 하위문화의 다양성을 인식하고 내면화하기 시작한다(안재신, 2001; 양옥승, 1997). 다문화와 관련한 연령별 발달특성을 정리하면 〈표 7-1〉과 같다.

이처럼 유아는 인종차이를 구분하고 신체 특징, 의상, 언어 등에 기초해 사람들 간의 유사성과 차이점을 지각한다. 유아기는 성정체성, 성역할, 사회계급, 장애, 가정 형태 등 다양한 사회개념에 대한 인식과 관념이 형성되는 시기로, 한 번 형성된 편견이나 고정관념은 성인이 된 이후에 바꾸기가 어렵다. 유아는 자신의 정서를 인식하고 조절

〈표 7-1〉 다문화 관련 연령별 발달특성

연령	발달특성
2~3세	• 외모의 차이를 기준으로 각 집단을 분류하고 자신을 집단의 일원으로 동일시할 수 있다. • 외모적 차이, 다른 문화권의 행동양식과 자신에게 익숙한 행동양식의 차이를 인지할 수 있고, 부모 등의 사람을 통해 편견을 가질 수 있다.
4세	• 인종, 성과 같은 자신의 정체성이 향상되며 소속 집단과 자신을 동일시할 수 있다.
5세	• 고정관념과 편견이 왜 문제인지, 인종, 민족, 성별에 따라 구분되는 문화적 차이를 이해할 수 있다.
6세	• 계층, 장애, 지역에 따른 문화적 차이를 이해할 수 있고, 지역사회에서 발생하는 차별 문제를 인식하고 해결방안을 제시할 수 있다.

하며, 다양한 경험과 학습을 통해 지식을 습득하며 인지능력이 발달한다.

미래사회는 정치, 경제, 문화, 기술, 환경의 세계화로 다양한 분야에서 급격한 사회변화와 사회적 갈등이 발생할 우려가 증가하고 있다. 따라서 다문화에 대한 이해와 존중을 위한 태도를 형성할 수 있도록 유아 다문화교육을 시행하는 것이 바람직하다. 유아기부터 다문화적인 경험을 통해 다양한 문화에 대한 지식을 얻는 동시에 문화적 차이를 인지하고 다양한 문화와 인종에 대해 긍정적인 이미지를 형성하여 다문화 감수성을 갖추도록 함으로써 다문화교육의 효과를 극대화할 수 있다.

◆ 다문화 감수성 높이기 2

EBS 영상: 외모에 다른 성차 실험 영상

[실험 상황] 아이들에게 성인이 남자라는 것을 충분히 보여 준 후 여장을 하게 한다. 이때 아이들은 남자가 여장을 하는 모든 과정을 지켜보게 한다. 아이들은 이 남자를 남자라고 생각할까? 여자라고 생각할까?

☞ 실험 결과는 어떨까요? 예측해 보세요.
• 4세 아이들은 옷이 바뀌거나 역할이 바뀌면 성별도 바뀐다고 생각한다. (O, ×)
• 6세 아이들은 역할이 바뀌어도 성은 평생 변하지 않는다고 생각한다. (O, ×)

☞ 영상을 보며 확인해 봅시다!

출처: EBS다큐프라임 〈아이의 사생활 제1부 남과 여〉 영상화면 캡처.

2) 유아 다문화교육의 개념

제3장에서 살펴보았듯이, '다문화교육'은 다양한 민족적 배경을 가진 학생들에게 평등한 교육기회를 제공하기 위한 종합적인 교육개혁의 운동으로서 교육제도, 교육내용, 교육방법 등을 통해 다양한 민족적 배경을 지닌 학생들의 욕구를 충족시켜 줄 수 있어야 한다. 이와 같은 맥락에서 '유아 다문화교육'은 다양한 사회문화적 배경의 유아에게 평등한 교육 경험과 기회를 제공하기 위해 교육제도, 교육과정(교육내용, 교육방법, 교육환경) 등을 개혁하고 이를 통해 유아의 욕구를 충족시켜야 한다. 즉, 인종, 민족, 언어, 종교, 성별 등에 대한 서로의 다양성을 인정하고 이해함으로써 평등의 개념을 형성하고, 다양한 사회문화적 배경을 갖고 있는 모든 유아가 긍정적인 자아정체감을 형성하도록 해야 한다.

유아 다문화교육의 개념에 대해 연구자들은 다음과 같이 정의하고 있다. 김영옥(2002)은 서로 다른 성, 계층, 언어, 인종 등 다양한 문화가 공존하는 세계에서 유아들이 함께 생활하는 가운데 의사소통을 하고 이해와 존중을 실천하며, 유아뿐 아니라 유아가 속해 있는 가족의 삶 또한 긍정적으로 변화할 수 있도록 돕는 기술을 가질 수 있도록 준비하는 교육으로 정의하였다. 전미유아교육협회(NAEYC)는 언어와 문화적 다양성에 대한 발표문(Responding to Linguistic and Cultural Diversity, 1995)에서 모든 유아는 가족, 공동체 그리고 인종적·민족적·문화적 배경에 적합한 유아교육을 받을 자격과 가치를 지니며, 모든 유아의 최적의 발달과 학습을 위해 모국어의 정당성, 존중과 가치, 가정의 문화를 수용하고, 모든 가족의 적극적인 참여와 지원을 장려하고 증진해야 함을 제안하였다. 교육부(구. 교육과학기술부)는 다문화교육을 인종과 성, 언어, 계층 등에 관계없이 서로가 중요한 공동체의 일원임을 인식하고 이해하고 존중하도록 변화시킴으로써 공동의 목표를 지향할 수 있는 지식, 태도, 기술을 갖추는 것으로 문화적 다양성의 이해와 존중을 위한 교육으로 제시하였다(교육과학기술부, 2008).

이를 종합할 때 유아 다문화교육은 성별, 계층, 언어, 인종, 문화, 종교 등 서로 다른 문화의 차이를 인식하고 수용하고 이해를 돕기 위한 교육으로서 다양한 문화적 배경을 지닌 유아들이 서로 의사소통하고 존중하며 모두가 소중한 공동체 일원임을 이해하는 것이다. 유아 다문화교육은 유아들이 서로 다른 문화를 존중하고 이해하면서 사회에 내재한 인종, 민족, 문화 등의 차이가 우열의 관계가 아닌 다름의 관계임을 알고, 일부 다문화가정의 구성원들이나 타 문화 출신 사람들을 위한 교육이 아닌 우리 모두를 위한 상생의 교육이 되어야 한다. 이를 위해 교육제도, 교육내용, 교육방법, 교육환경 등을 지속적으로 개혁함으로써 유아 스스로 긍정적인 자아개념을 형성하고 가정의 삶도 긍정적으로 변화할 수 있도록 하는 교육으로 정의할 수 있다.

2. 유아 다문화교육의 내용

1) 유아 다문화교육의 목적 및 목표

유아들은 다양한 문화 속에서 더불어 살아가는 태도와 능력을 갖추는 것이 필요하다. 이를 위해 유아 다문화교육은 문화의 다양성을 인식하고 친근감과 동질감 갖기, 긍정적 자아정체성 및 집단정체성 갖기, 평등의 가치를 알고 타인을 존중하는 태도 갖기, 편견과 차별, 고정관념을 인식하고 비판적 사고 형성하기, 다양한 사회구성원과 협력하며 조화롭게 지내기 등을 목표로 삼아야 한다. 학자들이 제시한 유아 다문화교육이 추구해야 할 목적 및 목표를 정리하면 〈표 7-2〉와 같다.

〈표 7-2〉 유아 다문화교육의 목적 및 목표

연구자	목적 및 목표
Ramsey & Derman-parks (1992)	• 정체성, 편견, 협력의 기회 제공하기 • 유아의 지식과 자아개념, 집단의 정체감을 형성할 수 있도록 하기 • 다양한 배경을 지닌 사람들과 편안한 상호작용을 할 수 있도록 증진시키기 • 편견에 대한 비판적 사고를 촉진시키며 자신과 타인을 방어할 수 있는 능력 기르기
Kendall (1996)	• 자신들의 문화와 가치관뿐 아니라 타인의 문화와 가치관을 존중하도록 지도하기 • 다문화, 즉 다인종사회에서 상호작용하는 법을 배우도록 돕기 • 피부색에 따라 인종차별의 영향을 많이 받는 유아들에게 긍정적 자아상 심어 주기 • 다양한 사람의 문화적 차이뿐만 아니라 모든 인류에게 공통적으로 적용되는 유사성을 긍정적으로 체험하도록 돕기 • 다양한 사람을 전체 공동체의 독특한 일부로 여기며 서로 어울리는 것 경험시키기
Klein & Chen (2001)	• 자신과 다른 사람의 문화와 가치를 존중하도록 가르치기 • 다문화적 · 다인종적 사회에서 성공적으로 기능하도록 돕기 • 피부색과 같은 인종주의에 영향을 받은 유아들의 긍정적인 자아개념 발달시키기 • 문화적으로 다양한 사람의 차이점과 유사점을 긍정적인 방법으로 경험하도록 돕기 • 다양한 문화의 사람들과 함께하는 경험을 지원하고 강화하기

출처: 김현지(2017).

이를 통한 유아 다문화교육의 목적 및 목표를 정리하면 다음과 같다. 첫째, 유아가 성, 신체적 특성, 장애, 가족, 인종, 종교 등으로 인해 차별받지 않고 서로 이해하고 존중하는 마음을 가지도록 한다. 둘째, 유아가 다른 사람을 대할 때 자신과 다른 점을 틀린 것이 아닌 다른 특성으로 받아들이고 편견 없이 대할 수 있도록 한다. 셋째, 유아가 다양한 가족 형태 및 문화적 배경을 이해할 수 있는 경험을 통해 자신과 다른 사람의 문화와 가치를 배려하고 수용하는 태도를 기르도록 한다. 넷째, 유아들이 자신이 속한 문화에 대한 긍정적인 자아정체성을 확립하고, 또래와 함께하는 경험을 통해 집단의 정체성을 형성하도록 한다. 다섯째, 유아 스스로 지닌 편견이나 고정관념에 대해 인식하고, 비판적 사고를 통해 인식을 변화시켜 다양한 사회구성원과 협력하며 조화롭게 지낼 수 있도록 한다.

2) 유아 다문화교육 내용

유아 다문화교육을 위해서는 '무엇을 가르칠 것인가?'에 대한 교육내용의 선정이 필요하다. 이를 통해 유아기부터 민족, 인종, 언어, 종교 등 다양한 문화적 배경을 가진 집단이 공존하는 다문화사회로의 변화에 능동적으로 대응하기 위해 지녀야 할 지식, 기능, 가치 등을 함양하는 것이 필요하다. 유아 다문화교육의 내용 요소를 살펴보면 다음과 같다(교육부, 국가평생교육진흥원, 중앙다문화교육센터, 2020; 김태연, 2022).

(1) 유아 다문화교육 요소

① 문화이해

문화이해는 각 문화가 형성된 자연환경, 사회적 요인, 역사적 배경 등을 맥락 속에서 살펴보면서 그 문화를 있는 그대로 이해하고자 하는 것이다. 문화는 집단의 구성원들이 공유하는 생활방식이나 생활양식, 또는 행동유형으로 인간이라면 누구나 문화가 다른 가족, 인종, 집단, 사회에 속하게 되므로 문화적 차이에 대한 내용도 포함되어야 한다. 문화적 차이는 어떤 문화에 대해 옳고 그름이나 높고 낮음의 우열을 의미하는 것이 아닌 다름에 대한 것이므로 문화를 평가하는 것은 옳지 않다. 자신의 문화에 대한 소중함과 타 문화에 대한 수용적인 태도가 필요하며, 유아의 실제적인 문화적 역량을 기르기 위해서는 유아가 일상생활에서 쉽게 접하거나 우리 사회 내에 존재하는 문화적 다양성에 기초하는 것이 좋다.

- 문화가 같고 다름을 이해한다.
- (문화에 대해 옳고 그름을 판단하지 않고) 문화를 있는 그대로 이해하고 존중한다.
- 문화가 형성된 자연환경, 사회적 요인, 역사적 배경에 대해 긍정적인 태도를 갖는다.
- 다른 문화 속의 한 사람으로서 살아가는 마음을 갖는다.

② 협력

각기 다른 문화적 배경을 가진 구성원들이 어우러져 살아가는 다문화사회에서는 왜 협력해야 하는지, 그것이 공동체 전체와 협력에 동참하는 개별 구성원이나 집단에 어떤 이익이 되는지를 충분히 인식하고 공유할 수 있도록 해야 한다. 유아들이 원활하게 의사소통하고 협력하며 공동체의식을 함양하는 것과 다양한 문제 상황을 협력적으로 해결해 나가는 내용으로 구성할 수 있다.

- 다양한 사람과의 상호작용능력을 증진한다.
- 다양한 사람과의 협동능력을 증진한다.
- 행동을 강요하는 것이 정당화되지 않는 태도임을 기른다.
- 서로가 상호 의존하는 마음과 태도를 기른다.

③ 반편견

편견은 대체로 부정적인 내용이 많기 때문에 특정 집단이나 사람에 대한 차별과 불평등으로 이어질 수 있다. 반편견은 그러한 편견에 반대하는 것을 가리키는 것으로, 다문화사회에서의 공정성과 균형성을 위해 요구된다. 다문화사회는 특히 피부색, 인종, 성 등과 같은 자연적 요인이나 국적 등과 같은 제도적 요인과 관련된 것으로서 특정 집단에 대해 편견을 형성하는 경우가 많다. 따라서 인권의 가치와 중요성을 이해하고, 자신의 편견을 인식하고, 편견적 사고와 상황에 대해 비판적으로 사고하고 대처하는 것이 필요하다.

- 공동의 목표를 위해 상호작용하고 협동한다.
- 행동을 강요하며 정당화하지 않는다.
- 상호 의존하는 마음과 태도를 기른다.
- 선입견, 고정관념, 편견에 비판적으로 사고한다.
- 타인을 있는 그대로 이해한다.
- 편견과 오해에 대해 의사소통한다.
- 특정 집단에 속해 부당한 대우와 차별에 대처하는 능력을 기른다.
- 나와 다름을 인식하고 공정성을 갖는다.
- 타인을 있는 그대로 인정하고 존중한다.

④ 정체성

유아가 '개인의 정체성'과 유아가 속한 '집단의 정체성'을 인식하고 자신에 대한 긍정적 자아정체성과 집단정체성을 형성하는 내용으로 구성된다. 반복되는 이주와 정착 속에서 서로 다른 집단과 문화가 부딪히고 뒤섞이는 다문화 사회에서는 정체성에 대한 유연하고 성찰적인 태도가 필요하다. 즉, 자신이 속한 어느 하나의 집단이나 자신이 가진 어느 하나의 요인에만 기대어 고정불변의 정체성을 고수하기보다는 기존에 익숙해져 있던 문화적 정체성에 대한 유연성을 가지는 것이 필요하다.

- 자아정체감 형성으로 나는 누구인가를 안다.
- 타인을 있는 그대로 이해한다.

⑤ 평등성

평등은 인종, 성, 계층, 종교, 지위 등과 같은 인간의 선천적 · 후천적 조건으로 인해 차별받아서는 안 된다는 것을 의미한다. 인간의 존엄성 실현에 필수적인 평등은 인간이 모든 면에서 똑같은 방식과 똑같은 정도로 대해지는 것이 아니라 특정한 조건에 의해 우대받거나 부당한 대우를 받으면 안 된다는 것을 의미한다. 다문화사회는 누구나 균등한 기회를 누릴 수 있어야 하고, 각 사람이나 집단에 대한 법적 보호와 제재가 동일하게 적용되어야 한다. 따라서 유아가 평등과 차별의 개념을 인식하고 평등하지 않은 상황에 대해 대처할 수 있는 능력을 기르는 내용과 타인을 존중하는 내용 등이 포함된다.

- 국가, 민족, 성, 계층에 대한 긍정적 태도를 기른다.
- 수평적 관계에서 긍정적 태도를 형성한다.
- 가치와 권리를 동등하게 인정한다.
- 타인의 관점에서 사회적 갈등을 극복한다.
- 누구나 균등한 기회와 법적 보호가 동일하게 적용되어야 함을 이해한다.

⑥ 다양성

인종, 문화, 성, 외모, 능력, 사회, 경제적 계층, 세대, 가족 구성, 지역, 직업 등을 포함한다. 문화다양성은 인간 집단에서 나타나는 자연스러운 현상으로, 집단 간 대립이나 갈등의 원인이 아니라 인류 문화를 더욱 풍부하게 하는 공동의 자산이다. 따라서 주류문화가 다양한 하위문화를 일방적으로 흡수하려고 하거나 동화시키려는 것은 바람직하지 않다. 각 문화에 내재해 있는 고유성과 차이를 인식하고, 다양성을 이해하고 존중할 수 있는 역량을 기르기 위한 내용이다.

- 다양한 개인과 집단의 존재를 인정하고 존중하는 마음을 갖는다.
- 주류문화와 다양한 비주류문화가 공존한다.

(2) 유아 다문화 감수성

다문화 감수성(multicultural sensitivity)은 다문화 수용성(multicultural acceptability)과 문화 간 감수성(intercultural sensitivity)을 포괄하는 개념으로서 다양한 문화적 환경에서 타인과 조화롭게 관계를 맺고 소통할 수 있는 태도, 가치, 행동 역량을 의미한다. 다문화 감수성은 다양성, 관계성, 보편성의 세 가지 영역에서 인식, 관용, 수용, 공감, 소통, 협력, 반차별, 반편견, 세계시민성이라는 핵심 가치를 내면화하는 정도를 말한다. 다문화 감수성의 구성요소 중 세 가지 상위개념 및 각 하위요소별 의미를 살펴보면 다음과 같다(교육부, 국가평생교육진흥원, 중앙다문화교육센터, 2021)

- 다양성: 다양한 문화가 존재하는 사회의 모든 구성원이 하나의 문화 내에 존재하는 문화의 다양성을 인식하고, 관용하고, 수용하는 개인의 경향성 정도를 의미한다.
- 관계성: 주류집단과 이민자집단 간의 관계 설정 및 거리감과 관련된 개념으로서 서로 다른 문화적 차이를 경험하는 데 있어서 공감, 소통, 협력하는 개인의 경향성 정도를 포함한다.
- 보편성: 보편적인 가치를 기준으로 다른 문화를 받아들이는 경향을 의미한다.

〈표 7-3〉 유아 다문화 감수성의 교육 요소 및 의미

요소		의미
다양성	인정	모든 사람은 다르다는 것을 인식하는 가치
	관용	타인이 나와 다르므로 타인을 내 기준으로 평가하고 재단하지 않는 태도
	수용	타인을 있는 그대로 인정하고 존중해 주는 적극적이며 긍정적인 태도
관계성	공감	직접적인 당사자가 아닌 제3자의 입장에 있지만 가해자 또는 피해자의 감정을 타인의 입장에서 합리적으로 이해하고 느끼는 감정
	소통	자신과 타인 사이의 문화적 차이로 인하여 발생하게 되는 편견, 오해, 고정관념의 근원을 이해하고, 반편견 · 반차별적 태도로 서로 다른 문화적 배경을 가진 구성원들이 수평적 관계에서 서로를 이해하고자 노력하는 태도 및 능력
	협력	공감과 소통의 기반 위에서 다수자와 소수자가 공동의 목적을 달성하기 위하여 상호 간에 노력을 기울여 협동하는 태도 및 능력
보편성	반차별	어떤 집단에 속해 있다는 이유로 개인을 부당하게 대우하는 모든 종류의 차별적 상황에 대해 민감하고, 언어와 행동에서 차별적 행위를 하지 않는 능력
	반편견	평소 자신도 모르게 갖고 있는 생각들이 사회적으로 구성된 고정관념이나 편견이라는 사실을 깨닫고, 타인에 대한 공정한 관점을 가지려는 노력
	세계시민성	전 세계의 사람들이 상호 의존하고 있음을 이해하고, 존중, 공감, 협력, 반차별의 가치를 지구적 차원에서 적용할 수 있는 능력

출처: 교육부, 국가평생교육진흥원, 중앙다문화교육센터(2021)의 내용을 재구성하여 제시함.

생각 넓히기

• 제7장에서 학습한 유아 다문화교육 요소를 찾아 적어 보세요.

• 위에 기록한 다문화교육 요소와 관련된 나의 경험을 적어 보고, 친구들과 공유하며 토론해 보세요.

/ 다문화교육의 이론과 실제 /

제 8 장

누리과정과 유아 다문화교육

◆ 생각열기

　　교육부는 2009년부터 다문화교육 우수사례를 발굴하고 확산하기 위해 우리 사회의 다문화 인식개선 및 다문화교육 공모전을 실시하고 있다. 그리기, UCC, 교육자료, 교육 수기 등에서 공모를 진행하며, 학생, 교원, 강사 등이 참가할 수 있다. 2022년 제14회 다문화교육 우수사례 공모전 수상작을 살펴보며 어떠한 다문화교육 요소가 포함되어 있는지 토론해 보자(다문화교육 요소의 예: 평등성, 반편견, 정체성, 다양성, 문화이해, 협력 등).

〈제14회 다문화교육 우수사례 공모전 수상작〉

〈최우수작〉

성○○(천안불당중학교)

모든 음표가 모여 더 아름다운 소리와 멜로디를 만들어 내듯이, 다름을 인정하고 함께한다면 세상에서 가장 매력 있고 기억에 남는 '우리'가 되기를 바라는 마음을 그렸습니다.

	〈우수작〉 이○○(인천중산중학교) 색에는 그 색만이 가질 수 있는 고유한 색깔과 느낌이 있듯이, 여러 나라에는 그 나라만이 가진 고유한 문화가 있습니다. 그림을 그릴 때도 그 색만이 표현할 수 있는 색상과 느낌이 있습니다. 여러 색깔이 조화롭게 모여 아름다운 작품을 만드는 것처럼 여러 나라의 문화를 인정하고 조화롭게 융합하고자 하는 마음을 표현하였습니다.
	〈장려상〉 배○○(용화여자고등학교) 각 나라, 인종마다 모두 다르고 따로라고 생각하는 경향을 가지고 있습니다. 하지만 우리는 모두 다 똑같은 인간입니다. 누군가는 더 우월하다고 여겨지고, 또 다른 누군가는 차별받아서는 안 됩니다. 그래서 저는 길게 늘어진 휴지 위에 전 세계 각각의 다양한 사람이 함께 공존하고 있는 모습을 표현하여, 우리가 모두 서로 이어져 있다는 메시지를 담았습니다.

출처: 교육부(2023).

1. 누리과정의 성격

> 누리과정은 3~5세 유아를 위한 국가 수준의 공통 교육과정이다.
> <u>가. 국가 수준의 공통성과 지역, 기관 및 개인 수준의 다양성을 동시에 추구한다.</u>
> 나. 유아의 전인적 발달과 행복을 추구한다.
> 다. 유아 중심과 놀이 중심을 추구한다.
> 라. 유아의 자율성과 창의성 신장을 추구한다.
> 마. 유아, 교사, 원장(감), 학부모 및 지역사회가 함께 실현해 가는 것을 추구한다.

유치원과 어린이집에서 누리과정 운영 시 누리과정의 다섯 가지 성격 중에 '가. 국가 수준의 공통성과 지역, 기관 및 개인 수준의 다양성을 동시에 추구한다.'는 다문화교육 중 '다양성'의 내용을 반영하고 있다. 다른 사람의 문화와 가치를 존중하고 문화의 다양성을 교육과정에 구현하고자 한다. 국가 수준의 공통성은 유치원과 어린이집에서 교육과정을 구성, 운영 시 고려해야 할 공통적이고 일반적 기준이며, 지역·기관·개인 수준의 다양성을 추구한다.

- 지역 수준의 다양성: 국가 수준의 교육과정을 토대로 각 시·도교육청이나 시·군·구청에서 그 지역사회의 상황과 여건을 고려하여 누리과정을 특색 있게 운영
- 기관 수준의 다양성: 유치원과 어린이집이 국가 수준 교육과정과 지역 수준 교육과정의 특성을 반영하는 동시에 각 기관의 철학, 학급(반) 및 부모의 특성에 따라 누리과정을 자율적으로 운영
- 개인 수준의 다양성: 교사가 담당 학급(반) 유아의 개인차(예: 연령, 개별 특성, 발달 수준 등)를 교육과정에 반영하여 운영

2. 누리과정의 구성 방향

1) 추구하는 인간상

가. 건강한 사람
나. 자주적인 사람
다. 창의적인 사람
라. 감성이 풍부한 사람
마. 더불어 사는 사람

가. 건강한 사람

건강한 사람은 몸과 마음이 고루 발달하고 스스로 건강함을 유지하며 안정적이고 안전한 생활을 하는 사람을 의미한다. 누리과정은 유아가 튼튼한 몸과 안정된 정서를 바탕으로 자신을 소중히 여기며 건강한 사람으로 성장하도록 한다.

☞ 다문화 관련 요소: '정체성'– 개별 정체성의 형성 및 변화

나. 자주적인 사람

자주적인 사람은 자신을 잘 알고 존중하며, 자신감을 가지고 스스로 할 수 있는 일을 주도적으로 해 나가는 사람을 의미한다. 개정 누리과정은 유아가 자신에 대한 이

해를 바탕으로 자신을 가치 있고 긍정적인 존재로 여기며, 자신이 잘할 수 있는 일이 무엇인지 알고 자신의 능력을 확장하기 위해 스스로 노력하는 사람으로 성장해 갈 수 있도록 돕는다.

☞ 다문화 관련 요소: '정체성'—자신에 대한 긍정적 인식

마. 더불어 사는 사람

더불어 사는 사람은 자신이 속해 있는 사회에 소속감을 느끼고, 다른 사람과 생명을 존중하고 자연과 더불어 살아가며, 보다 나은 사회를 만들기 위해 사회문제에 관심을 갖고 협력하는 민주시민을 의미한다. 개정 누리과정은 유아가 가족, 이웃, 동식물과 주변 환경에 관심을 가지고 소중히 여기며, 서로 배려하는 마음과 태도, 책임 의식을 가진 사람으로 성장해 갈 수 있도록 돕는다.

☞ 다문화 관련 요소: '정체성'—집단 정체성(소속감, 주변 세계와의 관련성)
☞ 다문화 관련 요소: '협력'—문화집단 간의 상호 의존성 인식, 배려

2) 목적과 목표

누리과정의 목적은 유아가 놀이를 통해 심신의 건강과 조화로운 발달을 이루고 바른 인성과 민주시민의 기초를 형성하는 데 있다.

누리과정의 목표
가. 자신의 소중함을 알고, 건강하고 안전한 생활 습관을 기른다.
나. 자신의 일을 스스로 해결하는 기초능력을 기른다.
다. 호기심과 탐구심을 가지고 상상력과 창의력을 기른다.
라. 일상에서 아름다움을 느끼고 문화적 감수성을 기른다.
마. 사람과 자연을 존중하고 배려하며 소통하는 태도를 기른다.

가. 자신의 소중함을 알고, 건강하고 안전한 생활 습관을 기른다.

• 유아 특성: 놀이를 통해 몸을 마음껏 움직이며 자신의 감정과 욕구에 귀를 기울여 조절하는 경험을 하고, 일상에서 환경의 변화에 적응하는 데 필요한 건강하고 안전한 생활을 지속적으로 경험하는 것이 중요하다.

- 유치원과 어린이집: 유아가 자신의 몸과 마음에 대한 긍정적인 생각을 키워 자신을 소중히 여기는 사람으로 성장하도록 돕고, 자신의 신체 리듬에 맞게 생활하고, 위험한 상황에 대처하는 방법들을 배울 수 있도록 지원해야 한다.
☞ 다문화 관련 요소: '정체성'—자신에 대한 긍정적 인식
   (인간상: 가. 건강한 사람과 연계)

나. 자신의 일을 스스로 해결하는 기초능력을 기른다.
- 유아 특성: 자신이 하고 싶은 놀이에 적극적으로 참여하고 다양한 시도를 통해 자신이 좋아하고 잘할 수 있는 일에 대해 알아가며, 자신이 가진 여러 가지 능력을 확장하는 경험이 필요하다.
- 유치원과 어린이집: 유아가 자신을 이해하고 소중히 여기며 자신의 일을 주도적이고 자율적으로 해결해 나가는 사람으로 성장하도록 돕고, 다른 사람과 함께 생활하는 동안 자신의 생각을 자신 있게 표현하며, 주어진 일에 책임감을 가지고 해결해 나갈 수 있도록 지원해야 한다.
☞ 다문화 관련 요소: '정체성'—개별 정체성의 형성과 변화
   (인간상: 나. 자주적인 사람과 연계)

마. 사람과 자연을 존중하고 배려하며 소통하는 태도를 기른다.
- 유아 특성: 유아는 가족과 친구, 이웃과 관계를 맺고 필요할 때 도움을 주고받으며 살아가며 유아는 자신과 생각이 다른 사람들과 갈등을 겪을 수도 있으나 이를 원만하게 해결해 보는 경험도 필요하다.
- 유치원과 어린이집: 유아가 놀이를 통하여 자연을 소중히 여기고 다른 사람과 협력하며 소통하는 방법을 경험할 수 있는 기회를 제공하여, 공동체의식과 민주시민의 역량을 키워 갈 수 있도록 도와야 한다.
☞ 다문화 관련 요소: '협력'—문화 집단 간 상호의존성 인식, 배려
   (인간상: 마. 더불어 사는 사람과 연계)

3) 구성의 중점

> 가. 3~5세의 모든 유아에게 적용할 수 있도록 구성한다.
>
> 나. 추구하는 인간상 구현을 위한 지식, 기능, 태도 및 가치를 반영하여 구성한다.
>
> 다. 신체운동·건강, 의사소통, 사회관계, 예술경험, 자연탐구의 5개 영역을 중심으로 구성한다.
>
> 라. 3~5세의 유아가 경험해야 할 내용으로 구성한다.
>
> 마. 0~2세 보육과정 및 초등학교 교육과정과의 연계성을 고려하여 구성한다.

가. 3~5세의 모든 유아에게 적용할 수 있도록 구성한다.

　개정 누리과정은 유치원과 어린이집에 다니는 3~5세의 모든 유아가 경험해야 할 공통적이고 일반적인 기준으로, 모든 유아란 연령, 발달, 장애, 종교나 가족 구성, 지역 등의 사회·경제적 배경과 문화적 배경에 의해 배제되거나 차별받지 않는다는 것을 의미한다. 아울러 유아의 관심사, 능력, 발달적 요구 등의 차이를 존중하여 구성한다.

　　☞ 다문화 관련 요소: '평등'-타인 존중

3. 누리과정의 운영

1) 편성·운영

> 가. 1일 4~5시간을 기준으로 편성한다.
>
> 나. 일과 운영에 따라 확장하여 편성할 수 있다.
>
> 다. 누리과정을 바탕으로 각 기관의 실정에 적합한 계획을 수립하여 운영한다.
>
> 라. 하루 일과에서 바깥 놀이를 포함하여 유아의 놀이가 충분히 이루어지도록 편성하여 운영한다.
>
> 마. 성, 신체적 특성, 장애, 종교, 가족 및 문화적 배경 등으로 인한 차별이 없도록 편성하여 운영한다.
>
> 바. 유아의 발달과 장애 정도에 따라 조정하여 운영한다.
>
> 사. 가정과 지역사회와의 협력과 참여에 기반하여 운영한다.
>
> 아. 교사 연수를 통해 누리과정의 운영이 개선되도록 한다.

마. 성, 신체적 특성, 장애, 종교, 가족 및 문화적 배경 등으로 인한 차별이 없도록 편성하여 운영한다.

교사는 성별, 신체적 특징 및 장애 유무에 따라 유아를 비교하고 평가하거나 불이익을 주지 말아야 하며 유아에게 고정적인 성역할과 특정 종교를 강요해서는 안 된다. 여기에 '다양성'과 '반차별'의 핵심 요소가 포함되어 있다. 유아들에게 다양한 가족 형태 및 문화적 배경을 이해할 수 있는 경험을 제공하여 다양성을 존중하고 배려할 수 있도록 지원한다. 그리고 나와 다른 사람의 틀림이 아닌 다름을 인정하고 편견을 없애도록 한다. 또한 문화의 다양성과 다른 사람의 문화와 가치를 존중하는 하위요소를 확인할 수 있다. 유아를 편견 없이 대하고 차별하지 말 것을 강조하여 차별을 인식하고 개선하고자 하는 노력도 반영되어 있다.

2) 교수-학습

가. 유아가 흥미와 관심에 따라 놀이에 자유롭게 참여하고 즐기도록 한다.
나. 유아가 놀이를 통해 배우도록 한다.
다. 유아가 다양한 놀이와 활동을 경험할 수 있도록 실내외 환경을 구성한다.
라. 유아와 유아, 유아와 교사, 유아와 환경 간에 능동적인 상호작용이 이루어지도록 한다.
마. 5개 영역의 내용이 통합적으로 유아의 경험과 연계되도록 한다.
바. 개별 유아의 요구에 따라 휴식과 일상생활이 원활히 이루어지도록 한다.
사. 유아의 연령, 발달, 장애, 배경 등을 고려하여 개별 특성에 적합한 방식으로 배우도록 한다.

라. 유아와 유아, 유아와 교사, 유아와 환경 간에 능동적인 상호작용이 이루어지도록 한다.

유치원과 어린이집에서 유아는 또래, 교사 및 자신을 둘러싼 환경 등과 관계를 맺으며 성장한다. 유아는 놀이에서 또래 친구와 교사, 자연환경 등과 적극적으로 상호작용하면서 세상을 이해하고 배움을 이루어 간다. 이는 다문화 관련 요소의 '협력' 중 자신과 자신을 둘러싼 환경과 소통하는 부분에 해당한다.

사. 유아의 연령, 발달, 장애, 배경 등을 고려하여 개별 특성에 적합한 방식으로 배우도록 한다.

유아는 서로 다른 관심과 능력을 가지고 있으며, 다양한 맥락 속에서 자신만의 방식으로 놀이하고 배운다. 교사는 유아의 특성에 적합한 지원을 위해 발달적 특성이나 장애 정도, 문화적 배경을 우선적으로 파악해야 하며, 필요할 경우 관련 기관 또는 전문가와 협력할 수 있다. 이는 유아의 문화적 배경과 그 가치에 대한 '다양성'을 인식하는 부분에 해당한다.

3) 평가

가. 누리과정 운영의 질을 진단하고 개선하기 위해 평가를 계획하고 실시한다.
나. 유아의 특성 및 변화 정도와 누리과정의 운영을 평가한다.
다. 평가의 목적에 따라 적합한 방법을 사용하여 평가한다.
라. 평가의 결과는 유아에 대한 이해와 누리과정 운영 개선을 위한 자료로 활용할 수 있다.

나. 유아의 특성 및 변화 정도와 누리과정의 운영을 평가한다.

평가는 유아 평가와 누리과정의 운영 평가로 이루어진다. 이 중 유아 평가는 궁극적으로 유아의 행복과 전인적 발달을 지원하는 데 그 목적이 있다. 교사는 유아의 놀이, 일상생활, 활동 속에서 유아의 고유한 특성이나 흥미, 관심, 의미 있는 변화를 발견하고, 그것을 바탕으로 유아의 배움과 성장을 돕기 위하여 평가한다. 이는 '정체성(자신에 대한 개별 정체성 인식)'과 '다양성(문화의 다양성 인식)' 부분에 해당한다.

4. 영역별 목표 및 내용

1) 신체운동 · 건강

교사는 유아가 몸을 충분히 움직이는 경험을 통해 신체활동의 즐거움을 느끼고 기초체력을 키우도록 돕는다. 교사는 유아가 일상에서 건강하고 안전한 생활을 실천할

〈표 8-1〉 **신체운동 · 건강 영역과 다문화교육 내용 예시**

내용 범주	내용	다문화교육 내용 예시
신체활동 즐기기	신체를 인식하고 움직인다.	• 나의 몸 인식하기 • 다양한 신체능력 차이 이해하기 • 세계 여러 나라의 스포츠 알아보기 • 세계 여러 나라의 놀이도구 알아보기 • 세계 여러 나라의 놀이(신체활동) 경험하기
	신체 움직임을 조절한다.	
	기초적인 이동 운동, 제자리 운동, 도구를 이용한 운동을 한다.	
	실내외 신체활동에 자발적으로 참여한다.	
건강하게 생활하기	자신의 몸과 주변을 깨끗이 한다.	• 청결한 생활에 대해 이해하기 • 여러 나라의 식사예절 알아보기 • 다양한 식사도구 알아보기 • 몸을 건강하게 하는 다양한 방법 알아보기
	몸에 좋은 음식에 관심을 가지고 바른 태도로 즐겁게 먹는다.	
	하루 일과에서 적당한 휴식을 취한다.	
	질병을 예방하는 방법을 알고 실천한다.	
안전하게 생활하기	일상에서 안전하게 놀이하고 생활한다.	• 우리나라와 다른 나라의 보행규칙 이해하기 • 다양한 교통안전 표지판 살펴보기 • 물 부족, 지진, 가뭄 등 재난 알아보기 • 환경오염과 재난의 발생원인 알아보기
	TV, 컴퓨터, 스마트폰 등을 바르게 사용한다.	
	교통안전 규칙을 지킨다.	
	안전사고, 화재, 재난, 학대, 유괴 등에 대처하는 방법을 경험한다.	

출처: 다문화교육 내용 예시는 박재옥, 홍길희(2020)의 내용을 수정 · 보완한 것임.

수 있도록 지원할 수 있다.

2) 의사소통

교사는 유아가 자신의 느낌과 생각을 적절하게 말하는 경험을 통해 바른 언어생활을 할 수 있도록 돕는다. 유아가 아름다운 우리말이 담긴 책과 이야기에 흥미를 가지고 언어가 주는 재미와 상상을 충분히 즐길 수 있도록 지원할 수 있다.

〈표 8-2〉 의사소통 영역과 다문화교육 내용 예시

내용 범주	내용	다문화교육 내용 예시
듣기와 말하기	말이나 이야기를 관심 있게 듣는다.	• 세계 여러 나라의 전래동화 듣기 • 다양한 생활모습 이해하기 • 세계 여러 나라의 인사말 말하기 • 세계 여러 나라 소개하기 • 다양한 의사소통 방법 이해하기(표정, 몸짓 등)
	자신의 경험, 느낌, 생각을 말한다.	
	상황에 적절한 단어를 사용하여 말한다.	
	상대방이 하는 이야기를 듣고 관련해서 말한다.	
	바른 태도로 듣고 말한다.	
	고운 말을 사용한다.	
읽기와 쓰기에 관심 가지기	말과 글의 관계에 관심을 가진다.	• 세계 여러 나라의 동화를 듣고 내용 이야기하기 • 자신의 생각과 느낌을 자유롭게 표현하기 • 세계 여러 나라를 상징하는 것 말해 보기 • 세계 여러 나라 글자 써 보기
	주변의 상징, 글자 등의 읽기에 관심을 가진다.	
	자신의 생각을 글자와 비슷한 형태로 표현한다.	
책과 이야기 즐기기	책에 관심을 가지고 상상하기를 즐긴다.	• 세계 여러 나라의 그림책 읽기 • 세계 여러 나라의 동화를 듣고 뒷이야기 꾸미기
	동화, 동시에서 말의 재미를 느낀다.	
	말놀이와 이야기 짓기를 즐긴다.	

출처: 다문화교육 내용 예시는 박재옥, 홍길희(2020)의 내용을 수정 · 보완한 것임.

3) 사회관계

　유아는 자신을 소중히 여기고 주변 사람과 관계를 맺어 나가며 다른 사람을 배려하고 존중한다. 유아는 자신이 살고 있는 사회와 세상에 대해 알고 싶어 한다. 개정 누리과정의 사회관계 영역은 유아가 자기 자신과 다양한 삶의 모습을 이해하고, 다른 사람과 더불어 살아가기 위해 필요한 의미 있는 경험과 관련된 내용이다. 교사는 유아가 자신을 소중하고 가치 있는 사람으로 여기며 다른 사람과 더불어 살아가는 방법을 익히도록 돕는다. 그리고 유아가 자신이 속한 사회와 주변 세계에 대해 관심을 가지고 적응해 나갈 수 있도록 지원할 수 있다.

　사회관계 영역에는 다문화교육의 내용 요소가 대부분 포함되어 있다. 내용 범주 '나를 알고 존중하기'에서는 자신에 대한 개방적이고 긍정적 인식인 정체성, '더불어 생활하기'에서는 가족구성원의 다양함을 이해하고 존중하는 내용으로 다양성 부분

〈표 8-3〉 사회관계 영역과 다문화교육 내용 예시

내용 범주	내용	다문화교육 내용 예시
나를 알고 존중하기	나를 알고 소중히 여긴다.	• 나를 소중히 여기기 • 나의 감정을 바르게 이해 및 표현하기 • 나의 생일을 즐겁게 여기기 • 다양한 감정 표현 방법 이해하기
	나의 감정을 알고 상황에 맞게 표현한다.	
	내가 할 수 있는 것을 스스로 한다.	
더불어 생활하기	가족의 의미를 알고 화목하게 지낸다.	• 타인의 감정 이해하기 • 가족구성원의 다양성 이해하기 • 가족은 서로 사랑하는 공동체임을 알기 • 세계 여러 나라의 예절 이해하기 • 세계 여러 나라의 문화유산 알기 • 서로 다르지만 존중하는 방법 이해하기 • 서로 도움을 주고받는 생활하기
	친구와 서로 도우며 사이좋게 지낸다.	
	친구와의 갈등을 긍정적인 방법으로 해결한다.	
	서로 다른 감정, 생각, 행동을 존중한다.	
	친구와 어른께 예의 바르게 행동한다.	
	약속과 규칙의 필요성을 알고 지킨다.	
사회에 관심 가지기	내가 살고 있는 곳에 대해 궁금한 것을 알아본다.	• 세계 여러 나라의 아름다운 자연 알아보기 • 나라마다 사용하는 화폐 알기 • 우리나라의 전통문화 이해하기 • 우리나라 대표 음식 알아보기 • 세계의 다양한 생활 이해하기 • 다양한 직업 알기 • 다양한 얼굴과 생김새에 대한 이해하기 • 남자와 여자 모두 할 수 있는 직업 알아보기
	우리나라에 대해 자부심을 가진다.	
	다양한 문화에 관심을 가진다.	

출처: 다문화교육 내용 예시는 박재옥, 홍길희(2020)의 내용을 수정 · 보완한 것임.

이 포함되어 있다. 또한 서로 다른 감정이나 행동, 생각을 존중한다는 부분으로 타인 존중의 평등의식이 포함되어 있다. '사회에 관심 가지기'도 다양성의 핵심 요소가 드러나 있다. 내가 살고 있는 곳에 대해 알아보는 것, 우리나라에 대해 자부심을 가지는 것, 다양한 문화에 관심을 가지는 부분은 문화의 다양성, 타 문화에 대한 흥미와 관심에 해당한다. 이 외에도 배려, 협력, 공경, 존중 같은 인성 덕목도 반영되어 있다.

4) 예술경험

교사는 유아가 아름다움을 느끼고 즐기며 창의적으로 표현하는 과정을 통해 풍부한 감수성을 기르도록 돕는다. 유아가 다양한 예술감상을 통해 상상력을 키우고 예술 표현이 가지고 있는 고유의 가치를 존중하도록 지원할 수 있다.

〈표 8-4〉 예술경험 영역과 다문화교육 내용 예시

내용 범주	내용	다문화교육 내용 예시
아름다움 찾아보기	자연과 생활에서 아름다움을 느끼고 즐긴다.	• 각 나라의 전통 무늬 탐색하기 • 자연에서 색 찾기 • 세계의 아름다운 자연 알아보기 • 세계 전통의상의 아름다움 찾기 • 다양한 머리 모양 찾기 • 세계 전통춤의 움직임 탐색하기
	예술적 요소에 관심을 갖고 찾아본다.	
창의적으로 표현하기	노래를 즐겨 부른다.	• 여러 나라의 음악 감상 후 표현하기 • 세계 여러 나라의 춤 경험하기 • 여러 나라의 극놀이 즐기기 • 명화 보고 따라 그리기 • 여러 나라의 상징물 그리기 • 나라별 국가 불러 보기
	신체, 사물, 악기로 간단한 소리와 리듬을 만들어 본다.	
	신체나 도구를 활용하여 움직임과 춤으로 자유롭게 표현한다.	
	다양한 미술 재료와 도구로 자신의 생각과 느낌을 표현한다.	
	극놀이로 경험이나 이야기를 표현한다.	
예술 감상하기	다양한 예술을 감상하며 상상하기를 즐긴다.	• 세계 미술관 경험하기 • 세계의 명화 감상하고 표현하기 • 미술 작품 속 인물 탐색하기 • 우리나라 민속예술에 대해 이해하기
	서로 다른 예술 표현을 존중한다.	
	우리나라 전통 예술에 관심을 갖고 친숙해진다.	

출처: 다문화교육 내용 예시는 박재옥, 홍길희(2020)의 내용을 수정·보완한 것임.

5) 자연탐구

교사는 유아가 호기심을 가지고 주도적으로 탐구하는 과정을 즐기며, 스스로 궁금증을 해결해 가도록 돕는다. 유아가 주변의 동식물, 생명, 자연환경에 관심을 가지며 생명을 소중히 여기고 사람과 자연이 더불어 살아가는 방법을 실천하도록 지원할 수 있다.

〈표 8-5〉 자연탐구 영역과 다문화교육 내용 예시

내용 범주	내용	다문화교육 내용 예시
탐구과정 즐기기	주변 세계와 자연에 대해 지속적으로 호기심을 가진다.	• 세계 문화유산 살펴보기 • 여러 가지 집의 특성 이해하기 • 세계 기후 변화 이해하기 • 여러 사람의 다양한 탐구방법 알기
	궁금한 것을 탐구하는 과정에 즐겁게 참여한다.	
	탐구과정에서 서로 다른 생각에 관심을 가진다.	

생활 속에서 탐구하기	물체의 특성과 변화를 여러 가지 방법으로 탐색한다.	• 세계의 국가 수 세어 보기 • 각 나라의 크기 재 보기 • 각 나라의 시간이 다름을 이해하기 • 각 나라에 대한 도표 그리기 • 다양한 도구 사용하기
	물체를 세어 수량을 알아본다.	
	물체의 위치와 방향, 모양을 알고 구별한다.	
	일상에서 길이, 무게 등의 속성을 비교한다.	
	주변에서 반복되는 규칙을 찾는다.	
	일상에서 모은 자료를 기준에 따라 분류한다.	
	도구와 기계에 대해 관심을 가진다.	
자연과 더불어 살기	주변의 동식물에 관심을 가진다.	• 지구의 다양한 생명체 이해하기 • 세계의 자연과 사회현상 이해하기 • 다양한 생활도구에 대해 이해하기 • 동물의 모습도 사는 곳마다 다름을 알기(예: 북극여우, 사막여우)
	생명과 자연환경을 소중히 여긴다.	
	날씨와 계절의 변화를 생활과 관련 짓는다.	

출처: 다문화교육 내용 예시는 박재욱, 홍길희(2020)의 내용을 수정·보완한 것임.

◆ 다문화 감수성 높이기

개정 누리과정에 포함된 다문화교육 요소는 무엇일까요? 자음 초성을 참고하여 적어 보세요.
① ㅈ ㅊ ㅅ ⇒
② ㄷ ㅇ ㅅ ⇒
③ ㅎ ㄹ ⇒

구분	내용	비고
인간상	• 건강한 사람 • 자주적인 사람	①
교육 목표	• 자신의 소중함을 알고 건강하고 안전한 생활 습관을 기른다. • 자신의 일을 스스로 해결하는 기초능력을 기른다.	
평가	• 유아의 특성 및 변화 정도와 누리과정의 운영을 평가한다.	
성격	• 국가 수준의 공통성과 지역, 기관 및 개인 수준의 다양성을 동시에 추구한다.	②
편성 · 운영	• 성, 신체적 특성, 장애, 종교, 가족 및 문화적 배경 등으로 인한 차별이 없도록 편성하여 운영한다.	
교수 학습	• 유아의 연령, 발달, 장애, 배경 등을 고려하여 개별 특성에 적합한 방식으로 배우도록 한다.	
인간상	• 더불어 사는 사람	③
교수 · 학습	• 유아와 유아, 유아와 교사, 유아와 환경 간에 능동적인 상호작용이 일어나게 한다.	

출처: 유경은(2020).

5. 누리과정 다문화교육 사례

1) 다문화 책놀이 여행 개요

누리과정 다문화교육 사례로 2022년 제14회 다문화교육 우수사례 공모전에서 장려상을 수상한 '다문화 감수성이 자라는 다문화 책놀이 여행(김경희 담양동초등학교병설유치원 교사)'를 제시하고자 한다. 다문화교육을 위해 책놀이를 연계한 교육활동으로 7세 유아가 대상이다. 실행내용의 개요는 다음과 같다.

다문화 감수성이 자라는 다문화 책놀이 여행		
다문화 책놀이 여행을 준비해요	다문화 책놀이 여행을 떠나요	다문화 책놀이 여행을 함께 즐겨요
함께 만들어 가는 다문화 책놀이 교실	다문화 책놀이 실행 (놀이 활동안)	엄마, 아빠도 함께하는 다문화 책놀이
함께 선정하는 다문화 책놀이 도서		마을공동체도 함께하는 다문화 책놀이

2) 다문화 책놀이 여행을 준비해요

⑴ 함께 만들어 가는 다문화 책놀이 교실

다문화 책놀이를 위한 교실 구성 절차는 다음과 같다.

유아 의견	• "친구와 함께 책을 보고 싶은데 소파가 2개뿐이에요." • "제가 좋아하는 책이 없어요." • "저는 글자를 잘 몰라요. 누가 읽어 주면 좋겠어요." • "우리 유치원에는 한글로 된 책만 있어요." • "캠핑 갔을 때 텐트 안에서 책을 읽어서 좋았어요."
함께 생각 모으기	• 우리가 원하는 공간 설계하고 구성하기 • 우리에게 필요한 책놀이 물건 목록 정하기

교사 지원	• 고정관념 NO! 편견 NO! 반편견 · 반차별적인 도서와 교재 교구 제공 • 책보기 영역 확장 및 아늑한 책보기 제공 • 재미가 뿜뿜, 호기심 쑥쑥 다양한 도서 구비(사운드북, 빅북, 놀이북 등) • 유아들에게 친숙한 외국 작가의 다른 언어 도서 제공

확장된 책보기 영역	아침 독서 산책으로 책보기	다문화교육 요소가 반영된 도서 비치	다국어 그림책 비치
때로는 특별한 장소에서 책보기	스마트폰 활용 책보기	다중언어 사운드 책보기	음성펜 활용 다중언어 책보기

(2) 함께 선정하는 다문화 책놀이 도서

유아의 관심과 흥미를 반영하여 유아의 경험이 확장될 수 있는 다문화교육 요소가 녹아 있는 유아의 발달수준에 적합한 도서를 선정하였다.

유아의 관심과 흥미, 교사의 교육적 의도	선정 도서	다문화 교육 요소	동화 내용
"선생님, ○○가 저보고 눈 밑이 까맣고 뚱뚱하대요." 친구에게 외모 지적을 받은 유아가 슬퍼하면서 교사에게 도움을 요청함 ⇒ 서로 다른 친구에 대한 이해가 필요함	그렇게 보지 마세요	• 정체성 • 다양성 • 반편견 • 평등성	• "우리는 세상에 단 하나뿐인 존재야. 그래서 우리는 모두 다 달라!" • 불편한 시선에 상처받는 아이들의 속마음을 솔직하게 담아낸 동화책

교실에서 씨앗 심기 활동 중 유아들이 서로 다른 모습의 씨앗을 관찰하며 어떤 꽃이 피어날지 기대함 ⇒ 서로 다르게 생긴 씨앗이 꼭 교실 속 유아들처럼 서로 다른 꿈을 응원하고 싶음	너는 어떤 씨앗이니?	• 정체성 • 다양성 • 반편견 • 평등성	• 저마다 다른 색깔, 다른 모양의 꽃을 피울 소중한 아이들을 위한 희망을 이야기하는 동화책
유아들과 숲 체험 중 안내견과 함께 있는 시각장애인을 보게 됨 ⇒ 우리와 함께 살아가고 있는 장애를 가진 사람들에 대한 이해가 필요함	캄캄해도 괜찮아!	• 다양성 • 반편견 • 평등성 • 협력	• 요리왕! 청소왕! 책읽기왕인 아빠 • 시각장애인인 아빠와 가족 사랑에 대한 동화책
공공도서관 순회 문구의 〈염소 4만원〉이라는 책에 있는 QR코드를 열어 달라고 유아가 요청함 ⇒ QR코드를 통해 나온 〈염소 4만원〉이라는 노래가 우리 반에서 유행처럼 불림	염소 4만원	• 문화이해 • 다양성 • 평등성 • 협력	• "너희는 염소가 얼만지 아니?" 4만원으로 할 수 있는 세상에서 가장 값진 일, 아프리카 친구들에게 희망을 선물하는 이야기를 그린 동화책
필리핀에서 오신 다문화가정 어머니의 자원봉사로 동화책과 동요 및 요리 활동을 지원해 주심 ⇒ 우리반 다문화유아의 엄마의 나라인 필리핀에 대해 관심을 가지고 알아보려고 함	파인애플의 전설	• 문화이해 • 다양성 • 반편견 • 평등성	• 필리핀에서 전해져 내려오는 파인애플의 유래와 필리핀 문화생활을 그린 동화책
추석 연휴 전날 다문화가정의 유아가 등원하면서 "우리 엄마가 선생님께 세배하라고 했어요." ⇒ 유아의 말에 순간 당황했지만 다가오는 추석에 대해 유아들과 알아보는 계기가 됨	추석에도 세배할래요	• 문화이해 • 정체성 • 다양성 • 협력	• 추석에도 세배를 하고 싶어 하는 아이의 귀여운 마음과 추석과 차례의 의미, 음식문화, 민속놀이를 담은 동화책

그렇게 보지 마세요(괵체 괵체 에르 글, 베튤 튼클르츠 번역, 펠린 투르구트 그림)	너는 어떤 씨앗이니?(최숙희 글·그림)	캄캄해도 괜찮아(이지현 글, 임영란 번역·그림)	염소 4만원(옥상달빛 노래·글, 조원희 그림)	파인애플의 전설(박성희 글, 오지혜 그림)	추석에도 세배할래요(김홍신, 임영주 글·조시내 그림)

3) 다문화 책놀이 여행을 떠나요

(1) 다문화 책놀이 여행 흐름

유아의 관심과 흥미 관찰	다문화 책놀이 도서 지원	다문화 책놀이 실행	평가 및 다음 놀이계획
놀이 관찰 및 평가를 통해 유아의 관심사와 요구 인식 ▶	다문화교육 요소가 포함된 다문화 책놀이 도서 지원 ▶	책과 관련된 통합놀이를 유아와 함께 계획하고 실행 ▶	놀이 경험 나누기, 다음 놀이계획 안내

(2) 다문화 책놀이 실행

〈다문화 책놀이 활동안 예시〉

놀이명	나를 소개해요	동화명	그렇게 보지 마세요 (괵체 괵체에르 글/ 펠린 투르구트 그림/베튤 튼클르츠 역)
교사의 기대			• 나에 대해 알아보고, 친구에게 나를 소개할 수 있다. • 다른 친구와 사이좋게 놀이할 수 있다.
누리과정 관련 요소			• 사회관계: 나를 알고 존중하기-나를 알고 소중히 여긴다. • 사회관계: 더불어 생활하기-친구와 서로 도우며 사이좋게 지낸다.

다문화교육 요소	문화이해	정체성	다양성	평등성	반편견	협력
		○	○	○	○	

놀이 흐름	놀이 내용 및 방법	놀이 지원
놀이 열기	◈ 동화책 만나기 • 동화책 표지와 경험을 연결하여 이야기 나눈다. • 『그렇게 보지 마세요』 동화를 듣는다.	『그렇게 보지 마세요』 동화책
놀이 하기	◈ 책놀이 계획 • 동화책 내용을 함께 회상하며, 책놀이를 구상한다. • 동화책과 연계된 책놀이 방법과 규칙을 정한다. ◈ 책놀이 실행 • 함께 계획한 책놀이를 아래와 같이 해 본다. 	유아들이 주도적으로 놀이를 이끌어 갈 수 있도록 지원한다.

	〈나를 소개해요〉 나의 이름을 퍼니콘으로 만든 후 친구들에게 소개	〈친구의 이름 놀이〉 자석 글자, 글자 레고로 친구 이름 만들기, 친구 이름 초성 퀴즈	〈친구와 인형극 놀이〉 다양한 모습의 인형으로 친구와 함께 극놀이
놀이 나눔	◆ 책놀이 경험 나누기 • 친구들과 함께한 책놀이 경험을 이야기 나눈다. -앞이 캄캄하게 보이지 않았을 때 어떤 느낌이 들었나요? -손끝으로 작은 점을 읽을 수 있었나요? ◆ 다음 놀이 계획 및 정리 -다음에는 어떤 놀이를 친구와 하고 싶나요?		놀이 나눔이 다음 놀이 계획으로 이어지도록 지원한다.

책놀이 속 유아와 교사의 성장 이야기

3월 신학기가 되면 유아들은 우리 교실에 어떤 친구들이 있을지 많이 궁금해하고 기대를 하며 등원을 한다. 그런데 유독 눈 밑이 까맣게 보이는 유아에게 친구가 "너는 왜 눈 밑이 까매?"라고 묻자 그 아이가 그 말에 상처를 받아 눈 밑의 까만 자국을 없애려고 한참을 눈을 비비는 모습을 관찰하면서 유아들에게 『그렇게 보지 마세요』 동화를 들려주게 되었다.

책놀이는 우선 자신에 대한 긍정적인 인식을 가지고 나와 다른 친구를 알아보기 위해 〈나를 소개해요〉 놀이를 통해 자신의 정체성을 알아 가고, 나와 다른 다양한 친구가 있으며 서로 다름을 인정하고 존중하는 계기가 되었다. 또한 학기초 친구에게 관심을 가지고 친구와 함께 놀이하며 천천히 서로에 대해 알아 가며, 서로 이해하고 배려하며 사이좋게 지내는 방법을 놀이를 통해 배워 가고 있다.

(3) 다문화 책놀이와 연계한 다문화 활동

유아의 책놀이와 연계하여 관심과 흥미를 확장함으로써 활동으로 진행할 수 있다.

〈통합적 다문화교육 활동 예시〉

활동명	서로 모습이 달라도 우리는 친구		활동유형	자유놀이 (미술놀이, 역할놀이)		
교사의 기대	• 사람들은 서로의 얼굴색, 머리카락, 생김새 등의 고유한 특성이 있음을 안다. • 나와 다른 모습이지만 서로 친구이며 더불어 살아가야 함을 느낀다. • 다양한 모습의 사람 인형을 만들어 다른 나라의 친구 역할 놀이를 한다.					
누리과정 관련 요소	• 사회관계: 나를 알고 존중하기-나를 알고 소중히 여긴다. • 사회관계: 더불어 생활하기-서로 다른 감정, 생각, 행동을 존중한다. • 예술경험: 창의적으로 표현하기-극놀이로 경험이나 이야기를 표현한다.					
다문화교육 요소	문화이해	협력	반편견	정체성	평등성	다양성
	○		○	○		○

활동자료	• 여러 가지 인종 사진, 얼굴색을 달리 표현할 수 있는 종이 및 만들기 재료, 여러 가지 머리 모양 사진, 일회용 숟가락, 여러 색깔 털실, 색종이, 잡지, 접착제, 모형눈알 등
놀이 상황	유아들이 자유놀이시간에 언어영역에 있는 책을 읽고 있다. 노란색 머리에 파란색 눈동자를 가진 아이가 책의 주인공으로 나오자 "이것 봐, 눈이 파란색이야."라고 이야기한다. 다른 유아가 "어디 봐. 파란색 눈이면 다 파란색으로 보이나?"라고 말한다. "나는 그럼 분홍색 눈이면 좋겠다."라고 이야기한다. "진짜 그런 사람이 있을까?"라고 이야기하며 책을 이어 본다.

활동방법	1. 다양한 피부색과 머리에 관심 가지기
	  -너의 피부색은 어떠니? 너의 머리 모양은 어떠니?
	  -모두 똑같니?
	
	2. 다양한 피부색과 머리카락색에 대해 경험하기
	  -사진 속 사람들의 모습을 살펴보자. 사람들의 피부색이 어떠니? 머리카락색은 어떠니?
	  -이런 모습을 한 사람들을 직접 본 적이 있니?
	
	3. 피부색과 머리카락색이 다른 이유 이해하기
	  -왜 피부색, 머리카락, 눈동자가 서로 다른 색을 가지는 걸까?
	  -외국에 살고 있는 친척이 있는 사람이 있니? 선생님은 스페인에 친척이 사는데 사촌 언니 오빠를 보면 나보다 훨씬 까맣단다. 왜 그럴까?
	  -같은 나라 사람끼리 피부색과 머리 모양이 모두 똑같을까? 우리 반을 둘러보자.
	
	4. 피부색이나 머리 모양이 달라도 우리는 모두 친구이고 사이좋게 지내야 하는 것에 공감하기
	  -혹시 피부색이나 머리 모양 때문에 놀림 받았던 적이 있니?
	  -나와 다르다고 놀림을 받는다면 기분이 어떨까?
	  -나와 모습이 다른 아이를 만났을 때 어떻게 하면 좋을까?
	
	5. 다양한 생김새의 종이 인형 친구 만들어 이야기 꾸미기
	  -나와 다른 피부색, 눈동자색, 머리카락색을 가진 친구 인형을 만들어 보자.
	  -내가 만든 인형으로 다른 나라 친구가 되어 자기소개를 해 보자.

유의점	• 여러 인종 사진을 유아기 사진으로 준비하여 친구라고 느낄 수 있도록 한다. • 외모와 생김새가 달라도 모두 친구이고 존중받을 수 있다는 것을 알도록 한다.

출처: 안지송(2019)의 자료를 토대로 수정 · 보완하여 제시함.

(4) 기타

<다문화 책놀이 활동안 예시>

놀이명	지구촌 친구에게 선물하자	동화명	염소 4만원 (옥상달빛 노래/조원희 그림)			
교사의 기대	• 다른 곳에 살고 있는 지구촌 친구에게 관심을 가진다. • 다른 사람에게 나누는 기쁨을 경험한다.					
누리과정 관련 요소	• 사회관계: 사회에 관심 가지기-다양한 문화에 관심을 가진다. • 사회관계: 더불어 생활하기-친구와 서로 도우며 사이좋게 지낸다.					
다문화교육 요소	문화이해	정체성	다양성	평등성	반편견	협력
			○	○	○	○

책놀이
개요
	◈『염소 4만원』 동화 듣기
	◈ 책놀이 실행
	 • 나눔장터를 준비해요
	  -나눔장터 계획 및 물건 수합, 홍보물 제작
	 • 나눔장터를 운영해요
	  -나눔장터 역할을 분담하여 운영
	 • 나눔장터를 마무리해요
	  -희망편지 쓰기 및 기부하기					

놀이명	세계 문화 놀이마당	동화명	추석에도 세배할래요 (김홍신, 임영주 글/조시내 그림)			
교사의 기대	• 다양한 나라의 문화에 관심을 가진다. • 다양한 나라의 전통놀이를 친구와 사이좋게 즐긴다.					
누리과정 관련 요소	• 사회관계: 사회에 관심 가지기-다양한 문화에 관심을 가진다. • 사회관계: 더불어 생활하기-친구와 서로 도우며 사이좋게 지낸다.					
다문화교육 요소	문화이해	정체성	다양성	평등성	반편견	협력
	○		○	○	○	○

책놀이
개요
	◈『추석에도 세배할래요』 동화 듣기
	◈ 책놀이 실행
	 • 전통 놀이마당
	  -산가지, 딱지치기, 제기차기, 윷놀이, 팽이치기
	 • 세계 놀이마당
	  -일본: 켄다마, 몽골: 샤가이, 중국: 콩주, 베트남: 쭈온쭈옥
	 • 세계 어린이 패션쇼
	  -다양한 나라의 전통의상 패션쇼					

4) 다문화 책놀이 여행을 함께 즐겨요

(1) 가정 연계: 엄마, 아빠도 함께하는 다문화 책놀이

가정 연계 다문화 책놀이	가정통신문 발송(다문화이해 교육, 다문화 책놀이 안내)	교실 속 다문화 책놀이 활동 학급밴드 업로드(공유)	자녀와 함께하는 학부모 온라인(영상회의) 다문화 책놀이 코칭	다문화가정 어머니 자원봉사(이중언어 동화 & 동요)
	다문화에 부정적인 편견을 가진 학부모님들의 인식개선 및 다문화이해를 위해 유치원에서 연수 및 안내장을 배부하고, 유치원에 있었던 다문화 책놀이 활동을 학급밴드에 공유하거나 온라인 영상회의를 통해 자녀와 함께하는 다문화 책놀이 코칭 활동 등을 통하여 학부모님의 다문화 감수성을 높이고, 다문화 책놀이에 관심과 이해를 높일 수 있다. 무엇보다 다문화가정 어머니의 유치원 자원봉사 활동으로 다문화가정 어머니와 다문화유아의 자존감을 높이고, 다문화가정 어머니 또한 유치원 교육 및 한국 문화의 이해도를 높일 수 있다.			

(2) 지역사회 연계: 마을공동체도 함께하는 다문화 책놀이

다문화 교육 지원, 마을 공동체 네트워크 형성	초등학교 연계: 언니, 오빠와 동화 산책	지역도서관 연계: 매월 순회문고에서 다문화 도서 대여	국제교육원 연계: 다문화 꾸러미 대여	다누리배움터 연계: 찾아오는 다문화이해 교실
	아침 독서 시간 초등학교 6학년 언니, 오빠가 교실에 방문하여 유아들과 함께 책보는 시간을 통해 다문화유아의 언어 발달에 긍정적인 효과와 유아들이 책에 더 많은 흥미와 즐거움을 느낄 수 있다. 또한 다문화교육을 위해 유치원 주변 마을공동체(공공도서관, 다문화가족지원센터, 국제교육원 등) 간 긴밀한 네트워크를 형성하여 인적·물적 자원을 지원받아 유아들에게 더 폭넓고 다양한 방법으로 다문화이해 교육을 실시할 수 있다.			

생각 넓히기

• 제8장에서 학습한 내용 중에 기억에 남거나 중요하다고 생각하는 키워드를 찾아 적어 보세요. 그리고 가장 중요하다고 생각하는 내용을 한 문장으로 요약해 보세요.

• 유치원이나 어린이집에서 경험하거나 인터넷에서 찾아본 유아 다문화교육 관련 놀이나 활동 사례를 찾아서 적어 보세요.

/ 다문화교육의 이론과 실제 /

유아 다문화교육 교수-학습 방법

제 9 장

◆ 생각열기

☞ 유아 다문화교육을 위해 어떤 교수-학습 방법을 사용할 수 있을까요? 내가 이
미 배웠거나 알고 있는 사전지식을 활용해서 브레인스토밍을 해 보세요.

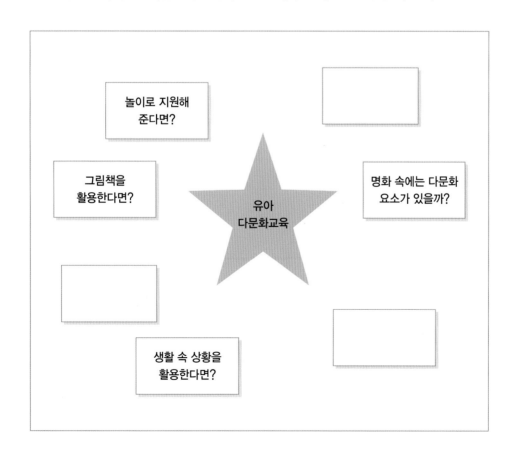

1. 유아 다문화교육 방법

유아 다문화교육을 위해서는 유아 발달에 적합한 교수방법을 적용해야 한다. 유아 다문화교육을 위한 교수방법으로 제3장에서 제시한 Banks(2008), Sleeter와 Grant(1994)의 접근방법을 중심으로 살펴보고자 한다.

1) Banks의 다문화교육 방법

Banks는 다문화교육 방법을 기여적(공헌적) 접근법, 부가적 접근법, 전환적(변혁적 또는 변형적) 접근법, 사회적 행동(사회적 행위 또는 의사결정) 접근법으로 구분하였다.

(1) 기여적(공헌적) 접근법
교육과정 프로그램에 축제, 영웅, 공휴일, 특별한 날, 명절, 민족음식, 춤 등 문화적 요소를 포함하는 것이다. 주로 단순하고 이벤트적인 교육활동으로 구성된다. 이 접근법은 교사들이 다문화 내용을 프로그램에 통합하여 활용하는 데 가장 쉬운 방법 중 하나로 유아교육기관에서 많이 활용되고 있다. 그러나 단점은 민족적·문화적 편견을 길러 줄 수 있으며, 음식, 노래, 춤, 의상, 건축물 등 일부 자료에 초점을 맞춰 분절된 문화 요소에 중점을 두게 되어 잘못하면 관광식 접근이 될 수 있다. 예를 들면, 유아의 세계 여러 나라 패션쇼, 부모 참여 수업에 세계 여러 나라 음식 축제 등의 일회성 이벤트를 고려해 볼 수 있다.

(2) 부가적 접근법
교육과정 변화의 첫 단계로서 교사가 유아의 발달적 특성에 맞게 문화적 내용과 개념을 교육과정에 통합하는 것이다. 이 접근법은 기존 교육과정의 구조나 틀은 바꾸지 않으므로 변화가 없으며, 다문화적 내용, 주제, 개념을 교육과정에 첨가하는 접근법이다. 예를 들면, 세계 여러 나라를 주제로 다양한 세계 여러 나라의 음식, 춤, 건축물, 의상 등에 대해 알아보거나 팽이 놀이를 주제로 다양한 나라의 팽이 모습, 놀이방법이 다른 이유 등에 대해 알아보고 체험해 볼 수 있다.

(3) 변혁적(전환적 또는 변형적) 접근법

교육과정의 패러다임이나 교육과정을 바꿈으로써 유아들이 다양한 시각과 관점에서 다문화적 사건, 개념, 주제, 문제 등을 생각해 볼 수 있도록 하는 방법이다. 이 방법은 유아들이 다문화적 상황이나 개념에 대해 생각해 보고, 자신의 생각을 정당화해 보는 기회를 가질 수 있다. 따라서 주제나 상황, 내용은 유아의 흥미와 발달수준을 고려해야 하며, 주변 세계에 있는 실생활 중심의 접근이 필요하다. 예를 들면, 유아가세계 여러 나라 사람들의 다양한 식습관에 대해 이야기 나누거나 역할놀이 등을 통해다른 사람의 입장에서 생각해 보는 경험을 할 수 있도록 구성할 수 있다.

(4) 사회적 행동(사회적 행위 또는 의사결정) 접근법

주제에 포함된 개념, 관심사, 문제 등과 관련된 여러 가지 사회적 이슈를 토의하고실생활에서 관련된 의사결정을 내리며, 문제를 해결해 보는 것이다. 즉, 문제해결을위해 직접 행동하며 실천에 옮길 수 있도록 돕는 접근방법이다. 이 접근법은 전환적접근법을 확대한 것으로 유아 수준에서는 다소 어려울 수 있다. 따라서 유아가 올바른 인식을 통해 의사결정과 실천을 할 수 있도록 민감한 사회적 이슈에 대해 많이 경험하는 기회를 제공하여 편안함과 연계성을 느끼고 공감하면서 참여할 수 있도록 한다. 예를 들면, 모든 사람의 인권 존중에 초점을 맞추어 노키즈존과 관련된 사건, 상황에 대해 발생원인과 다양한 관점에서 토론, 의사결정과 실천 등이 이루어질 수 있다.

현재 교실 현장에서 이루어지고 있는 다문화교육 방법은 다양한 문화를 소개하고체험하는 수준인 여행자적 접근법(tourist approach)이 주로 이루어지고 있다. 여행자적 접근법은 음식, 언어, 풍습 등에 대해 단편적인 활동 위주로 구성되는 단점이 있으며, 교육의 중심에 주류문화를 두고 나머지 문화를 지엽적이며 겉핥기식으로 접근함으로써 특정 문화에 편견을 심어 줄 수 있다는 한계가 있다(Ramsey, 2004). 따라서이러한 접근법은 지양하고 다양한 다문화교육이 지속적으로 이루어지는 것이 필요하다.

2) Sleeter와 Grant의 다문화교육 방법

Sleeter와 Grant(1994, 1999)는 다양한 사회문화적 배경을 지닌 유아를 교육하기 위해 문화적으로 다른 유아를 위한 교수 접근법, 인간관계 접근법, 단일집단 연구 접근법, 다문화교육적 접근법, 다문화와 사회재구성 접근법을 제시하였다(김낙흥, 2008에서 재인용; 이은미, 2017에서 재인용).

(1) 문화적으로 다른 유아를 위한 교수 접근법

문화적으로 다른 유아를 위한 교수(teaching the exceptional and the culturally different) 접근법은 주류집단이 아닌 유아들(예: 빈민층, 장애아동 등)에게 긍정적 정체성과 인지적 지식, 기술, 언어, 가치를 갖출 수 있도록 가르치는 방법이다. 이는 한 사회의 시민이 알아야 할 기준이 되는 지식, 가치, 기술이 있음을 전제로 하여 유아가 갖고 있는 다양성의 장점을 바탕으로 주류사회에서 요구하는 지식과 기술을 효과적으로 가르치는 데 있다. 이를 위해 교사는 다양한 문화적 배경을 가진 유아의 경험과 흥미를 교육과정과 연결할 수 있는 능력이 필요하다.

(2) 인간관계 접근법

인간관계(human relation) 접근법은 개인과 집단 간의 편견과 고정관념의 태도로 인한 '적대성 감소'와 긍정적인 관계 및 상호작용을 통해 유아들이 '공동체 의식과 긍정적 자아개념'을 갖고, 다른 사람과 의사소통하고 수용하는 '사회적 기술'을 발달시키는 것이다. 이 접근법은 발달이론을 근거로 다문화교육이 유아기부터 시행되어야 함의 필요성을 제시하였다. 즉, 한 유아가 다른 문화적 배경을 갖고 있는 다른 유아와 소통하고 서로에 대한 편견을 버리고 자신과 자신의 문화적 배경에 대해서 긍정적인 감정을 갖도록 한다. 따라서 교사는 인종, 민족, 성별, 계층에 따른 정확한 정보를 알고 있어야 하며, 교실에서 사용하는 교수자료도 특정 문화의 사람에게 편견이나 오해를 불러일으킬 만한 것이 없는 것을 선택할 수 있는 문화적 민감성을 가지고 있어야 한다. 인간과 문화의 다양성에 대해 실제로 보고 경험할 수 있는 교육환경을 구성해야 한다.

(3) 단일집단 연구 접근법

단일집단 연구(single-group studies) 접근법은 억압받는 사람들에게 충분한 표현의 기회를 제공하는 것에서 시작하여 장애인, 노동자와 같은 특정한 집단을 잘 이해하고 이들을 위한 사회적 공정성을 부여하는 것이다. 사회계층 간에 발생하는 불평등의 문제를 줄이고 약자집단의 사회적 신분을 끌어올려서 그들이 좀 더 많은 사회적 권력과 경제적·문화적 자원을 갖도록 하는 데 있다. '단일집단 연구' 교육과정은 대체로 어느 특정 집단에 대한 역사를 다룬다. 예를 들어, 교사는 아시아계 미국인의 이민 역사나 흑인의 노예 역사를 다루는 교육과정을 계획할 수 있다. 또한 한 집단의 영웅적 인물과 그들의 예술적 업적이나 학문적 업적에 대해 알아볼 수 있고, 그 집단이 갖는 전통적인 삶의 방식이나 가치관을 살펴볼 수도 있다. 더불어 소수·약자 집단에 대한 다문화교육을 사회교육뿐만 아니라 수학, 과학, 언어, 미술, 음악교육 등의 모든 교육과정 안에 통합할 수 있어야 한다.

(4) 다문화교육적 접근법

다문화교육적(multicultural education) 접근법은 문화적 다양성의 장점과 가치, 인간적 권리, 사회정의와 균등한 기회, 권력의 평등한 분배를 중시하며 증진하는 데 그 목적을 두고 있다. 편견 감소, 평등한 교육 기회, 문화의 다양성에 중심을 두고, 유아들에게 최대한의 학문적·사회적 잠재력을 펼칠 수 있도록 하는 것이다. 또한 문화적 다원론의 중요성과 가치를 지지하기 위한 문화적 다원주의 접근으로 편견과 차별을 줄이고 공평한 기회와 사회정의를 제공하기 위한 것이다. 교사는 유아의 다양한 사회문화적 배경을 고려하여 교육과정 중에 다양한 집단의 시각과 경험 그리고 그 집단이 사회에 공헌한 바를 이해하고 있어야 하며, 그러한 내용을 교육과정에 접목할 수 있어야 한다.

(5) 다문화와 사회재구성 접근법

다문화와 사회재구성(multicultural and social reconstructionist) 접근법은 다른 다문화적 접근에 비하여 인종, 사회계층, 장애 등의 사회구조적 억압과 불평등에 대하여 더욱 적극적인 관심을 보이는 접근법으로, 유아들이 능동적으로 참여할 수 있도록 돕는다. 미래의 시민이 사회를 재구성하여 다양한 집단의 이익을 위해 일할 수 있도록 준비시키는 데 그 목적을 두고 있다. 교사는 사회적 이슈들에 대해 토의하거나 다른 이들과 집단으로 일할 기회를 제공하여 유아가 민주주의를 경험할 수 있는 교육기회를 개발할 수 있어야 한다.

2. 유아 다문화교육을 위한 교수-학습 방법

1) 교수–학습 원리

(1) 놀이학습의 원리
다양한 문화에 대한 경험을 위해서 놀이 중심으로 접근하여 즐거움을 느끼고 즐거움이 지속, 확대될 수 있도록 하는 것이다. 유아의 자발성과 내적 동기화를 통한 놀이는 자연스러운 삶의 모습이자 흥미와 관심이 발현되는 토대가 되며, 이를 통해 유아는 재미를 느끼게 된다. 이러한 긍정적인 정서는 유아들이 다문화교육에 능동적이며 적극적으로 참여할 수 있는 토대가 될 수 있다.

(2) 흥미 중심의 원리
다문화교육은 교사의 일방적인 계획이 아닌 유아의 흥미를 반영하여 유아가 적극적·능동적으로 참여하도록 해야 한다. 교사는 유아의 흥미와 관심을 고려하여 적합한 교육내용과 교육방법을 선택하여 실행해야 한다. 놀이나 활동에서 유아의 흥미와 주도성을 존중하고 관찰하며 교육을 위한 순간을 발견했을 때 적절한 순간에 개입하여 지원하는 것이 필요하다.

(3) 과정 중심의 원리
다문화교육은 단순한 사실이나 지식을 전달하기 위한 일회성 교육, 특별히 제공하는 교육 위주의 결과 중심 교육이 아닌 과정에 초점을 둔 교육이 되어야 한다. 교사는 다문화교육을 통해 성취하고자 하는 목표가 있을지라도 이를 단편적·행사성 교육을 통해 단시간에 달성하는 것이 아닌 유아가 생활이나 상황의 자연스러운 과정에서 배움을 통해 지속적으로 교육이 이루어지도록 한다.

(4) 생활 중심의 원리

유아는 단편적인 주제보다 유아가 친근하게 느끼고 경험해 본 일상생활과 관련된 주제일 때 배움이 잘 이루어질 수 있다. 유아를 중심에 두고 유아를 둘러싼 친숙한 주제나 맥락 속에서 다양한 삶의 방식, 신념, 문화 등을 경험하며 다문화에 대한 이해, 태도, 개념이 점차 심화·확장할 수 있도록 해야 한다. 이를 통해 유아는 또래, 교사 및 자신을 둘러싼 환경, 더 나아가 지역사회 등과 관계를 맺으며 이해하고 배움을 이룰 수 있다.

(5) 다감각적 원리

유아는 추상적이고 상징적인 사고에 기반하기보다는 오감을 통해 직접 만져 보고 움직이며 경험하는 교육이 이루어지는 것이 필요하다. 다문화유아의 경우 언어 소통에 어려움이 있는 경우가 많으므로 언어적 측면보다는 다감각에 기반한 직접 체험을 통한 접근이 필요하다.

(6) 개별화의 원리

개별 유아는 경험 수준이나 발달수준, 문화적 배경이 다를 수 있으며, 서로 다른 관심과 능력을 갖추고 있다. 따라서 다양한 맥락 속에서 유아의 연령, 발달, 장애, 배경 등을 고려하여 개별 유아의 특성에 적합한 방식으로 배우도록 해야 한다. 이는 유아 개인뿐만 아니라 유아가 속한 가정의 문화 특성이나 유아에게 축적된 학습양식 등도 포함될 수 있다.

(7) 통합의 원리

유아교육과정은 유아교육의 의미를 통합교육에서 찾고 있다. 따라서 다문화교육 내용이 교육과정 안에서 통합적으로 이루어질 수 있도록 해야 한다. 유아의 발달수준과 생활 경험, 활동 영역 간, 주제와 교육내용 간에 통합적으로 구성되어야 한다. 다문화교육은 놀이 주제를 중심으로 교육내용이 그림책, 요리활동, 이야기나누기 등의 다양한 활동과 연계되어 통합적으로 이루어져야 한다.

2) 교수-학습 방법

유아 다문화교육을 위해 유아의 흥미와 경험, 놀이 중심 접근법에 기반한 다양한 교수-학습 방법을 적용할 수 있다. 이 중 교육부의 다문화 정책학교의 내용을 중심으로 제시하면 다음과 같다(교육부, 17개 시·도교육청, 국가평생교육진흥원, 중앙다문화교육센터, 2023)

(1) 유아의 흥미와 관심을 고려한 놀이 중심으로 접근하기

유아가 흥미와 관심을 가지는 놀이에 다문화교육 요소(평등성, 반편견, 정체성, 다양성, 문화이해, 협력)를 연계하여 다문화교육을 한다. 예를 들어, 생일에 흥미를 느끼는 유아를 대상으로 세계 여러 나라의 생일 축하방법과 의미에 관해 이야기 나누고, 노래를 통하여 '다양성'을 경험하는 기회를 제공할 수 있다. 블록을 가지고 집이나 탑을 만드는 유아들의 관심 주제와 연계하여 세계의 건축물이나 가옥에 관해 이야기 나누고 관련 화보를 제공해 준다. 유아들은 상상 블록을 가지고 다양한 구조물을 직접 만들어 보며 또래와 협력하고 다양한 집과 건축물에 대해 경험할 수 있다.

(2) 일상생활 속 친숙한 사물 활용하기

신호등, 모자, 전통놀이 도구, 우체통 등 유아가 일상생활에서 친숙한 사물이 나라나 지역별로 서로 다른 형태를 하고 있지만 기능이나 쓰임이 같은 점을 비교해 보면서 다양성을 인식하는 계기를 제공할 수 있다. 유아가 비교적 발견하기 쉬운 차이점 탐색하기로 시작하되, 공통점, 의도(의미)의 유사성에 대해서도 충분히 이해할 수 있도록 설명해 주는 방법으로 접근할 수 있다. 예를 들어, 모든 나라와 도시에는 신호등이 있어 안전한 보행을 도와줌과 동시에 그 나라의 문화적 특성을 반영하기도 한다. 독일의 암펠만 신호등은 동독에서 교통사고를 줄이기 위해 모자 쓴 아저씨가 반영된 그림의 신호등이 만들어졌으며, 덴마크는 1848년부터 1864년까지 덴마크와 독일전쟁을 계기로 프레데리시아 지역에 군인 신호등이 생겨났다. 또한 영국의 런던 그린파크에는 말과 자전거를 위한 신호등, 유명한 캐릭터를 반영하여 일본에는 아톰 신호등, 네덜란드에는 미피 신호등이 있다.

◆ 다문화 감수성 높이기 1

  세계 여러 나라에는 다양한 신호등이 있습니다. 국가와 도시의 사회 상황을 신호등에 반영하고 있다고 합니다. 다문화교육과 관련하여 내가 사는 곳에는 어떤 신호등을 만들면 좋을까요? 나만의 신호등을 디자인해 보세요!

| 미국의 신호등 | 오스트리아의 커플(성소수자) 신호등 | 독일의 암펠만 신호등 |
| 덴마크의 군인 신호등 | 영국의 말과 자전거 신호등 | 일본의 아톰 신호등 |

[그림 9-1] **세계 여러 나라의 신호등**

출처: 인터넷 포털 검색창에서 신호등을 검색한 자료임.

〈내가 디자인한 신호등〉	〈디자인에 숨겨진 다문화 내용 적어 보기〉

(3) 통합적으로 접근하기

교실 내 다양한 놀이와 활동을 통해 각 교과영역의 내용을 통합적으로 운영할 수 있다. 예를 들어, 언어놀이로 다양한 인종에 관련된 그림책을 읽고, 미술놀이로 인형 만들기를 할 수 있다. 인형의 모습을 꾸밀 수 있는 다양한 재료를 제공하고, 유아들이 원하는 재료를 선택하여 인형을 완성한다. 유아들은 인형의 피부색을 정하고 다양한 색상의 털실을 이용해 머리카락을 만들어 붙이고 색종이를 잘라 옷을 꾸미며 다양한 모습의 사람을 만들 수 있다. 또한 유아들이 세계의 다양한 모양의 국기를 탐색한 후, 거북이의 등판에 각자 마음에 드는 국기나 기존의 디자인을 합쳐 새로운 국기를 그릴 수 있다. 특히 다문화유아들은 언어 사용과 의사소통에 어려움이 있는 경우가 많으므로 의사소통이 많은 활동보다는 신체활동, 춤, 게임, 미술놀이, 악기연주 등 신체운동이나 예술 관련 활동으로 이루어질 때 유아의 참여도가 높을 수 있다.

여러 나라의 집에 대한 주제를 다룰 때에도 단순히 집의 모양과 재료가 다름을 제시하는 것이 아니라 왜 그러한 모양의 집을 만들게 되었는지, 왜 그 재료를 주로 사용하게 되었는지를 그 나라의 지리적 위치, 기후, 사람들의 생활 습관 등을 우리나라와 비교해 보면서 토의하고 극놀이나 미술활동, 실험활동으로 확장할 수 있다. 이때 나라별 전통 가옥뿐만 아니라 현대식 집의 구조와 모양도 함께 비교해 보면서 한 나라에 대해 고정된 이미지를 갖지 않도록 하는 것이 중요하다(박찬옥, 이예숙, 2011).

(4) 다양한 교육자료와 교육방법 적용하기

다문화교육과 관련해 유아들이 선호하는 교육매체가 다를 수 있으므로 그림책이나 영상자료, 애니메이션 등 다양한 자료를 활용한다. 이때 자료의 주제와 내용은 외모, 문화, 장애 등을 포함하고 있는 것을 선택한다. 그림책이나 영상, 영화 속 주인공의 감정을 이해하고, 공감해 보며 나의 편견(생각)이나 행동이 타인을 상처받게 할 수 있다는 것을 직간접적으로 느낄 수 있다. 이를 통해 유아들은 편견과 차별의 요소를 생각하고 예방할 수 있으며, 다문화에 대한 인식을 높일 수 있다. 또한 동일한 동화이지만 유아마다 각자 가장 재미있었던 장면 소개하기, 다문화유아의 언어로 구성된 책을 함께 제시해 주어 개별 유아의 특성을 고려한 접근을 통해 자기정체성을 확립하는 데 도움을 주도록 한다.

(5) 절기, 세시풍속 등 활용하기

우리나라의 절기, 세시풍속에 관련된 놀이, 음식, 의례 등을 경험해 보며 각 나라의 전통문화를 익히고 이해할 수 있다. 설날, 추석, 정월대보름 등 우리나라의 24절기와 4대 명절의 유래에 대해 알아보고 먹거리, 놀거리를 경험한다. 예를 들어, 음력 8월 15일은 추석(한가위)으로 수확의 기쁨을 나누게 된다. 햅쌀로 송편을 빚고 햇과일로 음식을 차려 풍년을 축하하며 햇곡식으로 감사제를 지내게 된다. 미국은 이와 유사하게 추수감사절(Thanksgiving Day)이 있다. 이처럼 1년 중 특별한 날과 연계하여 음식과 음식문화를 경험해 볼 수 있다. 또한 매월 다양한 나라의 요리체험을 하거나, 급·간식 시간에 관련 메뉴를 제공하여 먹어 보거나, 다문화유아가 자신의 나라의 전통 음식에 대해 소개하며 각 나라 음식의 특징과 이유, 음식문화 등에 대해 공유해 보는 기회를 가질 수 있다. 이러한 과정을 통해 세계 여러 나라의 음식 및 음식문화에 대해 인식하고 사회문화적 맥락을 이해하며 다름을 수용하고 다른 나라의 문화를 존중할 수 있게 될 것이다.

(6) 가정 및 지역사회와 연계하기

다문화가정의 부모를 원으로 초대하여 다양한 나라의 인사말이나 음식을 소개해 주거나 유치원 행사에 다양한 부모가 다문화교육 내용을 체험해 보는 기회를 제공할 수 있다. 예를 들어, 유치원에서 가족 운동회를 할 때 종목 구성 시 다른 나라의 전통놀이인 '티닝클링(베트남)' '켄다마(일본)' '티찌엔쯔(중국)' 등을 포함할 수 있다. 이 외에 현장 견학을 통해 다문화 관련 지역사회 기관을 방문하여 다문화 체험을 할 수 있다.

◆ 다문화 감수성 높이기 2

◎ 우리나라의 24절기와 4대 명절에는 어떤 내용이 있을까요? 이 중 한 가지를 선택하여 유아
  들과 어떻게 실행할 수 있을지 적어 보세요.

3. 유아 다문화교육의 평가

1) 유아평가

유아평가는 다문화교육을 통해 다문화에 대한 이해, 관심도, 태도 등을 평가하는 것으로, 형식적 방법과 비형식적 방법으로 구분할 수 있다. 형식적 방법으로는 검사지나 체크리스트 평가, 비형식적 방법으로는 비구조화된 면담, 관찰, 작품이나 사진, 포트폴리오 등에 의한 평가로 이루어질 수 있다. 사전평가를 통해 현재 유아들이 다문화에 대한 인식이나 태도가 어떠한지를 진단하고, 활동 후 유아가 변했는지에 대한

사후평가를 통한 진단이 이루어질 수 있다. 일회성 평가가 아닌 다양한 평가방법을 활용하여 다회성 평가가 이루어지는 것이 필요하다.

(1) 형식적 평가방법

유아는 다문화교육을 통해 문화차이를 이해하고, 편견이나 고정관념 없이 다양한 문화 상황에서 적절한 태도를 가지고 행동하는 것이 필요하다. 유아들은 문화 간 차이가 아닌 다양함으로 인정하고 존중하며 수용하는 태도를 지녀야 한다. 이를 평가하기 위해 유아에게 활용할 수 있는 유아의 다문화에 대한 인식과 다문화 수용성 검사도구가 있다.

① 유아 다문화 인식 검사

유아 다문화 인식 검사는 다문화적 배경을 가진 집단의 문화와 삶을 어떻게 이해하고 인식하는지를 객관적으로 알아볼 때 사용할 수 있다. 검사지는 인식(4문항), 태도(5문항), 외모(5문항), 상호작용(4문항)으로 구성된다.

- 인식: 유아가 다문화가족에게 느끼는 이해 정도와 알고 있는 지식과 기술을 나타내는 내용
- 태도: 유아가 인식하는 자기와의 관계와 다문화 배경을 가진 사람이나 문화에서 자주 볼 수 있는 편견의 내용
- 외모: 유아가 보는 관점에서 인식되는 모습이나 피부색, 생김새, 성향을 나타내는 내용
- 상호작용: 유아가 다문화가족에게서 느끼는 문화와 언어적 방법과 표현 모습을 나타내는 내용

〈표 9–1〉 유아 다문화 인식 검사지

내용	매우 그렇다	그렇다	그렇지 않다	전혀 그렇지 않다
1. ○○와 친구를 할 수 있다.*	1	2	3	4
2. 무거운 짐을 든 ○○를 도와주겠다.*	1	2	3	4
3. ○○가 물어보는 것을 자세하게 알려 줄 수 있다.*	1	2	3	4
4. ○○와 같이 놀고 싶다.*	1	2	3	4
5. ○○는 공부를 못할 것 같아 보인다.	1	2	3	4
6. ○○는 나를 건드려서 싫다.	1	2	3	4
7. ○○는 나에게 침을 뱉을 것 같다.	1	2	3	4
8. ○○는 밥을 손으로 먹는다.	1	2	3	4
9. ○○는 혼자 중얼거리며 논다.	1	2	3	4
10. ○○는 눈과 코가 커서 못생겼다.	1	2	3	4
11. ○○는 손톱에 때가 많아 더럽다.	1	2	3	4
12. ○○는 이가 누렇고 지저분하다.	1	2	3	4
13. ○○는 냄새가 난다.	1	2	3	4
14. ○○는 피부가 까매서 목욕을 안 하는 것 같다.	1	2	3	4
15. ○○는 내가 말하는 동안 계속 움직인다.	1	2	3	4
16. ○○는 생긴 것이 무섭게 생겼다.	1	2	3	4
17. ○○는 나를 때릴 것 같다.	1	2	3	4
18. ○○는 말소리가 크고 말이 많다.	1	2	3	4

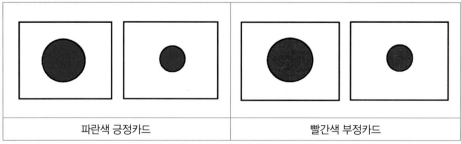

파란색 긍정카드	빨간색 부정카드

*주: 1~4번 문항은 역산 문항임.
출처: 이선애(2013).

> **● 유아 다문화 인식 검사방법 ●**
>
> ① 검사자(교사)는 유아에게 다문화가정의 친구를 소개한다.
>
> ② "라마는 인도에서 온 일곱 살 된 남자 친구야. 라마와 친구하고 싶니?" "라마가 무거운 짐을 들고 가면 어떻게 하겠니?"처럼 이야기로 유아에게 질문한다.
>
> ③ 유아는 질문에 생각하는 마음의 크기가 어느 정도인지 대답한다.
>
> 　　교사는 "얼마나 좋으니?" "이만큼? 요만큼?"과 같은 식으로 발문할 수 있다.
>
> ④ 질문 내용 이해 등 언어적 소통에 어려움이 있는 유아는 색깔 모양 카드를 활용할 수 있다.
>
> - '파란색(예)'에서 큰 그림을 고를 경우 ☞ 1점
> - '파란색(예)'에서 작은 그림을 고를 경우 ☞ 2점
> - '빨간색(아니요)'에서 큰 그림을 고를 경우 ☞ 4점
> - '빨간색(아니요)'에서 작은 그림을 고를 경우 ☞ 3점
>
> 〈해석〉 각 영역별과 총합계 점수를 산출한다(1~4번 문항은 역채점). 유아가 받을 수 있는 점수는 18~72점이며, 점수가 높을수록 다문화 인식이 높음을 나타낸다.

② 유아 다문화 수용성 검사

유아 다문화 수용성 검사는 나와 다름에 관대함을 통해 다양성을 인정하고 다양한 문화와 상호작용하며 차별적인 태도를 갖지 않는 능력을 측정하는 데 활용할 수 있다. 다양성(5문항), 관계성(5문항), 보편성(6문항)으로 구성된다.

- 다양성: 나와 다른 여러 집단의 문화나 가치를 우리 문화와 동등하게 인정하거나 편견을 갖지 않고 차별적 행동을 하지 않는 내용
- 관계성: 다른 인종문화집단과 함께 사회에 참여하고 결합하려는 내용
- 보편성: 외부를 수용하는 데 있어서 출신 국가나 특정 기준에 따라 등급을 구분하고 차별하지 않는 보편적 태도에 대한 내용

〈표 9–2〉 유아 다문화 수용성 검사지

영역	내용	예		아니요	
다양성	1. 새로운 말(언어), 새로운 음식, 새로운 옷, 새로운 놀이 등을 배우는 것이 즐겁나요?	4	3	2	1
	2. 피부색과 언어, 음식이 우리나라 사람들과 다른 외국인들이 우리나라에 많이 살면 좋을 것 같나요?	4	3	2	1
	3. 피부색이나 생김새가 다른 외국인도 우리나라에 살면 우리나라 사람이라고 할 수 있나요?	4	3	2	1
	4. 한국으로 이사 온 외국인 친구가 불고기를 싫어하고 못 먹어도 우리나라 사람이라고 생각할 수 있나요?	4	3	2	1
	5. 한국에 사는 외국인들이 자기들 나라의(외국의) 음악을 듣거나 춤을 추는 것을 보면 좋을 것 같나요?	4	3	2	1
관계성	6. 피부색과 언어, 음식이 우리나라와 다른 외국인들이 우리 동네에 있으면 좋을 것 같나요?	4	3	2	1
	7. 다른 나라의 외국인이 우리 집 옆에 산다면 좋을 것 같나요?	4	3	2	1
	8. 유치원에 북한에서 온 새 친구가 있다면 내가 먼저 친구가 되고 싶을 것 같나요?*	4	3	2	1
	9. 엄마가 필리핀 사람인 친구는 필리핀말보다 한국말을 더 잘해야 하나요?	4	3	2	1
	10. 외국인들이 많이 사는 동네에 맛있는 음식점이 있으면 가서 밥을 먹을 수 있나요?	4	3	2	1
보편성	11. 버스를 탔는데 옆자리에 백인이 앉으면 좋은가요?	4	3	2	1
	12. 버스를 탔는데 옆자리에 흑인이 앉으면 좋은가요?	4	3	2	1
	13. 부자 나라에서 온 외국인 친구와 같이 놀고 싶나요?	4	3	2	1
	14. 가난한 나라에서 온 외국인 친구와 같이 놀고 싶나요?	4	3	2	1
	15. 가난한 나라의 친구들을 위해 용돈이나 장난감을 모아서 보내 줄 수 있나요?	4	3	2	1
	16. 괴롭힘을 당하는 외국인 친구를 보면 도와주고 싶나요?	4	3	2	1

*주: 8번 문항은 역산 문항임.
출처: 이수진(2019).

●유아 다문화 수용성 검사방법●

① 검사자(교사)는 유아에게 질문 문항을 읽어 준다.

② 유아는 예, 아니요로 답한다.

③ 유아는 질문에 생각하는 마음의 크기가 어느 정도인지 크기가 다른 2개의 하트 그림 카드 중 하나를 선택한다.

④ 점수를 부여한다.

- '예'에서 큰 그림을 고른 경우 ☞ 4점
- '예'에서 작은 그림을 고른 경우 ☞ 3점
- '아니요'에서 큰 그림을 고른 경우 ☞ 1점
- '아니요'에서 작은 그림을 고른 경우 ☞ 2점

〈해석〉 각 영역별과 총합계 점수를 산출한다(8번 문항은 역채점). 유아가 받을 수 있는 점수는 16~64점이며, 점수가 높을수록 다문화 수용성이 높음을 나타낸다.

(2) 비형식적 평가방법

비형식적 평가방법으로 유아의 포트폴리오, 사진, 작품, 비구조적 면담, 관찰 등을 활용할 수 있다. 개별 유아를 대상으로 관찰하여 기록 내용을 분석하고 누리과정과 연계하여 유아의 변화를 기술한다. 비다문화가정 유아의 경우 다른 민족이나 인종, 피부색에 대한 반편견 의식을 갖게 되었는지 그리고 다문화 감수성이 증진되었는지의 변화를 살펴볼 수 있다. 그리고 다문화가정 유아의 경우 다문화 놀이나 활동, 프로그램을 통해 부모의 나라에 대해 자긍심을 갖게 되었는지, 긍정적인 자아개념을 갖게 되었는지의 변화를 살펴본다. 이때 다문화 핵심 요소를 중심으로 유아의 변화를 살펴볼 수 있다.

① 다문화교육을 통한 유아의 변화 정도를 알아보기 위한 고려사항

- 다양성: 한 개인과 집단의 존재를 인정하는가? 다양성을 존중하는가?
- 평등성: 국가, 민족, 성, 능력, 계층에 대하여 긍정적인 태도를 갖는가? 모든 사람이 평등하다고 생각하는가?
- 반편견: 선입견, 편견, 고정관념에 대해 비판적 사고를 하는가? 편견과 관련해서 문제 상황에 대한 대처능력이 있는가?

- 정체성: 긍정적 자아개념을 갖고 있는가? 자아정체감 및 집단정체감을 형성하고 있는가?
- 협력: 다양한 또래 친구와 상호작용하는가? 다양한 또래 친구와 협동하여 놀이하는가?
- 문화: 문화 간 유사점과 차이점을 아는가? 다른 문화를 이해하고 존중하는가? 다른 문화에 대해 긍정적인 태도를 지니는가?

② 유아의 사진, 작품을 통한 평가

유아의 사진이나 직접 그린 그림을 토대로 유아의 다문화에 대한 인식을 알아볼 수 있다. 자연스러운 상황에서 유아들의 그림에 대해 비형식적인 면담(대화)이 추가적으로 이루어질 수 있다.

■ 질문 예시
- 나의 살색과 친구의 살색을 비교한다.
- 내 얼굴색과 친구의 얼굴색을 비교한다.
  -두 얼굴의 색깔은 어떻니?
  -같은 반에 있는 친구들의 얼굴색은 어떻니?
  -다른 나라에 사는 친구의 얼굴색은 어떻니?
※ 사람들의 다양한 얼굴색에 관심을 가지는지 알아보고, 피부색 외에 다양한 얼굴 모양, 머리 스타일 등에 대해서도 적용해 볼 수 있다.

[그림 9-2] **유아의 작품을 활용한 다문화 인식 평가의 예시**

2) 교사평가

유아 다문화교육을 위해 교사는 자신의 다문화에 대한 인식이나 태도를 점검하는 것이 필요하다. 개인적인 편견은 없는지, 다문화교육을 위한 역량을 충분히 갖추고 있는지를 지속적으로 점검해야 한다. 더불어 반성적 저널을 통하여 교사 스스로 자신의 변화 과정을 확인할 수 있다.

〈표 9-3〉 유아 다문화교육을 위한 교수 지식, 기술 자기 점검표

항목	주요내용
인지하기	• 교사로서 스스로를 올바르게 인지하기 　-유아교사로서 나는 어떤 존재인가? 　-유아교사로서 나는 어떤 장점, 기술, 역량을 지니고 있는가?
개발하기	• 유아 다문화교육에 도움이 되는 적절한 교수-학습 방법 또는 프로그램 개발하기 　-유아교사로서 나는 어떤 교수-학습 목표를 가지는가? 　-유아교사로서 나는 어떤 교수-학습 방법을 사용하는가? 　-유아교사로서 나는 어떤 교수-학습 도구, 자료를 활용하는가?
실천하기	• 유아교육 현장에서 합리적인 유아 다문화교육 제공 · 실천하기 　-유아교사로서 나는 어떠한 다문화교육 내용을 제공하는가? 　-유아교사로서 나는 어떠한 교육적 성과를 거두는가?
평가하기	• 교사로서 자신의 현재 활동을 엄격하게 평가하기 　-유아교사로서 나는 지금 어떤 활동을 수행하고 있는가? 　-유아교사로서 나는 유아들에게 어떤 프로그램을 제공하는가? 　-내가 근무하는 유치원의 환경은 어떤가? 　-나의 교육 내용과 방법은 어떤가? 　-나는 유아들이 필요로 하는 것을 어떻게 해결해 주는가?

출처: de-Melendez & Beck (2007)을 김주희(2022)가 재인용함.

(1) 반성적 저널쓰기

다음은 유아교사의 다문화교육 실행과정에서 접근방법에 대한 반성적 저널의 사례이다. 이처럼 반성적 저널을 지속적으로 쓰며 자신을 성찰하는 과정을 통해 다문화교육 역량을 증진할 수 있다.

우리 반은 만 3, 4, 5세 통합반으로 구성되어 있으며, 다문화가정인 아이가 두 명 있다. 한 명은 중국, 한 명은 일본 아이이다. 다문화가정 아이가 두 명이나 있다 보니 더욱 다문화교육에 관심을 갖고 열심히 해 보고 싶은 마음도 많이 있다. 요즘 다문화교육을 받으면서 아이들에게 어떻게 접근하는 것이 좋을지 계속 생각을 해 보았다. 동화를 들려주어 보기도 하고, 이야기 나누기를 통해서도 우리는 다르지 않다는 것을 설명하려고 노력했는데 그게 쉽지 않은 것 같다. 왜냐하면 나는 그 나라에 대한 지식도 없어 무엇을 어떻게 설명해야 할지 난감할 때가 있다. 그리고 아이들이 계속 함께 생활하다 보니 차이를 느끼지 못하고 생활하는데 내가 괜히 다문화라는 것을 강조하게 돼서 선입견을 품게 되는 것이 아닌가라는 생각도 들기도 했다. 그리고 내가 수업을 잘 진행하지 못해서 그런지 일본문화에 관해 이야기하는데 일본에서 온 친구가 별로 좋아하지 않고 오히려 회피하는 모습을 보이기도 했다. 아이들에게 어떻게 접근해야 할지 더 막막하다. 나에게 가장 필요한 건 무엇일까? ……(후략)……

출처: 최현정(2011).

●반성적 저널쓰기를 위한 간략 팁!●

저널쓰기의 방법은 다양한데, 공통적으로 중요한 부분은 저널을 쓰는 사람이 자신이 경험한 것을 기술하고, 기술한 내용의 원인을 비판적으로 분석한 후, 미래에 자신이 취할 행동과 그 행동의 결과를 예측하도록 기록하는 것이다. 각 단계별 저널 작성방법을 간단히 정리하면 다음과 같다.

- 1단계: 저널을 쓸 때 우선 사건이 일어나고 있는 배경에 대한 진술을 하고, 사건을 객관적으로 기술한다. 의미나 해석을 부여하지 않는다.
- 2단계: 관찰하거나 경험한 내용을 토대로 앞에서 기술한 사실에 대해 의미를 찾아본다. 즉, 자신의 해석을 토대로 분석한다.
- 3단계: 관찰하고 경험한 내용을 저널에 기록하는 전 과정에서 내가 알고 배우게 된 내용을 기술한다.

3) 유아 다문화교육 프로그램 평가

유아 다문화교육 프로그램의 평가는 교육목표, 교육내용, 교수방법, 교수자료의 적절성에 대해 평가하며, 교육목표의 달성 정도와 개선 사항 등을 평가한다. 평가를 통해 교사 역할 수행과 관련하여 자기 생각에 선입견이나 편견이 있지는 않았는지, 교수 방법 및 내용이 적절하였는지에 대한 평가한다. 평가 결과를 통해 프로그램의 우수한 점과 보완할 점을 알아본다. 이후 추후 수업에 수정하거나 개선해야 할 점은 무엇인지 등의 환류 과정을 통해 프로그램의 질을 높이는 것이 필요하다.

프로그램 평가는 활동 후 평가시간을 통해 교사와 유아가 함께 평가할 수 있다. 활동이 유아들에게 어떤 경험이었는지에 대해 이야기를 나누어 봄으로써 활동 평가가 이루어질 수 있다. 이 외에 교사의 자기평가, 동료평가, 동료장학, 전문가 컨설팅 등 다양한 방법으로 평가를 실시할 수도 있다.

〈표 9-4〉 **유아 다문화교육 프로그램 평가 체크리스트 예시**

항목	내용	예	아니요
1. 계획안/놀이의 주제와 다문화 활동 간 연계성	계획안/놀이 주제와 다문화 활동이 연계되는가?		
	계획안에 포함된 다문화 활동의 수는 적정한가?		
2. 다문화 활동의 목적과 누리과정 관련 영역 간 일치성	다문화 활동의 목적과 누리과정 관련 영역이 일치하는가?		
3. 다문화 활동 형태의 다양성	다문화 활동이 다양한 놀이로 이루어지고 있는가?		
	다문화 활동이 개별 활동 및 대소집단 활동에서 골고루 이루어지고 있는가?		
4. 다문화 활동의 유아 발달수준 적합성	다문화 활동이 유아의 발달수준에 적합한가?		
5. 다문화 환경의 적절성	다문화 활동을 실시하기 위한 교수자료가 충분한가?		
	다문화 활동을 실시하기에 환경구성이 적합한가?		

출처: 한국보육진흥원(2019).

생각 넓히기

• 제9장의 학습내용 중에 기억에 남거나 중요하다고 생각하는 키워드를 찾아 적어 보세요.

• 유아의 흥미와 경험, 놀이 중심 접근법에 기반한 유아 다문화교육 교수–학습 방법 중 각 조별로 한 가지를 골라 실제 놀이 및 활동 사례를 구성해 보세요. 그리고 다른 조와 내용을 공유해 보세요.

/ 다문화교육의 이론과 실제 /

제 10 장

유아 다문화교육 환경

◆ 생각열기

EBS '딩동댕 유치원', 다문화·장애인·유기견 캐릭터 나온다

EBS의 2022년 5월 2일 〈딩동댕 유치원〉에서 다문화 어린이, 휠체어 타는 어린이, 유기견 등 다양한 캐릭터를 만날 수 있다. 수다쟁이 다문화 어린이 '마리', 휠체어를 타지만 운동을 좋아하는 '하늘', 체육소녀 '사리'와 문학소년 '조아' 그리고 호기심 넘치는 유기견 '댕구'가 출연한다. 제작진은 "어린이들에게 '나와 우리'를 사랑하는 법을 알려 주며 올바르게 성장할 수 있도록 힘쓰겠다."며 "다채로운 이야기를 구성해 교육과 재미를 동시에 잡겠다."고 밝혔다.

출처: 네이버 뉴스 스탠드 미디어스(2022). http://www.mediaus.co.kr/news/articleView.html?idxno=245840 (2023. 10. 12. 인출).
사진 출처: EBS 딩동댕 유치원 홈페이지.

1. 유아 다문화교육을 위한 환경구성

　　유아교육기관은 유아가 가정 외에 많은 시간을 보내는 곳으로, 질적으로 우수한 다문화교육이 이루어질 수 있도록 다문화 요소가 교실환경에 포함되어야 한다. 다문화교육 관련 교구(예: 피부색이 다른 인형, 각국의 전통 놀잇감 등)를 별도 영역으로 따로 마련하는 경우가 많지만, 의도적으로 기존 영역의 놀잇감과 섞어서 배치하는 것이 좋다. 여러 가지 놀잇감 중에서 자연스럽게 호기심이 가는 대로 체험해 볼 수 있도록 함으로써 '다문화'가 '다르지 않다'는 인식을 갖는 시작점이 될 수 있도록 하는 것이 중요하다(교육부, 17개 시 · 도교육청, 국가평생교육진흥원, 중앙다문화교육센터, 2023).

　　더불어 단순히 일회성이나 전시 목적이 아닌 유아의 흥미와 관심을 반영한 놀이 주제와 연계하여 물리적 환경을 제공함으로써 유아들이 자연스럽게 일상생활 속에서 다문화교육이 이루어질 수 있도록 해야 한다. 교실 외에도 유치원의 출입로와 계단, 복도 등의 공간을 활용하여 여러 나라의 인사말이나 화보 등을 배치할 수 있다. 유아 다문화교육을 위한 환경구성의 원리를 제시하면 다음과 같다(김혜금, 김수희, 이경채, 허은지, 2018)

- 새로운 교재교구의 구입 전에 기존의 자료 중 편견적 · 차별적 요소가 포함되어 있지는 않은지 점검하고, 이를 제거하는 방향으로 구성한다. 모든 교재교구를 새롭게 구입하는 것은 현실적으로 어려울 수 있다. 따라서 기존에 구입해서 보관하고 있는 교재교구 중 고정관념이나 편견을 조장할 수 있는 교재교구는 없는지 살펴보아야 한다.
- 성, 인종, 민족 등 다양성을 경험할 수 있도록 교실 환경을 구성한다. 단순히 세계 여러 나라의 문화나 음식 등 일회성 행사에 필요한 자료를 소개하고 전시하는 것이 아닌 삶의 가치나 방식 등을 엿볼 수 있도록 실제 생활과 관련된 그림, 포스터 등 다양성을 반영한 자료를 제공한다.
- 다문화 활동이 특정 영역에서만 이루어지거나 특정 주제에 국한되어 실시되지 않도록 모든 놀이공간(영역)에 포함되도록 구성한다. 역할, 쌓기, 언어, 수 · 조작, 음률, 과학, 미술 놀이 활동공간에 다문화교육을 위한 환경을 마련해 주고,

　유아의 흥미와 관심, 놀이 주제와 연계하여 교실 안에서 지속해서 이루어질 수
있도록 다양한 자료를 제공한다.

• 다양성, 문화이해, 협력, 반편견, 정체성, 평등 등 다문화교육 요소가 반영되는
다양한 매체를 제공한다. 상업화된 교재교구만이 아닌 일상생활에서 사용되는
실물자료나 모형, 다양한 화보나 그림, 사진 자료, 예술품 등 교재, 교구, 도서자
료 등의 환경적 자원을 제공한다.

• 교구장의 교구 외에 교실 벽면, 게시판 등을 활용한다. 교구장에 제공하는 교재
교구 외에 교실 벽면이나 게시판 등에 유아의 작품이나 조사자료, 안내자료 등
을 게시하여 유아들이 관심을 두도록 한다.

• 다문화가정 유아가 속한 나라의 문화를 우선으로 이해할 수 있도록 환경구성에
반영한다. 자료 구비 시 유아와 가족, 지역사회와 관련된 자료를 제공해 줄 수 있
다. 이때 유아들이 일상생활에서 가장 가깝게 접할 수 있는 우리 교실의 다문화
가정 또래와 관련된 배경부터 시작하여 점차 가정과 연결해 교육에 반영한다.
이후 다른 요소들을 반영한 자료로 확대하여 제공한다.

[그림 10-1] **교실과 복도에 영아와 유아의 미술작품 게시 예**

출처: 안산 해아어린이집.

2. 유아 다문화교육을 위한 교재교구

　유아 다문화교육을 위해 상업용 교구와 일상생활 자료, 모형, 사진 자료 등을 교실
에 비치할 수 있다. 상업용 교재교구는 유아교육용품 관련 회사에서 대량으로 제작,
판매하는 교구로 교사가 교구 제작에 필요한 시간과 노력, 비용에 대한 부담 없이 적

절한 다문화교육 내용을 포함한 교구를 구입할 수 있다는 장점이 있다. 그러나 상대적으로 고가의 비용 부담이 발생하므로 구입 전에 적절한 교재교구인지를 확인하는 것이 필요하다. 더불어 유아 다문화교육과 관련하여 인종, 외모, 문화, 장애 등 다양한 요소가 반영된 것을 구입하는 것이 좋다. 일상생활 자료를 제공할 때는 편견적 · 차별적 요소가 없는지 재확인하고 제공해 준다(교육부, 17개 시 · 도교육청, 국가평생교육진흥원, 중앙다문화교육센터, 2023).

1) 쌓기 · 역할놀이

쌓기놀이를 위한 공간에는 벽면에 세계 여러 나라의 건축물 사진을 게시해 주어, 유아들이 블록을 활용하여 건축물을 표현하도록 한다. 이후 유아들이 만든 각 건물의 특징적인 부분이 잘 드러나도록 건축물 사진을 찍어 두었다가 유아 각자가 표현한 다양한 생각에 관해 이야기 나누며 추후 활동과 연계할 수 있다.

역할놀이를 위해서는 다문화 인형, 음식 모형, 의상 등의 소품을 배치한다. 새로운 교구를 구입하기 전에 현재 교실에 보유하고 있는 역할놀이 교재교구 중 성이나 외모(얼굴색, 체형 등) 등과 관련하여 편견적인 요소를 포함하고 있는 소품은 없는지 점검하는 것이 우선적으로 필요하다. 예를 들어, 다양한 나라의 의상을 비치하여 입어 보거나, 직업별 의상, 전통음식 모형, 여러 인종의 인형, 장애가 있는 인형(예: 한쪽 팔이 없는 인형, 휠체어를 탄 인형 등), 외모를 변화시킬 수 있는 다양한 소품(콧수염, 지팡이, 안경, 모자, 여러 색의 가발 등)을 마련하여 다른 사람이 되어 보는 경험을 제공할 수 있다.

〈표 10-1〉 **역할놀이 교재교구의 예**

① 다문화 인형세트	② 다문화 장애인 인형세트	③ 다문화 음식 모형	④ 다문화 의상

출처: ① 아이코리아; ② 보육사; ③ 키드팡(국민서관); ④ 보육사 홈페이지.

2) 언어놀이

언어놀이에는 말하기, 듣기, 읽기, 쓰기의 다양한 내용이 포함될 수 있도록 구성한다. 각 문화권의 전래동화, 여러 가지 생활모습, 직업, 계층, 성, 음식, 민족 등에 관한 동화책, 동시, 신문, 여러 나라의 문자, 인사말 등을 제시할 수 있다. 이와 함께 CD플레이어와 헤드폰을 제공하여 동화를 듣거나 인공지능 스피커 등을 제공하여 다양한 나라의 언어를 알아보고 각 나라의 문화와 관련된 수수께끼 등도 이루어질 수 있다.

〈표 10-2〉 **언어놀이 교재교구의 예**

| ① 다문화 손인형 | ② 우리 가족 소개북 | ③ 주제별 언어퍼즐
세계 여러 나라 세트 | ④ 도미노 한글 블록
세계문화 놀이세트 |

출처: ① 보육사; ② 키드키즈몰 홈페이지; ③ 키드팡(국민서관); ④ 브레인숲 홈페이지.

3) 수ㆍ조작놀이

수ㆍ조작놀이를 위해 다양한 나라의 전래놀이와 관련된 놀잇감(예: 공깃돌), 여러 나라 공예품의 비교ㆍ분류ㆍ서열화ㆍ패턴 활동자료, 여러 나라의 문화권과 관련된 퍼즐이나 문화재 키트 등을 제공한다.

〈표 10-3〉 **수 · 조작놀이 교재교구의 예**

① 다문화 직업퍼즐	② 세계 전통 가옥 만들기	③ 윷놀이 세계여행 보드게임	④ 다문화 놀이세트

출처: ① 키드팡(국민서관); ② 애즈위드; ③ 꼬망세몰; ④ 킨더스쿨 홈페이지.

4) 과학놀이

과학놀이 공간에는 지구본, 세계지도, 각 나라의 토양과 기후를 소개하는 실물 자료, 동식물의 다양성을 경험할 수 있는 자료(국화, 특정 지역에 서식하는 동물), 외국인 과학자 사진 자료, 우주 사진 등을 제공한다.

〈표 10-4〉 **과학놀이 교재교구의 예**

① 학습용 지구본	② 세계지도 만국기 & 수도	③ 사파리 튜브 (다양한 해양 곤충)

출처: ① 보육사; ②, ③ 키드키즈몰 홈페이지.

5) 음률놀이

음률놀이 공간에는 음악이나 신체표현 등과 관련된 자료를 제공한다. 여러 나라의 악기, 여러 나라의 무용, 춤에 대한 자료(탱고, 훌라춤, 탭댄스, 힙합춤, 발레 등), 다양한 문화권의 음악과 놀이의 정보가 담겨 있는 그림이나 사진 자료, 여러 나라의 생일 노래, 여러 나라의 동요 CD, 수화 동요 등을 비치한다.

〈표 10-5〉 **음률놀이 교재교구의 예**

① 젬베 타악기 세트	② 카쥬	③ 유아용 소고
④ 전통 탈 세트	⑤ 한삼	⑥ 홀로그램 종이가면 (무도회 가면)

출처: ①②⑤ 키드팡(국민서관), 보육사; ③ 꼬망세몰; ④, ⑥ 키드키즈몰 홈페이지.

6) 미술놀이

다양한 질감의 천, 끈, 만들기 자료, 여러 나라의 종이접기 자료나 문화적 특징을 볼 수 있는 작품, 명화 등을 제공한다.

〈표 10-6〉 **미술놀이 교재교구의 예**

① 세계 여러 나라 명화카드	② 다양한 직업 가방걸이	③ 세계 여러 나라 상징 바람개비	④ 지구 비누 만들기
⑤ 다문화 강강술래 팽이	⑥ 다문화 친구들 꾸미기	⑦ 세계 여권 스탬프	⑧ 세계 여러 나라 집 만들기(협동작품)

출처: ①, ② 파랑새교육사; ③ 키드키즈몰; ④, ⑤, ⑥ 아트 공구; ⑦, ⑧ 갓센드 스토어 홈페이지.

◆ 다문화 감수성 높이기 1

◎ 현재 교실의 모습이 어떤가요? 내가 교사라면 다문화교육을 위해 어떤 부분을 바꿀 수 있을지 적어 보고 조원들과 토론해 보세요.

◎ 나는 교실을 이렇게 바꾸어 보고 싶어요!

[그림 10-2] 유아 다문화교육을 위한 교실 환경구성

◆ 다문화 감수성 높이기 2

유아의 놀이공간 구성을 위한 다문화교육 환경 체크리스트를 제시하면 〈표 10-7〉
과 같다.

〈표 10-7〉 **다문화교육 환경 체크리스트 예시**

항목	내용	예	아니요
전체적인 환경구성	다문화 환경을 반영하는 다양한 사람의 사진이나 그림 등이 교실 벽이나 게시판에 제공되고 있는가?		
	다문화 민족들의 생활을 반영하되, 편견을 가질 수 있는 그림이나 사진이 배제되어 있는가?(예: 동남아 원주민의 생활, 인디언 생활 등)		
언어놀이	유아의 연령에 적합한 전래동화 및 동요, 동시 등이 제공되고 있는가?		
	다양한 나라의 문화를 이해할 수 있는 그림 동화책이 비치되어 있는가?		
	다양한 나라의 문자를 게시하고 있는가?		
쌓기놀이	쌓기놀이의 소품으로 다양한 민족과 가족구성원을 표현하는 보조자료가 제공되고 있는가?(예: 다양한 문화권의 가옥, 건물, 동물 등)		
	주제와 관련되어 다양한 나라의 건물이나 탑 등의 건축물 그림자료나 사진자료를 벽면에 게시하고 있는가?		
역할놀이	다양한 문화와 민족의 의상들이 제공되고 있는가?		
	다양한 민족과 인종을 나타내는 인형들이 있는가?		
	다양한 민족과 인종을 나타내는 신발, 모자, 장신구 등의 소품들이 있는가?		
	여러 나라의 전통음식 모형이 있는가?		
	여러 인종의 인형이나 장애가 있는 인형이 있는가?		
음률놀이	다양한 문화권의 음악이 제공되고 있는가?		
	다양한 문화권의 악기류가 제공되고 있는가?		
	다양한 문화권의 춤이나 동작을 나타내는 화보나 사진들이 제공되고 있는가?		
	다양한 문화권의 춤이나 동작을 표현하는 데 효과적인 소품을 제공하고 있는가?		
	다양한 문화권의 음악과 놀이의 정보가 담겨 있는 그림자료나 사진자료를 제공하고 있는가?		
	여러 나라의 생일 노래나 동요 CD 등을 비치하고 있는가?		

미술놀이	다양한 문화권의 미술작품을 게시하고 있는가?		
	다양한 문화권의 예술가 사진자료를 게시하고 있는가?		
	여러 나라의 공예품이 전시되어 있는가?		
	다양한 질감의 천, 끈, 만들기 자료가 있는가?		
	여러 나라의 종이접기 자료가 있는가?		
과학놀이	지구본과 세계지도가 제시되어 있는가?		
	여러 나라의 토양과 기후를 소개하는 실물자료가 있는가?		
	동식물의 다양성을 경험할 수 있는 자료가 있는가?(예: 국화, 특정 지역에 서식하는 동물)		
	우리나라와 세계 여러 나라의 과학자 사진자료가 게시되어 있는가?		
수 · 조작 놀이	전래 놀잇감이나 여러 나라의 공예품의 비교, 분류, 서열화, 패턴 활동자료가 있는가?		
	여러 나라의 문화권과 관련된 물건을 맞추는 퍼즐이 있는가?		

출처: 한국보육진흥원(2019).

3. 유아 다문화 그림책

　유아기에는 외모, 문화, 장애 등의 내용을 다룬 동화를 통해 반편견 · 반차별을 인식하도록 한다. 외국어가 병기된 세계 전래동화를 구비하여 다문화유아들이 가정으로 가져갔을 때 부모님과 함께 볼 수 있도록 활용하거나 다문화가정의 부모를 교실로 초대하여 동화를 들려줄 수 있다. 글자에 능숙하지 않은 다문화가정의 유아들이 읽을 수 있도록 '받침 없는 동화'도 구비하여 유아 스스로 책 읽기에 참여하여 언어능력을 증진시킬 수 있도록 지원한다. 다양한 다문화 관련 그림책은 제13장에 제시되어 있다.

[그림 10–3] 다문화교육을 위한 그림책 예시

[그림 10–4] 다양한 언어로 만들어진 그림책 예시

이 외에 다른 나라의 다양한 동화를 들을 수 있는 사이트를 활용하여 유아들이 다른 나라의 문화에 관심을 가지고 전래동화를 감상할 수 있다. 대표적으로 세이브더칠드런의 '언어 두 개, 기쁨 두 배', 다음세대 재단의 '올리볼리 그림동화' 사이트가 있다.

◎ 세이브더칠드런(https://www.sc.or.kr/happy2)

세이브더칠드런의 '언어 두 개, 기쁨 두 배' 사업은 이중언어를 다문화가족의 강점으로 보고, 부모의 양국 언어와 문화를 전래동화로 배울 수 있도록 전래동화책, 단어 카드, 부모용 교안집, 활동지와 전래동화 동영상을 온라인상에서 제공하고 있다. 영유아도 이용할 수 있도록 쉽게 구성되어 있으며, 한국어, 중국어, 베트남어, 몽골어로 제공된다.

[그림 10-5] **세이브더칠드런 홈페이지 화면**

◎ 올리볼리 그림동화(http://ollybolly.org)

올리볼리 그림동화는 자라나는 어린이들이 문화다양성에 대한 감수성을 키울 수 있도록 다문화, 인권, 차별, 평화, 소수자 등 쉽게 접하기 어려웠던 주제의 문화다양성 동화를 제공한다. 그림동화는 몽골, 베트남, 우즈베키스탄, 중국, 필리핀, 태국 등 총 13개국의 동화를 온라인 콘텐츠로 개발하여 무료로 제공하고 있다. 올리볼리 그림동화는 13개국의 문화가 담긴 그림동화를 주제별로 구분하여 원어, 한국어, 영어 자막으로 제공하고, 교사용 수업 사례집과 활동지도를 제공하고 있다. 세계 여러 나라의 동화를 통해 다름에 대한 상호 이해와 존중의 문화를 형성하고, 다양한 모습으로 소통하는 사회를 만드는 것을 추구한다.

[그림 10-6] **올리볼리 그림동화 홈페이지 화면**

4. 유아 다문화교육 영상자료

다문화교육을 위해 유아들이 시청 가능한 반편견, 반차별 애니메이션이나 영상자료를 활용할 수 있다. 영상 콘텐츠는 평등성, 반편견, 다양성의 교육요소를 반영하고 있으며, 수시로 업데이트된다. 홈페이지가 개편되기도 하므로 주기적으로 방문하여 교육자료 활용 가능 여부를 확인하는 것이 좋다.

1) 교육청 제작 영상(경기도교육청 TV)

경기도교육청에서는 경기도교육청 TV 유튜브 채널을 통해 다문화교육에서 활용할 수 있는 애니메이션 영상을 무료로 제공하고 있다.

나와 세계는 서로 연결되어 있어요.

우리 주변의 문제들을 살펴보고
문제해결에 참여해요.

오색 빛깔 지구촌의 문화다양성을 존중해요.	다문화사회를 이해하고 서로 협력해요.

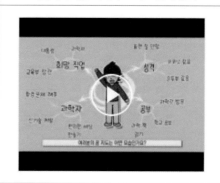

편견을 극복하면 모두의 꿈길이 넓혀져요.	꿈 지도를 그리며 다문화 시민으로 나아가요.

[그림 10-7] 경기도교육청 TV 다문화 애니메이션 영상 캡처

출처: 경기도다문화교육지원센터 홈페이지(https://more.goe.go.kr/da/index.do).

2) 다누리배움터 교육자료

다누리배움터의 교육자료의 예시는 [그림 10-8]과 같다.

동영상 이름	내용
1. 소중한 내 친구	• 친구들에게 나의 가족과 꿈에 대해 소개해요. • 모습도 다르고 꿈도 다르지만 우리는 모두 소중한 친구예요.
2. 특별한 가족	• 교실에 가족들이 찾아왔어요. 다누리봇에게 우리 가족의 모습을 알려 줄까요? • 가족의 모습은 다양하지만 서로 사랑하는 마음은 같아요.
3. 내 친구 나라의 놀이	• 친구들 나라의 놀이에 대해 알아보아요. • 나라마다 다른 놀이도 있지만, 비슷한 놀이도 있어요.

4. 내 친구 나라의 음식	• 친구들 나라의 음식에 대해 알아보아요.
	• 여러 가지 재료로 만들어진 다양한 나라의 음식이랍니다.

01. 소중한 내 친구   02. 특별한 가족   03. 내 친구 나라의 놀이   04. 내 친구 나라의 음식

[그림 10-8] 다누리 배움터 교육자료 캡처

출처: 다누리배움터 홈페이지(https://danurischool.kr/online).

3) 기타

다문화교육과 관련하여 지자체 및 시민단체 등에서 다양한 교육 콘텐츠를 제공하고 있다. 최근에는 메타버스를 활용한 다문화교육 콘텐츠, 다문화교육을 위한 꾸러미, 교재교구도 제작되어 지원되고 있다.

〈표 10-8〉 다문화교육 자료 활용 가능 기관 및 단체

프로그램	기관	홈페이지 주소
다문화교육포털 (중앙다문화교육센터)	중앙다문화교육센터	https://www.edu4mc.or.kr
유아용 다문화 인식 개선 콘텐츠	다누리배움터	https://danurischool.kr
다문화교육 사이버체험관	충청북도 국제교육원	https://cbiei.go.kr/cyber_vr
다문화 체험 및 교육자료	국립중앙도서관 디지털컬렉션 (세계의 도서관 등)	https://www.nl.go.kr
다문화교육 관련 자료	각 지방 교육청 다문화교육지원센터	-

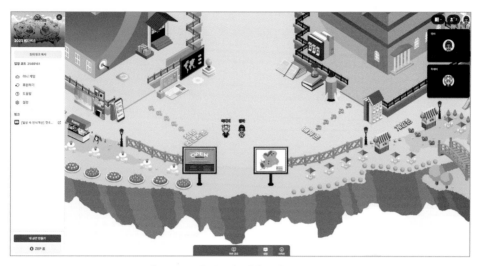

[그림 10–9] **다문화교육을 위한 메타버스**

출처: 다누리배움터 메타버스 플랫폼(https://zep.us/play/yawKk7).

생각 넓히기

• 제10장의 학습내용 중에 기억에 남거나 중요하다고 생각하는 키워드를 찾아 적어 보세요.

• 다문화교육을 위한 재미난 교재교구나 자료가 있으면 찾아보고 친구들에게 소개해 보세요.

• 유아 다문화교육을 위한 그림책 중 한 권을 선택하여 읽고 주인공에게 한 줄 메시지를 남겨 보세요.

/ 다문화교육의 이론과 실제 /

제 11 장

유아교사와 다문화교육

◆ 생각열기

> ### "야, 다문화"… 담임쌤은 내 친구를 이렇게 불러요
>
> 중학교 국어교사 A씨는 교실 문을 열고 들어오면서 큰 소리로 얼마 전 전학 온 베트남 학생을 찾았다. 베트남 출신의 어머니를 둔 이 학생의 이름은 '김전일'이었지만 A교사는 항상 '다문화' 라고 불렀다. ……(중략)…… 이처럼 외국인에 대한 편견과 고정관념을 바로잡아 줘야 할 학교 등에서 오히려 차별을 조장하는 경우가 많다. 학부모에게 보내는 가정통신문이 한글로만 쓰여 한국어가 서툰 외국인 학부모가 이해하지 못하는 경우도 흔하다. 교사들이 다문화가정 아이들을 배려하는 차원에서 학생 어머니의 출신 국가를 공개하며 "서로 사이좋게 지내라."고 했다가 오히려 아이를 놀림감으로 만들어 버리는 경우도 많다. ……(중략)…… 유치원, 어린이집 등 보육 시설도 마찬가지였다. 이주민들은 보육교사와 한국인 자녀들에게 차별을 당해 자녀가 상처를 입을까 봐 어린이집에 선뜻 보내지 못하고 있다. 한국인 아이와 싸움이 나면 한국인 학부모들이 집단 대응에 나서는 때도 있다고 한다. 캄보디아에서 온 초은레이(26)는 "어린이집에 모인 학부모들이 나를 곁눈질로 보더니 아예 말도 안 걸고 인사도 안 한다."고 호소했다.

출처: 서울신문(2018. 7. 30.).

1. 다문화교육을 위한 유아교사의 중요성

최근 유아들이 유아교육기관에 머무는 시간이 증가함에 따라 유아교사의 중요성은 더욱 강조되고 있다. 2019 개정 누리과정 시행으로 유아교사의 학급 운영의 자율성은 확대되었다. 따라서 유아들이 다문화적 경험을 할 수 있도록 교실에서 다문화교육을 직접 실천하고 교육환경을 제공하는 유아교사의 역할은 더욱 중요하다. 유아교사의 중요성은 유아기의 발달적 특성과도 관련된다. 유아들은 자기중심적인 사고가 발달하는 시기로서 주변 사람들의 가치와 생각, 행동 방식을 당연하게 여기고 자신의 문화 잣대로 타인을 평가하거나 타 문화를 판단하게 되는 자문화 중심적인 성향이 형성되기 쉽다. 유아교사의 편견과 고정관념은 교사에 의해 교육 경험을 하는 유아들에게 직간접적으로 전달되어 다양한 시각, 생각, 행동을 배우는 데 부정적으로 작용할 수 있다(박휴용, 2016). 이를 고려할 때 유아교사는 다문화에 대한 올바른 인식과 태도를 형성하고 생활 속에서 말과 행동으로 실천하는 태도가 필요하다. 다문화교육의 주체인 유아교사가 다문화교육에 대해 어떠한 인식과 태도, 신념을 형성하였는가는 다문화교육을 위한 틀을 만들고 실행하는 과정에 반영되기 때문이다. 다음은 유아교사가 교실에서 경험한 다문화교육 관련 상황이다.

> 중간 입소한 호주 국적의 유아가 있었는데 사실 교사인 나도(그러면 안 되지만) 어색하고 신경 쓰인다. 그런데 애들은 희한하게 처음 본 아이에게 우르르 몰려가서 손 한번 잡아 보고 같이 놀고 싶어 한다. 처음에는 단순히 호기심이겠지라고 생각했는데 아이들이 호주가 어디인지, 호주에는 어떤 음식이 있는지 궁금해하기 시작했다. ……(중략)…… 이런 아이들에게 다문화교육은 특별한 게 아니지 않을까? 아이들에게 경험하게 해 준다면 아이들이 자연스럽게 일상생활처럼 녹아들겠지. 편견은 아직 아이들에게 없으니까.
>
> ─경력 4년 차 유아교사─

출처: 이정미(2018).

유아교사는 하루 일과를 운영하며 유아를 가르치는 일 외에도 기본생활습관 지도와 안전교육, 등하원 지도, 부모상담, 행정업무, 사무처리 등 다양한 업무가 부여된다. 따라서 많은 유아를 돌보며 다문화가정의 유아의 특별한 요구를 고려하여 학급을 운영하는 상황에서 때로는 어려움이 존재하기도 한다. 다음은 경력 7년의 유아교사가 겪은 사례이다.

아이의 담임인 내가 할 일이 갑자기 많아지니까 나도 모르게 짜증이 나게 됐다. 전날 식단을 확인해서 혹시 돼지고기가 들어가지 않았나 확인을 해야 했으니까. 할 일이 많았을 때라 매번 식단을 확인해서 먹지 말아야 할 음식을 가정에 전달하는 일이 보통이 아니었다. '하필이면 나한테 와서……' 이런 생각도 들었다.

−경력 7년 차 유아교사−

출처: 이정미(2018).

이처럼 유아교사로서 교실에서 다문화교육을 실행하고, 다문화가정의 유아와 부모를 지원하며 학급을 운영하는 것은 절대 쉬운 일이 아닐 수 있다. 따라서 유아교사로서 다문화교육을 위해 어떠한 역량을 갖춰야 하며, 어떻게 효과적으로 역할을 수행할 수 있을지, 이를 위해 어떠한 준비를 해야 할지 생각해 보는 것이 필요하다.

전미유아교육협회(National Association for the Education of Young Children)는 유아 다문화교육을 위해 교사가 고려해야 할 사항으로 다음을 제안하였다(NAEYC, 1995).

- 모든 유아는 인지적 · 언어적 · 정서적으로 그들 가정의 언어와 문화에 연결되어 있다는 것을 인식한다.
- 유아가 다양한 방법을 통해 그들이 가지고 있는 지식과 재능을 보여 줄 수 있음을 인정한다. 어떤 언어나 문화적 배경을 가지고 있더라도 유아는 음악, 미술, 동극, 심지어 블록놀이와 같은 교육과정을 넘어서 자기 능력을 표현하기 위한 자신만의 방식이 있음을 인식하고 유아에게 그러한 잠재적 지식, 재능, 기술을 표출할 기회를 제공해야 한다.
- 교사는 유아의 부모나 가족이 능동적으로 유아의 학습 프로그램이나 환경에 참여하도록 도와야 한다. 다양한 부모 참여의 기회를 통해 부모들과 협력적 관계를 형성하여 유아의 가정이 가지고 있는 문화적 가치나 규범을 이해하고 존중하는 것이 중요하다.
- 다양한 사회문화적 배경을 가진 유아를 이해하고 교육하기 위해 교사교육을 통한 전문성을 준비하는 것이 필요하다. 교사는 교사교육을 통해 자신의 문화적 배경을 이해하고, 이러한 인식을 통해 교사의 문화적 배경이 유아를 가르치고 상호작용하는 데 어떠한 영향을 미치는지 알아야 하며, 다른 문화적 배경을 갖고 있는 유아와의 관계에서 발생할 수 있는 갈등을 극복할 수 있는 교육기회를

가져야 한다.

- 유아들은 모국어를 사용하거나 존중받았을 때 영어(현지어)를 더 잘 획득하고 사용할 수 있다는 것을 인식하고, 유아들의 학습을 위한 대안적이고 창의적인 전략을 제공하고 발달시켜야 한다. 유아들에게 학습할 다양한 기회와 그들 스스로 학습을 시연해 볼 수 있는 방법을 제공하고, 프로그램 활동에 참여하고, 다른 아이들과 상호작용할 수 있도록 해야 한다.

다문화시대의 유아교사의 책임과 역할은 전통적으로 요구되었던 유아의 발달과 학습에 대한 전문적 지식과 기술에서 더 나아가 유아의 다양한 사회문화적 배경을 이해하고, 다양한 배경을 고려하여 교육할 수 있는 역량을 갖추는 것이 필요하다.

◎ 본인이 선택한 학생의 유형을 토대로 내가 지닌 다문화가정 학생에 대한 인식을 확인해 보세요.

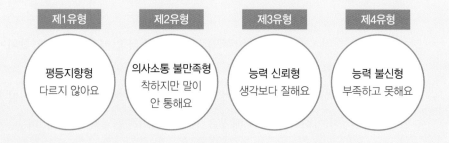

| 제1유형 | 제2유형 | 제3유형 | 제4유형 |

평등지향형
다르지 않아요

의사소통 불만족형
착하지만 말이
안 통해요

능력 신뢰형
생각보다 잘해요

능력 불신형
부족하고 못해요

- 제1유형: 다문화가정 학생이 일반 학생들과 다르지 않다는 입장으로 다문화가정 학생의 대인관계뿐만 아니라 인성·언어·생활 영역에 대해 긍정적이고 평등한 관점을 취한다.
- 제2유형: 다문화가정 학생의 언어습득이 제대로 되어 있지 않은 것이 가장 큰 문제이며, 이로 인해 학습 저하가 초래되므로 교사의 특별한 지도와 관리가 필요하다고 생각한다. 다문화가정 학생에 대한 일반적인 편견을 가장 많이 수용하고 있는 유형이다.
- 제3유형: 다문화가정 학생들이 공부를 잘하고 머리가 좋을 것 같고 수업시간에 대답을 잘한다는 학습적 측면에 대한 긍정적 입장이다. 이러한 긍정적 신뢰는 해당 교사들이 다문화가정 학생을 직접 가르치고 경험함으로써 형성되는 경향이 높다.
- 제4유형: 다문화가정 학생이 일반 학생과 비교해 열악한 환경과 소극적인 태도 및 부족한 능력을 가지고 있다는 편견된 관점을 취하는 것이다. 다문화가정 학생의 부적응적인 모습과 부족한 학습능력에 대한 편견과 우려를 보이는 유형으로 교사가 부정적인 모습의 다문화 학생을 경험했을 가능성이 높다.

출처: 하혜숙(2010).

2. 다문화교육을 위한 유아교사의 역량

교사는 다양한 문화적 배경을 가진 학습자의 특성과 요구를 이해하고 다문화교육을 위한 적절한 순간을 포착하여 교육을 실행한다. 교사의 언어와 행동 및 태도, 상호작용은 유아들이 사회적응에 필요한 인식 및 기술, 태도를 습득하는 데 지대한 영향을 미치게 된다. 따라서 다원론적 지식과 교수방법에 대한 지식, 자신의 편견을 바라볼 수 있는 태도, 다양성을 볼 수 있는 능력이 교사에게 요구된다(정성진, 2020). 그러나 교사 자신도 문화적 틀 안에서 인식하고, 이해하고, 반응하는 문화적 존재이므로 다양한 유아의 배경을 이해하고 그에 적절한 교육을 하는 것은 쉽지 않다. 따라서 유아교사는 문화다양성에 대한 긍정적 인식과 태도를 갖추고 올바른 다문화교육을 할수 있는 지식, 기술, 태도의 다문화역량을 갖추는 것이 필요하다. 유아교사의 다문화교육을 위한 역량을 갖추기 위한 방법에 대해 [그림 11-1]을 토대로 구체적으로 살펴보고자 한다.

[그림 11-1] 유아교사의 다문화교육 역량 증진 단계

1) 다문화에 대한 나의 인식 돌아보기

나의 다문화 및 다문화교육에 대한 생각을 정리해 봄으로써 다문화에 대한 태도와 인식을 점검해 본다. 다문화교육 요소와 관련하여 자신에게 질문해 봄으로써 스스로를 점검해 볼 수 있다. 다문화교육을 실행하기 전에 나에게 인종, 성별, 종교, 문화, 장애 등에 대해 편견이나 고정관념, 선입견은 없었는지, 다양한 문화에 대해 개방적이고 수용적인 성향을 지니는지 등 스스로를 반성하며 되돌아보는 것이 필요하다.

◆ 다문화 감수성 높이기 1

☞ '다문화' 하면 떠오르는 것은 무엇인지 그림이나 글로 나타낸 후 이야기를 나누
어 보세요.

(빈 칸)

☞ 다문화에 대한 나의 인식 점검해 보기!

(전혀 그렇지 않다 1점, 그렇지 않다 2점, 보통 3점, 그렇다 4점, 매우 그렇다 5점)

⟨표 11-1⟩ **다문화 인식 체크리스트**

번호	문항	전혀 그렇지 않다	그렇지 않다	보통	그렇다	매우 그렇다
1	나는 다양한 외국 문화를 접할 수 있는 기회를 가지려고 노력한다.	①	②	③	④	⑤
2	나는 다른 나라 사람을 만나면 항상 그 나라에 대하여 내가 알지 못하는 것을 알려고 한다.	①	②	③	④	⑤
3	나는 다른 나라 사람이 이웃에 사는 것을 환영한다.	①	②	③	④	⑤
4	나는 외국의 풍습을 이해하려고 노력한다.	①	②	③	④	⑤
5	나는 다른 나라 사람을 알고 지내고 싶다.	①	②	③	④	⑤
6	나는 다른 나라 사람을 만나면 잘 어울릴 수 있다.	①	②	③	④	⑤
7	나는 다른 나라 사람과 만날 때 사교적이다.	①	②	③	④	⑤

8	나는 다른 나라 사람과 함께 있는 것을 좋아하지 않는다.*	①	②	③	④	⑤
9	나는 다른 나라 사람과 만나는 것을 좋아한다.	①	②	③	④	⑤
10	나는 민족마다 표현에 차이가 있다고 생각한다.	①	②	③	④	⑤
11	학교교육에서 문화적 다양성을 격려하는 것은 중요하다.	①	②	③	④	⑤
12	나는 다른 나라 사람의 행동방식을 존중한다.	①	②	③	④	⑤
13	한 개인의 직업윤리는 그가 자라 온 문화와 관련된다고 생각한다.	①	②	③	④	⑤
14	나는 다른 나라 사람들이 그들의 방식으로 자녀를 기르는 것이 좋다고 생각한다.	①	②	③	④	⑤

*주: 8번은 역채점 문항임.

☞ 나의 다문화인식을 점검해 보았나요? 나의 점수는?

하위요소	내용	문항번호	점수
개방성	다른 사람과 사교적이고, 다른 문화에 대해 거부감 없이 다양한 문화를 접할 수 있는 기회를 가지려는 노력 등을 포함한다.	1, 2, 3, 4, 5	
수용성	다른 사람이나 다른 문화와의 능동적 교류와 문화적 다양성에 적절한 적응능력의 민감성 등을 포함한다.	6, 7, 8*, 9	
존중성	다른 사람과의 관계 속에서 그 문화에 담겨 있는 가치를 이해, 존중의 의미와 다른 사람에 대한 행동방식의 존중 등을 포함한다.	10, 11, 12, 13, 14	
총점			

출처: 이채호, 유효순(2011).

2) 교사 자신을 문화의 한 구성원으로 인식하기

유아들은 교실에서 접하게 되는 교사의 말과 행동, 태도를 모델링하고 그대로 따르게 된다. 유아교사는 교육 실행의 주체자로서 자신이 구성하는 지식이나 내용, 태도에 의도치 않게 그동안 경험하고 쌓아 온 자신만의 문화적 기준이 반영될 가능성이 높다. 교사는 무의식적이든, 의도적이든 교사 자신이 지니고 있던 개인적 가치나 신넘이 선호를 나타낼 수 있다. 그러므로 다문화교육을 위해서는 교사 스스로 자신을 다양한 문화구성원의 일부로 인식하고, 교사는 기준이나 기대가 다른 유아들의 생각이나 행동, 반응을 이상한 것이 아닌 다름의 특성으로 인식하고, 자신의 교수행위에 대해 성찰하는 것이 필요하다.

3) 다문화교육을 위한 관심 및 이해도 높이기

유아교사는 다문화교육을 위해서 다양한 문화적 배경을 가진 사람들을 이해하고 공감하며, 그들과 상호작용하기 위한 다문화 지식, 다문화 기술, 다문화 태도 등을 포함하는 다문화역량을 갖추었을 때 효과적인 다문화교육을 실행할 수 있다. 다문화교육에 대한 이해가 깊지 않을 경우 피상적으로만 가리키거나 단편적인 교육으로 전락해 버릴 수 있다. 다문화교육을 위해 연구자들이 제시한 교사가 갖춰야 할 지식, 기술, 태도는 제4장에 구체적으로 제시되어 있다. 이 절에서는 이를 토대로 요약하여 제시하면 다음과 같다(오유미, 2014; 조수진, 2023).

(1) 다문화 지식

다문화 지식은 다문화 교실에서 유능한 교사가 되기 위해 갖추어야 할 지식이다. 즉, 다양한 문화를 학습하여 이해함으로써 다문화사회에서 능동적으로 적응하고 상호 교류하는 데 필요한 지식을 의미한다. 이러한 다문화 지식에는 다문화교육의 패러다임에 대한 지식, 다문화교육의 주요 개념 및 가치에 관한 지식, 주요 민족 집단의 역사에 대한 문화적 지식, 다양한 배경의 유아에게 교육과정과 교수법을 적용할 수 있는 지식, 아동 인권에 대한 지식 등을 포함한다.

(2) 다문화 태도

유아교사의 다문화적 편견, 고정관념의 태도는 유아에게 부정적인 영향을 미칠 수 있다. 따라서 유아교사 스스로 다문화에 대한 올바른 태도와 신념을 갖도록 노력해야 한다. 다문화 태도는 문화적 차이에 대한 인정과 공감, 다른 문화에 대한 수용적이고 개방적인 태도, 다문화 구성원 간의 협력적인 태도, 다문화교육에 대한 태도 등을 포함한다. 다문화사회에 대한 태도로는 문화 간의 차이를 이해하고 수용하는 태도, 다양성으로 인한 문제를 해결하려는 의지, 다문화 집단에 대한 배려와 지원의 태도를 포함한다. 다문화 구성원에 대한 태도, 다문화가족 간의 문화차이에 대한 인식, 다문화가정을 같은 동료로 생각하는 의식, 다문화가족과 소통할 수 있는 태도, 편향된 것을 식별할 수 있는 태도이다. 마지막으로, 다문화교육에 대한 태도는 공정한 교육방식에 대한 신념, 다양성을 추구하는 교육적 태도, 화합을 위한 교육적 태도, 다양한 문화와 언어의 가치를 존중하는 태도, 다문화가정 학생을 지도하려는 의지를 의미한다.

(3) 다문화 기술

다문화 기술은 다양한 문화를 가진 유아들에게 효과적인 수업방법의 적용과 다양한 의사소통 기법 등을 통한 교수-학습을 위한 방법을 의미한다. 또한 소수민족 유아들에게 불리한 영향이나 차별이 무엇인지 분석하여 공정한 교육이 이루어질 수 있도록 일반가정 유아와 다문화가정 유아가 서로 협력할 수 있는 분위기를 조성하는 능력이다. 다문화 기술에는 다양한 문화를 이해하는 방법, 다양성을 증진하는 환경조성 기술, 다문화교육을 위한 방법, 문화적 다양성을 이해하는 기술, 문화차이 공유에 대한 기회 제공, 문화적 갈등을 해소하는 문화 조성 기술, 문화차이에 대한 이해 기술 등을 포함한다. 다문화가정의 유아들이 자기 능력을 마음껏 발휘할 수 있는 환경을 만드는 능력 등을 포함한다.

4) 문화다양성에 대한 감수성 지니기

유아교사는 다문화교육을 위해 다문화 감수성을 지니는 것이 중요하다. 감수성의 사전적 의미에서 살펴볼 수 있듯이, 다문화 감수성은 타 문화와 자신 배경문화의 차이를 인식하고 타 문화를 수용하고자 하는 정서적 태도이다(박미희, 2019). 다문화 감수성을 가진 유아교사는 다양한 배경, 문화를 가진 유아가 유아교육기관에서 성공적인 결과를 가져올 뿐 아니라 다문화 사회의 한 구성원으로서 다른 사람과 상호 공존하고 조화롭게 살아갈 수 있도록 한다(이규림, 2011). 주류문화의 교육내용은 비주류의 문화적 배경을 지닌 유아들에게는 불리할 수 있으므로 교사가 교육내용을 구성할 때 유아의 다양한 문화적 배경에 대한 감수성이 필요한 것이다. 예를 들어, 동시활동을 진행할 때 흑인이나 여성, 장애우가 쓴 시를 선택함으로써 유아로 하여금 각각의 집단이 갖고 있는 서로 다른 관점이나 형태를 배울 수 있도록 도와야 하며, 교육자료를 선택할 때도 다양한 사회문화적 배경을 고려하여 그러한 자료들이 어떤 특정 집단에 대해 편견이나 왜곡된 내용이나 이미지를 담고 있는지 아닌지를 분석할 수 있어야 하는 것이다(김낙흥, 2008).

유아교사의 다문화 감수성은 다문화 신념과 다문화 교수효능감의 관계에 있어 영향을 주는 요인이 되며(김말자, 2015), 다문화 교수효능감과 다문화교육 태도에도 영향을 미치게 된다(이규림, 2011). 따라서 다문화교육을 위해 유아교사는 다문화 감수성을 높이는 노력을 통해 다문화교육을 위한 힘을 기를 수 있다.

◆ 다문화 감수성 높이기 2

☞ 나의 다문화 감수성 인식 점검해 보기!

　(전혀 그렇지 않다 1점, 그렇지 않다 2점, 그렇다 3점, 매우 그렇다 4점)

〈표 11-2〉 **다문화 감수성 척도**

번호	문항	전혀 그렇지 않다	그렇지 않다	그렇다	매우 그렇다
1	나는 나와 다른 문화를 가진 사람들과 교류하는 것을 즐긴다.	①	②	③	④
2	나는 나와 전혀 다른 문화를 가진 사람들에 대해 내 나름대로 그들의 첫인상을 규정하기 전에 기다리며 살펴본다.	①	②	③	④
3	나는 나와 다른 문화를 가진 사람들에게 개방적이다.	①	②	③	④
4	나는 나와 전혀 다른 문화를 가진 사람들과 교류하는 동안 그들에게 가끔 긍정적인 반응을 보여 준다.	①	②	③	④
5	나는 나와 전혀 다른 문화를 가진 사람들을 만나는 상황들을 피한다.*	①	②	③	④
6	나는 나와 전혀 다른 문화를 가진 사람들에게 가끔씩 내가 그들을 잘 이해하고 있다는 사실을 언어 혹은 비언어적 행동을 통해 보여 준다.	①	②	③	④
7	나는 나와 전혀 다른 문화를 가진 사람들과 내가 다르다는 바로 그 점을 즐기고 있다는 느낌이 든다.	①	②	③	④

8	나는 나와 전혀 다른 문화를 가진 사람들은 모두 속이 좁다고 생각한다.*	①	②	③	④
9	나는 나와 전혀 다른 문화를 가진 사람들과 함께 있는 것을 좋아하지 않는다.*	①	②	③	④
10	나는 나와 전혀 다른 문화의 사람들이 가진 가치관을 존중한다.	①	②	③	④
11	나는 나와 전혀 다른 문화를 가진 사람들이 행동하는 그들만의 방법을 존중한다.	①	②	③	④
12	나는 나와 전혀 다른 문화를 가진 사람들의 의견을 수용하지 않는다.*	①	②	③	④
13	내가 가지고 있는 문화가 남의 문화보다 좋다고 생각한다.*	①	②	③	④
14	나는 나와 전혀 다른 문화를 가진 사람들과 교류하는 데 상당히 자신이 있다.	①	②	③	④
15	나는 나와 전혀 다른 문화를 가진 사람들 앞에서 말하는 것을 상당히 힘들어한다.*	①	②	③	④
16	나는 나와 전혀 다른 문화를 가진 사람들과 교류할 때 어떤 소재들을 가지고 대화해야 하는지 잘 알고 있다.	①	②	③	④
17	나는 나와 전혀 다른 문화를 가진 사람들과 교류할 때 내가 원하는 정도껏 사교적이 될 수 있다.	①	②	③	④
18	나는 나와 전혀 다른 문화를 가진 사람들과 교류할 때 자신만만해지는 것을 느낀다.	①	②	③	④
19	나는 나와 전혀 다른 문화를 가진 사람들과 교류할 때 화를 쉽게 낸다.*	①	②	③	④
20	나는 나와 전혀 다른 문화를 가진 사람들과 함께 있을 때 가끔 의기소침해진다.*	①	②	③	④
21	나는 나와 전혀 다른 문화를 가진 사람들과 교류할 때 종종 이런 교류가 헛된 것이라는 느낌을 가진다.*	①	②	③	④
22	나는 나와 전혀 다른 문화를 가진 사람들과 교류할 때 매우 날카롭게 그들을 관찰한다.	①	②	③	④
23	나는 나와 전혀 다른 문화를 가진 사람들과 교류할 때 내가 할 수 있는 만큼 많은 정보를 그들로부터 얻고자 노력한다.	①	②	③	④
24	나는 나와 전혀 다른 문화를 가진 사람들과 교류하는 도중에 그들이 보여 주는 미세한 표현들에 대해 민감하다.	①	②	③	④

*주: 5, 8, 9, 12, 13, 15, 19, 20, 21번은 역채점 문항임.

☞ 나의 다문화 감수성을 점검해 보았나요? 나의 점수는?

하위요소	내용	문항 번호	점수
상호작용 참여도	나와 다른 문화를 가진 사람들과의 교류에 참여하는 정도	1~7	
문화차이 존중도	나와 다른 문화를 존중하는 정도	8~13	
상호작용 자신도	나와 다른 문화의 사람들과 교류할 때 가지는 자신감의 정도	14~18	
상호작용 향유도	나와 다른 문화의 사람들과 교류하는 행동을 즐기는 정도	19~21	
상호작용 주의도	나와 다른 문화의 사람들과 상호작용함에 있어서 상대방에게 기울이는 주의력의 정도	22~24	
총점			

출처: 김옥순(2008).

5) 유아 다문화교육과정 운영하기

다문화적 역량을 키우기 위해서는 교육과정의 역할이 매우 중요하다. 학교의 교육과정은 그 시대에 적합한 사회적 역량을 키우는 데 중점을 두고 있다는 면에서, 다문화교육은 교육과정의 기본 과정으로 통합되어야 한다(박찬옥, 이예숙, 2011). 유아교육 분야에서 유아 다문화교육과 교육과정을 연계하고자 하는 노력은 지속적으로 이루어져 왔으며, 정책적으로 다양한 다문화교육 지원제도가 제공되고 있다. 따라서 유아교사는 교실 내에서 유아들의 일상생활, 놀이, 활동과 연계하여 다문화교육을 어떻게 진행할 수 있을지, 가정과의 연계, 지역사회의 자원을 어떻게 활용하는 것이 가장 효과적일지 연구하며 교육과정을 운영하는 것이 필요할 것이다.

3. 다문화교육에서 유아교사의 역할

유아교사는 다문화적 교육환경을 조성하고, 다문화가정 유아의 적응을 지원하며,

다문화교육을 성공적으로 이끌어야 한다. 이를 위해 다문화적 역량을 갖추고 다문화가정의 유아를 지도하는 다문화적 교육상황에서 유아를 효과적으로 지도할 수 있다는 자신감을 갖고 임해야 한다. 다문화교육을 위한 교사의 역할은 수준과 범위에 따라 다양할 수 있다. Gay(2000)는 교사의 역할을 문화 조직자, 문화 매개자, 사회적 맥락의 조정자로 구분하였다. 문화 조직자로서 교사는 다문화교육 내용이 다양한 지식, 경험, 문화 등을 포함하도록 노력해야 한다. 문화 매개자로서 교사는 서로 다른 문화 집단의 학생들을 학습 과정에서 효과적으로 의사소통할 수 있도록 돕는다. 사회적 맥락 조정자로서의 교사는 서로 다른 구성원들의 학습에 효과적인 다양한 학습환경을 조성한다(구정화, 박윤정, 설규주, 2018). 이 절에서는 유아교사의 다문화교육을 위한 역할 중 교육과정 운영자, 갈등 중재자, 민감한 반응자, 부모 지원자, 연구자로서의 역할로 구분하여 살펴보고자 한다.

1) 교육과정 운영자로서의 역할

다문화교육의 주체로서 교사는 교육을 매개하고 조정하고 실행한다. 교사는 다문화적 교육상황에서 다문화적 교육과정 계획 및 운영, 평가, 다문화적 교실환경을 조성해야 한다. 유아의 흥미나 관심이 반영된 놀이를 연계하여 활동으로 제시하거나 교사가 교육적 접근이 필요하다고 판단되는 상황에서는 개입하여 실행할 수 있다. 때로는 교사가 의도적으로 필요하다고 판단되는 다문화교육 활동을 계획하여 접근할 수도 있다. 다양하고 분주한 교실 상황에서 다문화교육을 위한 자연스러운 상황이 나타나는 순간을 매번 포착하여 이루어지는 것만으로는 유아들의 다문화에 대한 인식이나 교육이 적절하고 충분히 실행되지 않을 수도 있기 때문이다. 따라서 다문화교육을 위한 교육과정을 계획하고, 적절한 교수방법을 적용하여 운영하며 자신의 수업이 적절하였는지 평가를 통해 추후 수업에 반영하는 교육과정 계획자, 실행자, 평가자로서의 역할을 수행해야 한다.

이러한 다문화교육과정은 다문화가정의 유아 대상뿐만 아니라 비다문화가정의 유아를 대상으로도 함께 고려하여 운영해야 한다. 예를 들어, 교실에 중국인 유아가 있다면, 그들의 문화적 배경을 고려하여 언어교육을 위해서는 중국의 역사 생활상을 담은 한국어 동화를 선택할 수 있고, 때로는 중국의 언어, 전통의상과 음식을 소개하고,

유아의 부모를 초청하여 그들의 전통문화에 담긴 의미들과 실제 중국인들의 생활상을 나눌 수 있도록 계획하고 실천해 볼 수 있다(김낙흥, 2008).

[사례 1] 유아들의 해외에 대한 경험이 과거와 비교해 많아지면서 자신이 기존에 경험했던 장소 중 재미있었던 장소를 여행하고 싶은 장소로 정하거나 미디어의 영향(〈정글의 법칙〉 등)으로 정글 여행을 기대했다. 이에 유아들은 정글이 있는 곳이 멕시코일 것이라고 생각하고, 멕시코를 여행지로 선택하였다. 또한 역사에 관심이 있는 유아는 만리장성 때문에 중국을 여행하고 싶은 경우가 있었으며, 먼저 선택한 친구들이 다음 친구에게 영향을 주는 경우도 있었다. 내가 좋아하는 친구가 선택한 곳을 선택하기도 하였다. 세계 여러 나라의 춤에 대해 배웠을 때 '하카'라는 춤에 대해 유아들이 관심을 가지고 있었는데, 간접적인 경험도 유아들의 선택에 영향을 주었다. 지속해서 세계 여러 나라 수업을 진행하고 있는 가운데 긍정적이었던 점은 다문화가정 유아가 이전 수업내용인 '여러 나라의 집'에서 엄마 나라의 집에 대해 나왔을 때는 모르는 척하거나 적극적으로 참여하지 않았지만, 다른 유아들이 자신의 엄마 나라에 관해 관심을 갖고 여행하고 싶은 나라라고 이야기하자 자신도 그 나라를 여행지로 선택하였고, 그 이유로는 할아버지, 할머니가 살고 있기 때문이라고 이야기하였다.

[사례 2] 총 여덟 가지의 피부색 물감을 준비하였다. 유아들에게 원하면 물감을 섞어도 된다고 하였다. 인종에 따라 피부색을 다르게 표현할 것이라는 교사의 기대와는 달리 유아들은 미국인이라면서 얼굴색을 여러 가지 색으로 표현하거나 프랑스 사람을 아주 어두운 피부색으로 표현한 유아도 있었다. 가족을 표현하면서도 아주 밝은 아이보리색으로 표현하거나 나무색으로 표현하는 등 가족의 피부색을 다양하게 표현하는 친구들이 많았다. 특히 엄마의 얼굴은 밝은 피부색을 사용하였고, 아빠의 얼굴은 어두운색을 사용하는 경우가 종종 있었다. 머리 모양을 다양하게 하여 인종을 표현한 유아들도 있었으며, 한 가지 피부색만을 사용한 유아는 없었다. 다양한 피부색에 대해 재미있어하였고, 피부색으로 특정 나라를 한정하지 않았다. 물감을 섞을 때 농도 조절이 중요하였는데, 피부색은 서로 유사한 색이라서 교사가 의도한 또 다른 피부색을 발견하는 활동은 이루어지기 어려웠다.

출처: 남희경(2020).

---

2) 갈등 중재자로서의 역할

다문화가정 유아는 외모의 특성이나 언어의 미숙함 등의 이유로 대인관계에 어려움이 있을 수 있고, 또래로부터 놀림이나 따돌림을 받는 경우가 있다. 다문화가정 유아에 대한 편견과 차별은 다문화가정 유아의 정체성 확립에 부정적 영향을 미치므로 인권 존중에 대한 교육을 제공해야 한다. 유아가 다른 인종이나 민족, 문화에 대해 편견을 보이는 경우 교사는 즉시 개입하여 다양성을 인정하고 존중하는 태도를 보여야 한다.

[사례 1] 아이들끼리 규칙을 정해서 놀이하는 과정에 A라는 아이가 들어왔는데, 처음에는 "A야 이건 이렇게 하는 거야."라고 설명을 하다가도 이해하지 못하면 아이들도 짜증을 내곤 한다. 의사소통이 되지 않으니까. 아이들이 다른 놀이를 하고 있는데 A가 갑자기 끼어들어 엉뚱한 행동으로 방해하기 시작하면 "아! 정말 A가 없으면 좋겠어요."라고 이야기하게 되는 상황까지 온다.

—경력 5년 차 유아교사 D—

[사례 2] 다문화가정에서는 엄마와의 시간이 부족할뿐더러 엄마의 발음도 미숙하다 보니 점점 클수록 아이의 발음이 조금씩 다른 친구들과 차이가 생기더라고요. 5세 말쯤 되자 아이들 중에 장난기가 많고 빠른 친구들은 그 차이를 알고 아이의 발음이 다르다는 것을 알고 아이를 놀리고 괴롭히는 모습을 보았습니다.

—경력 5년 차 유아교사 B—

출처: 이정미(2018).

3) 민감한 반응자로서의 역할

다문화가정 유아는 언어학습, 정체성 형성, 대인관계 형성 과정에서 다른 유아에 비해 문제점이 나타나고, 초등학교에 진학하면서 학업 결손, 편견 및 차별로 인해 학교 부적응 문제가 발생하기도 한다. 그러나 교사의 교수 역량이 클수록 다문화가정의 유아가 유아교육기관에서 일과적응, 자아적응, 또래적응, 친사회적 적응을 잘하는 것으로 나타났다. 따라서 교사는 다문화교육을 위해 민감성을 가지고 교육할 순간을 포착하여 상호작용하는 것이 필요하다. 교사의 다문화 교수 역량이 커지면 다문화교육 태도가 증진되어 결과적으로 다문화가정의 유아와 교사 관계까지 긍정적으로 변화시킬 수 있다(김혜금, 임양미, 2015).

정말 뜻밖의 일이었는데, 베트남을 소개하는 수업 도중 내가 베트남 인사를 "짜오"라고 알려 준 적이 있었다. 그런데 우리 반에 엄마가 베트남 사람인 아이가 있었는데 작은 소리로 "그게 아닌 데."라고 이야기를 했다. 나는 놀라서 "그럼 뭔데?"라고 물으니 "짜오, 짜오. 이렇게 하는 건데." 라고 알려 주었다. ……(중략)…… 하원길에 그 아이 엄마에게 그 이야기를 전달했더니 너무 좋 아하는 모습이었다. "정말로요? 진짜요?"를 몇 번을 반복했는지 모른다. 그때 느꼈던 게 '아, 내 가 이 사람들의 문화를 하나만 알고 이야기하는 걸로도 정말 크게 좋아하는구나. 공감대 형성이 정말 많이 되는 거구나.'라는 거였다.

-경력 9년 차 유아교사-

출처: 이정미(2018).

4) 부모 지원자로서의 역할

의사소통에 어려움이 있는 다문화가정의 어머니는 적극적으로 자녀양육에 개입하지 못할 수 있고, 자녀의 유아교육기관과의 소통에 어려움이 발생할 수 있다. 의사소통의 어려움은 부부간의 갈등이나 감정의 대립이 발생하여 자녀양육, 자녀와의 상호작용, 가족관계에도 문제가 될 수 있으므로 교사는 가정(부모) 지원자로서의 역할을 수행해야 한다. 한국 문화에 대해 교육하거나 좋은 부모 되기, 부모-자녀 관계, 생활 및 학습 지도, 건강 영양 등 양육 전반에 걸친 교육 및 상담 서비스를 제공하며, 비슷한 상황에 있는 다문화가정끼리 모임을 만들어 서로의 어려움을 나누고 공유할 수 있도록 하면 자녀양육에 도움을 줄 수 있다.

[사례 1] 처음 만났던 그 아이는 언어가 느리고 발음 문제가 좀 심했고. 1년 후에 맡은 아이는 만 5세였는데 설명을 이해하는 능력이 부족했던 것 같다. 그 아이의 누나는 초등학생이었는데도 내 말이 전달되지 않아 나중에는 무조건 아빠에게 전화를 걸었다. 그 아이도 내 말을 알아듣지 못하니 답답했겠지……. 엄마가 단어들을 이해하지 못하는 게 많으니 한계가 왔고. 어느 순간 나도 이해하지 못하는 걸 당연한 일로 넘기고 있었다.

-경력 5년 차 교사 A-

[사례 2] 엄마가 집안에서 아빠한테 인정을 못 받으니까. 교사인 내가 있는 앞에서 손을 절레절레 흔들고 "아무것도 몰라, 아무것도."라고 이야기를 하니까. 항상 주눅 들어 있는 모습이 안쓰러워 보였다. 엄마는 아이 일에 참여하고 싶어 하고 교사와 이야기 나누고 싶어 했는데도…….

> 그래서 우리가 그 나라 말도 물어보고, 뭔가 작은 거라도 부탁을 하면 "올게요, 올게요." 하면서
> 정말 환하게 웃었다. 그걸 계기로 애들하고 필리핀 놀이활동도 많이 하고, 노래 같은 것도 잘 알
> 려 주곤 했다.
>
> ─경력 5년 차 유아교사 D─

출처: 이정미(2018).

5) 반성적으로 사고하고 연구하는 연구자로서의 역할

　교사들은 다문화교육에 대한 이론적 지식과 경험의 부족으로 인해 실제 적용에서 한계로 인한 어려움을 보고한다(박영옥, 이진경, 2018). 그러나 다문화교육에 대한 필요성을 인식하고 자기반성 및 더 나은 수업을 위해 고민하고 노력하는 과정을 통해 교사의 다문화 교수 역량도 증진될 수 있다(견주연, 하은실, 정계숙, 2012). 교사 스스로 더 나은 다문화교육을 위한 연구자, 실천가가 되어 자신의 수업을 되돌아보고, 새롭게 접하게 된 문제나 상황 등에 대해 고민하며 다문화교육을 증진하고자 하는 지속적인 노력이 필요하다.

> 교사인 나조차도 다문화가정의 아이는 뭔가 좀 더 신경을 써 주어야 할 것 같았고, 관심의 대상
> 으로 대해야 한다고 생각했다. 하지만 원에서의 활동 중에 다문화 아이라고 해서 내가 좀 더 무
> 엇을 해 주려고 하고, 다른 아동들과 다르게 좀 더 차별을 가지고 대하는 내 모습이 잘못됨을 느
> 낄 수 있었다. 내가 다른 아이들과 다른 대우를 할수록 아이는 자신이 친구들과 다르다는 것을
> 더 느낄 수밖에 없다는 것을 알게 되었고, 그 후 다문화라는 것을 마치 특별함으로 보는 나의 시
> 각을 변화시킬 수 있었다.
>
> ─경력 5년 차 유아교사 C─

출처: 이정미(2018).

◆ 다문화 감수성 높이기 3

교실 상황에서 발생할 수 있는 다문화와 관련된 상황을 상상하며 적절한 교사의 상호작용을 위한 발문을 쓰고, 어떤 활동을 연계할 수 있을지 생각해 보세요.

[사례 1] 젓가락을 사용하지 못하는 다문화가정 유아

> 유아 A: 너는 왜 맨날 젓가락 안 들고 오는데?
> 유아 B: 몰라. 우리 엄마는 이것(숟가락, 포크)만 넣어 주는데.
> 유아 C: 이거 엄마한테 젓가락 달라고 해. (주혜 교사가 다가오자, 교사를 보며) 선생님! ○○는 젓가락 맨날 없어요.
> 교사: ○○야! 엄마한테 내일 젓가락 넣어 달라고 해. 선생님도 엄마한테 전화해 줄 테니까. 이제 젓가락을 사용해야 해.

☞ 적용하기

- 인식 바꾸기: 소수집단의 사람들이 반드시 주류집단의 가치와 규범을 따라야만 한다는 동화주의의 모습으로 태도 변화가 필요하다.
- 상호작용: 식사할 때 젓가락을 사용하는 사람(나라)도 있지만, 식사할 때 포크를 사용하는 사람(나라)도 있음을 알려 준다/교사가 젓가락만 사용하기를 강요하지 않는다는 태도를 보이는 것이 바람직하다.
- 활동계획: 다른 문화권에서 식사하면서 사용하는 도구에 대해 알아볼 수 있는 활동을 계획하고 실시한다.

[사례 2] 얼굴이 까만 다문화가정 유아

> 유아 D: 선생님, ○○는 얼굴이 너무 까매요. 이상해요
> 교사: 정말 ○○는 얼굴이 많이 까맣구나. 엄마가 캄보디아에서 오셔서 ○○도 얼굴이 까만가 봐.

☞ 적용하기

- 환경구성: 역할놀이 영역에 인종 인형, 다양한 가발과 의상을 구비하고 벽면에 다양한 인종 사진을 제시하여 유아들이 자연스럽게 머리색과 피부색이 다양하다는 것을 인식시킨다.
- 상호작용: 교사는 피부색이 다를 수 있음을 유아에게 이야기해 주어 나와 다른 피부색에 대해 거부감이나 편견을 갖지 않도록 지도한다.
- 활동계획: 주제에 맞추어 다양한 인종에 대한 패턴활동, 퍼즐 맞추기 활동, 동화 및 동시 감상, 미술활동 등을 계획하여 유아들이 사람마다 피부색이 다양함을 자연스럽게 알 수 있는 기회를 제공한다.

[사례 3] 베트남 음식을 편식하는 다문화가정 유아

교사: (음식을 먹지 않는 ○○를 보며) 신○○! 한국 음식도 먹을 줄 알아야지, 베트남 음식을 어린이집에서도 찾으면 없어요. 미소반 친구들은 모두 밥이랑 국이랑 반찬을 잘 먹어야 해요. 친구들 봐! 잘 먹고 있지? 남기면 안 돼. 꼭꼭 씹어 먹으세요.

☞ 적용하기

- 인식 바꾸기: 교사는 별도로 베트남 음식을 준비하기 어려우므로 한식으로 제공된 음식도 먹어야 함을 강요하였다. 이는 문화적 특수성을 고려하지 않는 태도라고 할 수 있다.
- 상호작용: 베트남 음식을 선호하는 유아의 식습관을 존중하는 태도를 보여 주는 것이 바람직하다.
- 활동계획: 베트남 음식을 먹어 보는 요리활동을 계획하거나, 내가 좋아하는 음식을 주제로 소개하는 이야기 나누기 활동을 계획하는 것도 바람직하다.

출처: 견주연, 하은실, 정계숙(2012).

생각 넓히기

• 제11장의 학습내용 중에 기억에 남거나 중요하다고 생각하는 키워드를 찾아서 적어 보고, 핵심 문장을
한 문장으로 기술해 보세요.

• 다음은 다문화 학생이 있는 학급의 담임교사의 교육수기입니다. 천천히 읽어 보면서 나는 어떤 교사여
야 하는가에 대해 생각해 보고 친구와 토론해 보세요.

〈상생과 공존을 통한 다문화 감수성 키우기〉

이○○
서울서빙고초등학교

올해 내가 만난 아○○드는 이라크 출신의 초등학교 2학년 학생이다. 한국어가 전혀 되지 않는 언어적 문
제뿐 아니라, 학습지원 대상 다문화학생으로 기초학력도 매우 부족한 상태였다. 같은 수준의 다문화학생보
다 이라크 언어(모국어)로도 언어력과 수리력, 관계성에서 배움과 성장의 속도가 느렸다. 대개 언어적 문제
만을 겪는 여타의 다문화학생들과 비교하면 아○○드는 학급 적응에 이중고를 겪었다. 기본 말하기와 셈하
기의 어려움, 관계적 성장의 결여, 자기조절능력 및 의사소통능력, 감정조절이 어려웠고, 긴장과 스트레스
지수가 높아 분노를 표출하며 폭력을 사용하기도 하였다. 아○○드 개인에 대한 지원을 넘어 우리 반 학생
이 아○○드를 더 깊이 이해하고 문화적 차이를 수용하고 이해하며 조화롭게 생활할 수 있는 다문화 친화적

학급 조성이 절실하였다. 배움이 느린 다문화학생을 위한 맞춤 지원, 혐오와 차별을 경계하고, 평등·인권 및 문화다양성·상호 문화교육을 통한 다문화 감수성 함양에 초점을 맞추어 한해살이를 계획하였다. 이를 위해 아랍어 가정통신문 번역본, 다문화 수업자료 등 서울시교육청의 다+온센터의 자료를 적극적으로 활용하였고, 상생과 공존을 통한 다문화 감수성 키우기라는 분명한 학급경영 목표를 계획하였다.

#. 상생의 교실을 열다

다문화교육이라는 단어의 경직성을 순화하기 위해 '상공 프로젝트'라는 용어를 사용하였다. 상공은 사전적 의미로 넓게 펼쳐진 자유롭고 평화로운 푸른 하늘을 의미한다. 이는 상생과 공존을 통한 어울림이 있는 학급이라는 중의적 해석으로 우리 반 학생들이 다양성을 인정하고 문화 감수성을 높여 세계 시민으로 성장하는 교실을 열고자 함을 뜻한다. 이에 다문화학생에 대한 개별맞춤 지원과 동시에 비다문화학생의 통합 지향적인 수업활동으로 상호 이해·존중이 함께하는 상생의 교실을 열고자 하였다.

#. 상호 문화 이해하기

올해 내가 만난 아○○드는 이슬람 종교를 믿는 아랍권 학생이다. 학생들이 아○○드와 어울리는 데 더 많은 시간이 필요하였다. 왜냐하면 아○○드는 학습지원 대상 학생이었기 때문에, 문해력을 기본으로 하는 수업에서 제스처로도 의사소통이 어려울 때가 있었다. 어눌한 말투는 아이들에게 매우 큰 오개념을 심어 주었는데, 아○○드가 손으로 밥을 먹는 모습을 보며 이해력이 떨어져서라고 오해한 것이 대표적인 예이다. 급식 시간에는 항상 아○○드를 포함한 아랍권 학생들을 배려해 돼지고기 대신 콩고기를 활용한 대체식을 제공해 주었다. 숟가락을 쓰기도 했지만, 손으로도 자주 밥을 먹곤 하였다. 이때마다 아이들은 손으로 먹는 아○○드가 뭔가가 부족한(틀린) 학생으로 이해하였다. 서로 다른 문화를 이해시키는 것이 중요하였다. 다름과 틀림에 대한 차이를 교육하고 마을 자원을 활용한 교육과정 재구성을 모색하였다. ○○구 혁신교육지구 교육 프로그램인 '교실 속 세계여행' 프로그램을 연계하였다. 다양한 나라의 문화를 체험함으로써 각 나라의 문화와 전통을 바로 알고 다름과 틀림의 차이를 인정하고 존중하는 태도를 배웠다. 이때 아이들은 아랍권의 '라마단'에 대해서도 더 깊이 이해할 수 있었고, 각 나라의 종교 규범이나 관습은 모두 다르다는 것을 알게 되었다. 아○○드의 나라에서는 식사 때 손을 쓰는 것이 자연스러운 모습이라는 것을 깨닫게 함으로써 다문화 친구에 대한 혐오와 차별의 시선을 내릴 수 있었다. 이슬람 국가뿐 아니라, 여러 나라의 문화를 배움으로써 생소한 문화에 대한 공존과 상생의 중요성을 모색할 수 있었고, 서로 다름을 이해하고 존중하는 다문화 감수성이 중요함을 알게 되었다.

#. 아○○드에 대한 개별맞춤 지원

다문화학생을 만난 것으로도 통합지도가 쉽지 않은데, 기초학력 복합지원이 필요한 경우는 올해가 처음이었다. ……(중략)…… 아○○드에 대한 개별맞춤 학습지원은 이라크 언어가 가능한 별도의 선생님이 필요했기 때문에, 지역 연계 복지센터의 지원을 받아 방과 후에 별도의 수업을 매칭하였다. ○○교육복지센터의

'다다다' 프로그램 가족지원을 연계하여 개별 맞춤형 다문화지원을 확대하였다. 아○○드는 매주 방과 후에 별도의 국어 학습지원을 받고 있다. 학생과 가장 가까이 닿아 있는 담임인 내가 침묵하고 있으면 안타까워도 아○○드가 그냥저냥 묻혀 지낼 수는 있었을 것이다. 하지만 이러한 사회적 배려가 필요한 학생들에게 개별맞춤 수업은 학생의 배움과 성장에 필수적이다. 태어난 곳은 달라도 교육은 그 누구도 소외되어서는 안 되기 때문이다. 담임인 나와 학급 친구들, 학교 교육 공동체, 다+온센터와 다문화교육지원센터 등의 기관 연계, 혁신교육지구가 함께하는 학교밖 개별 맞춤형 지원에 대한 모색이 없었다면 아○○드가 교실에서 친구들과 함께 공존해 가기에는 한계가 있었을 것이다.

#. 학부모 연대

학부모회를 통해 이슬람교를 믿는 다문화학생 어머님들이 연대하여 학생들에게 이슬람 전통음식을 넣어 주는 문화체험 행사도 기획하였다. '라기프'는 밀가루와 물로 반죽해 얇게 편 후 그 위에 버터를 바르고 다시 반죽을 덮어 꿀을 발라 먹는 음식이다. 아○○드와 우리 반 친구들이 교실에서 라기프를 함께 나누었다. 이 날 아○○드의 모습을 생생히 기억한다. 고무된 표정으로 아이들에게 먹어 보라고 권유하며 차근히 설명해 주던 모습, 아이들과 함께 나누는 표정에서 느껴진 으쓱함과 해맑게 웃던 미소를 기억한다. 이슬람 학부모님들도 주눅 든 관찰자에서 벗어나 학교와 함께 소통하고 학교 교육 일부분을 담당하는 교육 주체로 당당히 설 좋은 기회가 되었다.

#. 우리의 변화

아름다운 사진의 한 컷, 변화되었다고 믿고 싶은 전지적 작가 시점의 에피소드 한 컷이 감히 아○○드의 인생을 대변할 수 없다. 교실 속 큰 노력에도 불구하고, 여전히 아○○드는 힘들고 외롭고 어려운 마음이 남아 있을 것이다. 어쩌면 이것은 대한민국에서 외국인으로 살아가야 하는 만 8세 아이에게는 견디기 힘든 무거운 짐일지도 모른다. 다문화 친구나 약한 친구들을 괴롭히기 일쑤였던 ○찬이가 교실 속 세계여행 활동에서 아○○드와 협동하여 멘토가 되어 주던 모습, 매사에 냉정해서 "저는 다문화 친구라고 아○○드를 특별 배려할 필요는 없다고 생각해요!"라고 하던 ○성이가 아○○드 손을 잡고 하나, 둘, 셋 숫자를 세며 수 모형을 만들어 주던 모습, ○성이가 라기프가 맛있다고 아○○드에게 엄지척을 날려 주던 모습, 자신감이 부족했던 아○○드가 학급 텃밭에 작물을 심으며 "서-생-니 저-시-머-서-요(선생님 제가 심었어요)."라며 예쁘게 말을 걸어 주던 모습, 필자를 포함한 다중지원팀이 기초학력을 높이기 위해 학교구성원이 전방위적으로 노력하며 도와주셨던 장면 모두가 가슴 뭉클했던 순간들이다.

#. 모두를 위한 상생과 공존

이것은 상·공(상생과 공감) 프로그램이 가진 숨은 저력이었다. 물론 교육이란 완성을 위한 끊임없는 도전의 연속이어서 좌절 혹은 퇴행의 순간이 다시 오기도 한다. 하루에도 아이들의 수많은 토닥거림이 반복되는 것이 교실의 일상이니까……. 그럼에도 불구하고 우리 반의 상·공 프로젝트는 앞으로도 계속될 것이다. 다문화교육은 단지 아〇〇드만을 위한 교육이 아닌 우리 모두를 위한 교육이기 때문이다. 우리 아이들이 체득한 문화감수성과 상호 문화이해 역량을 통해 따뜻한 세계 시민으로 성장하는 날갯짓이 되었길 바란다. 앞으로도 더 많이 웃고, 더 많이 포용하고. 서로 다름을 이해하는 다문화 감수성을 키워 가는 삶을 열어 줄 것이다. 2022년 2학년에서 경험한 상생과 공존의 교육이 더 나은 삶을 위한 공동체의 씨앗이 되었으면 좋겠다. 훗날 우리 아이들이 자랐을 때 더 포용적이고, 더 정의롭고. 더 평화로운 세상을 만드는 데 이바지할 수 있는 사람이 되길 간절히 소망해 본다.

출처: 교육부, 17개 시·도교육청, 국가평생교육진흥원, 중앙다문화교육센터(2023).

◎ 생각해 봅시다

나는 다문화, 다문화교육과 관련해 어떤 교사가 되고 싶은가요? 이를 위해 가장 중요하게 여겨야 할 가치는 무엇일까요? 왜 그렇게 생각하는지 이유를 적어 보세요.

/ 다문화교육의 이론과 실제 /

제 **12** 장

유아 다문화교육을 위한 가정 및 지역사회 연계

◆ 생각열기

〈국제결혼〉

국제결혼이 늘면서 다문화가족 지원책에도 관심이 쏠리고 있다. 실제로 송중기의 결혼 발표를 계기로 온라인상에서 다문화가족 혜택에 관한 정보가 회자되기도 했다. 우리나라는 2008년 「다문화가족지원법」을 제정했다. 다문화가족 구성원의 삶의 질 향상과 사회통합을 목적으로 교육, 의료, 보육, 주택, 가정폭력 피해자 보호 등 다양한 분야에서 지원할 수 있는 근거를 마련했다. 이를 토대로 국공립 어린이집 입소 우선권, 외국인학교 입학, 국민주택 특별 공급, 공기업 채용 가산점 등의 혜택을 주고 있다. ……(중략)…… 과거 농촌 총각 장가 보내기로 폄훼됐던 국제결혼에 대한 사회적 인식은 시대가 바뀌면서 많이 개선됐다. 그러나 다문화가족이 점점 늘어나고, 그 형태도 다양해지면서 이제는 내국인 역차별에 대한 불만이 일부에서 제기되고 있다니 ……(후략)……

출처: 서울신문(2023. 3. 17.).

☞ 국제결혼과 관련된 신문기사를 살펴보고 국제결혼 및 국제결혼 가정 대상의 국내 다문화 정책에 대한 생각을 이야기 나누어 보세요.

1. 다문화가정의 개념 및 현황

1) 다문화가정의 개념

다문화가정이란 국제결혼과 같이 인종이 다르거나 사회문화적 배경을 달리하는 커플, 혹은 그 이상의 결합으로 생성된 가족 형태를 의미한다. 현재 국내에 정주하고 있는 국제결혼 가정과 이주근로자 가정, 북한이탈주민 가정 등 문화적 배경이 다른 가정을 총칭한다. 최근 20년간 급속도로 증가한 국제결혼과 그로 인해 유입된 결혼이민자의 확대는 우리 사회에서 결혼이민자 · 귀화자와 그들 가족에 대한 정책 지원 필요성을 노정하였고, 이는 정부의 주요대책 발표와 함께 2008년 「다문화가족지원법」의 제정으로 이어졌다(여성가족부, 2021).

「다문화가족지원법」은 결혼이민자와 출생, 인지 또는 귀화에 의하여 대한민국 국적을 취득한 자로 이루어진 가족 혹은 인지 또는 귀화에 의하여 대한민국 국적을 취득한 자와 출생, 인지 또는 귀화에 의하여 대한민국 국적을 취득한 자로 이루어진 가족을 다문화가족으로 정의하고 있다(제2조 제1호).

외국인 근로자 가정의 경우 자녀의 학업 중도 포기가 많으며, 특히 부모의 체류, 신분상의 문제로 인하여 교육 밖에 방치된 경우가 많다. 국제결혼 가정의 경우, 언어발달 지연으로 인한 학습부진 가능성이 높은 현실에서 언어 문제와 동시에 부모의 문화적 배경과 부모 자신의 정체성을 유지하도록 표현하고 드러내는 교육을 중시할 필요성이 있다.

새터민 가정은 학술적인 분류상 이질적인 문화적 배경을 지닌 다문화 구성원이지만, 남북관계 특수성에서 오는 정책상 제약으로 인해 다문화가정으로 다루는 데 어려움이 있다. 전국 50여 개의 고용안정소개소에서 북한이탈주민을 대상으로 취업을 위한 지원을 하지만 북한이탈주민을 취업시키기 위해 고용업체가 행하는 행정절차가 복잡할 뿐만 아니라 자신들이 살았던 북한과 다른 남한의 경제체제에 잘 적응하지 못하는 경우가 생긴다. 이로 인해 북한이탈주민은 취업 후에도 한국사회와 직장생활에 대한 적응이 어렵다. 따라서 이들의 실업률도 높고 취업을 했더라도 주로 취업한 곳이 단순 노무직이나 아르바이트 업종 등 안정적인 직업보다는 불안한 자리인 경우가 많아서 지속적으로 문제가 된다. 북한이탈주민은 북한체제를 반대하거나 북한에서의 경제적 어려움 때문에 북한을 이탈하였지만, 자신들의 북한생활 경험은 체제가 전혀 다른 남한에서의 생활 적응에 이중적으로 어려움을 준다. 또한 북한 이탈과정에서 가족과의 이별, 죽음, 발각과 체포의 두려움, 공개처형 목격 등과 같은 부정적인 경험이 외상 후 스트레스 장애로 나타나기도 한다.

유아교사는 다양한 다문화가정에 관한 긍정적인 철학을 정립하기 위해서 다음과 같은 신념을 형성해야 한다(Robles de Melendez & Beck, 2009). 첫째, 교실 현장에서 만나게 되는 모든 가정은 중요하다. 둘째, 가정은 유아의 양육에 있어 가장 풍부한 자원이다. 셋째, 모든 가정은 자녀가 잘 성장하길 바란다. 넷째, 모든 가정과 가족구성원은 교실 현장에서 서로 도움을 준다. 다섯째, 교사는 가정으로부터 유아를 알고 이해할 수 있는 정보를 제공받는다.

2) 다문화가정의 현황

(1) 다문화가구 현황

다문화가족의 규모는 지속적으로 증가하고 있으며, 향후 우리 사회에서 이주배경 특성을 가진 집단의 비중이 급속히 팽창될 것이라고 전망하고 있다. 이는 현재 다문화가족에서 성장하는 결혼이민자 · 귀화자의 2세들이 향후 우리 사회의 주요 인구학적 배경 특성을 가진 집단으로 성장할 것을 전망하게 하며, 이에 해당 집단이 우리 사회에 미칠 다양한 영향을 고려하여 성장 단계에서부터 적절하게 지원하는 것 또한 매우 중요한 정책적 과업이라 하겠다.

다문화가구의 지역별 분포를 우리나라 전체 가구의 지역별 분포와 비교하면, 경기, 인천, 서울, 경남, 충남 · 세종, 전남, 충북, 제주와 같은 지역은 우리나라 전체 가구의 분포 비율보다 다문화가구의 분포 비율이 상대적으로 높다.

[그림 12-1] **외국인 주민 현황**

출처: 행정안전부(각년도); 통계청(2021). https://kosis.kr/statHtml/statHtml.do?orgId=110&tblId=TX_11025_A000_A&conn_path=I2 (2022. 3. 25. 검색).

[그림 12-2] **다문화가구의 16개 시·도별 분포(국내 가구 전체)**

출처: 여성가족부(2022).

(2) 다문화가구의 자녀 현황

전체 다문화가구 중 자녀가 있는 가구 비율은 2022년 기준 58.0%이며, 자녀가 6세 미만의 경우 2018년 39.0%에서 2021년 30.9%로 감소하였으며, 6~8세의 경우에도 2018년 21.9%에서 2021년 19.2%로 감소한 것으로 나타났다. 다문화가구 자녀의 출생이 점차 감소하면서 다문화가구 자녀 연령이 상대적으로 높아지고 있음을 알수 있다.

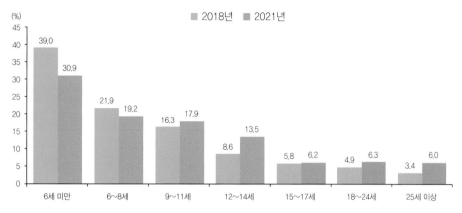

[그림 12-3] **다문화가구 자녀 연령(2018, 2021)**

출처: 여성가족부(2022).

다문화가정 자녀의 경우 영유아 보육·돌봄기관 참여율은 71.9%로 나타났으며, 영유아 보육·돌봄기관에 미참여하며 양육수당을 받고 있는 아동이 23.3%로 나타났다. 또한 영유아보육·돌봄기관에 보내지 않고 양육수당도 받지 않는 유형이 2.6%로 나타났다.

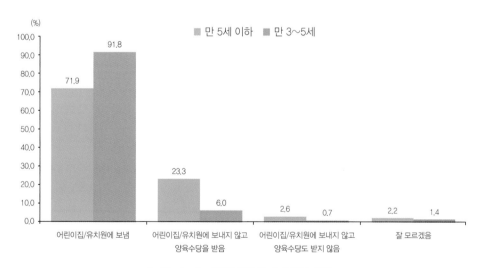

[그림 12-4] **미취학 아동의 자녀 돌봄 유형**

출처: 여성가족부(2022).

2. 다문화가정의 특성

1) 다문화가정의 유아 및 부모 특성

(1) 다문화가정의 유아 특성

아이들은 어린 영아기부터 자신을 인식하는 것에서 시작하여, 자신이 무엇을 잘할 수 있는지, 주변 사람들과 비교해서 괜찮은 사람인지와 같은 생각을 하게 된다. 즉, 자신이 어떤 사람인지를 알아 가게 되는 것이다. 이 과정에서 '정체성'을 형성하게 된다. 정체성이란 쉽게 말해서 '나는 누구인가?'에 대해 고민하고, 나에 대해 명확하게 인식하는 것을 말한다. 그런데 다문화가정의 자녀들은 자신이 친구들과 생김새가 다르고, 가족의 상황이 다르다는 점을 알게 되면서 정체성의 혼란을 경험할 수 있다. 달라서 더 아름답다는 말이 있듯이 다르다는 것 때문에 고민할 것이 아니라, 다르다는 것을 인정하고 존중해 줌으로써 아이들이 정체성에 대해 혼란을 느끼는 것이 아니라 자신의 정체성을 긍정적으로 바라볼 수 있도록 해야 한다. 이러한 다문화가정 유아는 국제결혼 가정의 다문화유아와 외국인 가정의 다문화유아로 구분할 수 있으며 세부 유형에 따라 국적이 다르다(〈표 12-1〉 참조).

다문화가정의 유아는 부모가 한국어에 능숙하지 않아 의사소통이 어려운 경우 언어 발달이나 학습에 어려움을 겪는다. 학교생활이나 친구관계는 모두 한국어로 이루

〈표 12-1〉 **다문화가정의 유아 유형**

유형	의미	세부 유형	의미	국적
국제결혼 가정 다문화유아	한국인과 외국인이 결혼한 가정에서 태어난 유아(초혼가정, 이혼가정, 재혼가정 포함)	국내 출생 다문화유아	국내에서 태어난 국제결혼 가정의 유아	한국
		중도입국 다문화유아	외국에서 태어나 성장하다가 부모의 재혼 및 취업 등으로 부모를 따라 입국한 유아	외국 또는 한국 (귀화 시)
외국인 가정 다문화유아	외국인과 외국인이 결혼한 가정에서 태어난 유아 (외국인 근로자, 유학생, 재외동포 포함)			외국

출처: 한국직업능력개발원(2016).

어지기 때문에 한국어를 잘 사용할 수 있도록 도와야 하며, 학업에도 어려움이 없도록 지원해야 한다. 점차 사회적으로 서로 다른 문화에 대해 편견을 갖지 않으려고 하는 노력이 이루어지고 있지만, 아직 편견이 완전히 없어졌다고는 할 수 없다. 다문화가정 유아의 일반적 특성을 살펴보면 다음과 같다.

- 이중문화 환경 속에 있으며, 이중언어에 노출되어 있다.
- 소득수준이 낮아 주거 및 교육환경이 열악한 가정이 많다.
- 편견과 부정적 인식의 대상이 될 소지가 있다.
- 가족, 친구, 학교, 이웃 등 주변에서 상호작용하는 사람들과의 긍정적인 관계가 적응 및 정서적 안정, 사회생활에 중요한 변인으로 작용한다.

다문화가정 유형에 따라 유아들은 다른 특성을 보이기도 한다. 구체적으로 살펴보면 〈표 12-2〉와 같다.

〈표 12-2〉 **다문화가정 유형에 따른 유아 특성**

유형	특성
국내 출생 다문화유아	• 언어: 발음 부정확 또는 읽기 · 쓰기 능력 미흡 • 외모 차이와 한국어 미흡으로 자신감 결여, 정서적 혼란 • 가정과 사회적 특성으로 교육적 · 정서적 지원 미흡
중도입국 다문화유아	• 언어: 한국어 미숙, 의사소통에 어려움 • 거주환경의 변화, 정서적 불안정성, 적응의 어려움 • 사회문화적 경험이 없어 적응이 어려움
외국인가정 유아	• 언어: 한국어 미숙, 의사소통에 어려움 • 한국어, 외모, 국적 등으로 부정적 정서 경험 • 가정과 사회적 특성으로 교육적 · 정서적 지원 미흡

출처: 교육부, 국가평생교육진흥원, 중앙다문화교육센터(2020).

(2) 다문화가정의 부모 특성

다문화가정의 부모는 대부분 의사소통의 어려움을 겪으며 서로 낯선 문화의 차이로 인해 갈등을 빚는다. 한국어가 능숙하지 못한 경우, 가족관계에 적극적으로 참여하거나 한국에 적응하는 데 걸림돌이 되기도 한다. 이러한 문제로 사회적인 관계를 맺는 데 있어 자신감이 떨어질 수 있다. 여성 결혼이민자들의 경우 코리안드림을 꿈

꾸지만 한국인들의 편견과 차별을 느끼며 심리적으로 힘들어한다. 또한 사회활동 참여 기회가 부족하고 외부 및 취업 활동의 제약을 받는다.

다문화가정 부모 중 특히 외국인 모의 특성을 살펴보면, 자녀의 출생은 한국 생활을 하는 데 심리적 거점이 되고 희망이 되기도 하지만 자녀의 육아 시기는 외국인 모의 문화 적응 시기와 겹쳐 혼란과 자녀양육의 고충, 외로움, 불안 등을 갖게 될 수 있다. 한국사회의 특성상 자녀양육에 어머니의 역할 비중이 커 더욱 부담이 되기도 한다. 혼혈인에 대한 차별적 문화로 아이들이 자신의 정체성에 대해 혼란스러워 할 때 부모로서 어떻게 대처할지 몰라 당황스러워 한다. 이러한 이유로 다문화가정의 부모는 자녀와의 관계에서 다음과 같은 특성을 나타낸다.

- 부모-자녀 간 한국어에 익숙해져 가는 속도에 차이가 커져서 대화가 점차 줄어들며, 한국 문화와 자녀양육에 대해 잘 모르는 점이 엄마의 역할에 장애가 된다.
- 한국어에 미숙한 부모와 함께 생활하므로 언어 발달 지체 가능성이 크며, 이는 정체성, 대인관계 형성 및 학습능력에 부정적인 영향을 미친다.
- 문화 부적응으로 기관 생활에도 부적응 문제를 나타낼 가능성이 있다.
- 외국인 어머니의 경우, 자녀양육 시 '사교육비 부담' '숙제 도와주기' 등에 어려움을 느낀다.

(3) 다문화가정의 어려움

다문화가정의 유아와 부모의 특성을 토대로 다문화가정이 맞닥뜨리는 어려움을 알아보면 다음과 같다.

① 의사소통의 문제

여성 결혼이민자에 대한 편견과 문화 차이, 언어 문제에서 오는 의사소통의 어려움으로 배우자와 가족구성원 간에 겪는 갈등 문제는 가정해체의 위기로까지 이어지고 있다. 사람들과의 관계는 언어를 통해 형성되는데, 대화가 이루어지지 않으면 서로 이해하고 정을 쌓기 어려우며 오해를 할 수도 있다. 가족뿐 아니라 이웃과의 교류, 자녀가 다니는 교육기관과의 의사소통이 원활하지 않아 필요한 정보와 도움을 받지 못하기도 한다.

② 문화적 차이

나라마다 민족마다 살아가는 방법, 즉 의식주 문화가 다르다. 같은 한국 사람끼리 결혼해도 각자 성장한 지역이나 집안에 따라 생활방식의 차이가 커서 적응기간이 필요한데 국제결혼 가정은 더 큰 차이를 겪게 된다. 특히 외국인 여성 배우자의 경우에는 한국 음식 요리하기, 시부모와의 관계, 제사와 명절 풍습 등 다른 문화로 어려움을 겪는다.

③ 자녀의 정체성 혼란과 부적응

다문화가정의 아이들은 한국사회의 편견으로 인해 심리적 고립감, 정서적 소외감을 경험하게 되면서 정체성의 혼란을 느낀다. 한국어가 미숙한 외국인 부모 아래서 자라는 유아들은 언어 발달이 늦을 수 있으며, 준비물 챙기기 등 부모의 학습지원이 부족하여 학업부진을 겪기도 한다. 어눌한 말과 외모의 차이로 인해 따돌림을 받기도 한다.

④ 인권침해 우려

외국인 여성 배우자를 아내나 며느리로서 존중하지 않고 소유물처럼 여기며 비인격적으로 대하는 경우가 있다. 함부로 대하거나 불신하고 배우자의 외출 및 친지와의 교류를 제한하기도 하는데, 이는 가정불화와 사회부적응을 일으킨다. 또한 한국인 남편과 살고 있으나 거주비자로 체류자격을 취득해야 하는 외국인의 신분이기 때문에 복지 대상에서 배제되고, 결혼사유가 취하되면 법적으로 불법체류자 신세로 전락하는 등 법적으로 매우 불안정한 상태에 놓여 있다. 남편이 비자 연장을 무기로 이주여성을 억압하거나, 2년 후 취득할 수 있는 국적도 남편이 동행해야 가능하므로 「국적법」 또한 남편에게 무기가 되고 있다.

⑤ 경제적 어려움

경제 문제로 국제결혼을 선택하는 한국 남성의 대부분이 경제적으로 불안한 위치에 있는 사람들이 많지만, 결혼중개업자들의 허위 과장된 사전정보로 인해 외국인 여성들은 현실적인 어려움을 겪는다. 의사소통의 어려움과 사회적 편견, 전문지식과 기술의 미비로 적합한 일자리를 구하기 어려운 경우가 많으며, 직장에서도 내국인과 동등한 대우를 받지 못하고 낮은 임금과 비인격적인 대우를 받기도 한다.

⑥ 사회관계망 형성과 사회참여 기회의 어려움

완전한 언어습득 전에는 국내 뉴스와 정보를 접할 수 있는 매체로부터의 소외, 언어적인 장벽으로 관계망 확장의 어려움 등의 문제 발생 시, 문제 예방을 위한 접근성이 떨어지고, 사회시스템의 이해 부족으로 사법적인 절차 및 공권력의 도움을 받을 기회가 부족할 수밖에 없다. 국가에서 예산과 지원체제를 다양하게 마련하고 있지만 가정마다의 맞춤형 지원에는 어려움이 있다.

(4) 다문화가정의 지원 방안

다문화가정의 어려움을 해소할 수 있도록 다문화가정을 위한 다양한 지원이 필요하다. 다문화가정을 위한 구체적인 지원 방안 및 이와 관련된 신문기사를 살펴보면 다음과 같다.

① 결혼이주 여성에 대한 언어교육

현재 한국어 방문교사 프로그램은 5개월 과정과 여성가족부에서 시행하는 1년 과정이 있다. 그러나 한 번 교육을 받고 난 후에는 기회가 없기 때문에 큰 실효성이 없는 실정이다. 한국어 방문교사 프로그램 외에도 결혼이민자를 위한 단계별·언어별 한국어 교재 발간 및 보급을 통해서 지속적인 언어습득 교육과정을 구축해야 한다. 앞으로 다문화가정은 더욱 늘어나고, 그 가정의 자녀들은 계속 자라나고 태어날 것이다. 선진 사례들을 받아들여서 좀 더 체계적인 교육체제를 만들어 나가야 한다.

② 다문화가정 아동의 언어교육 지원

다문화가정 자녀 중에는 언어발달지체를 겪고 있는 아동이 많다. 언어발달지체는 아이들이 사회성을 기르는 데 장애요소가 될 수 있기 때문에 이에 대한 지원이 절실하다. 문제해결을 위해 민·관·학 공동으로 언어발달지체 예방 프로그램을 만들어 아이들의 언어 발달을 도와야 한다. 생계 때문에 일거리를 찾아 밖으로 도는 아버지나 한국어 구사능력이 떨어지는 어머니에게 맡길 수 없는 상황에서 민·관·학 프로그램은 이런 공백을 메워 주는 중요한 방안이 될 것이다. 가정과 학교에서도 다문화사회에 대한 아이들의 인식을 새롭게 할 수 있는 교육에 관심을 기울

다문화자녀
언어 발달 지원 기사

여야 한다. 앞으로 사회의 중추적 역할을 해 나갈 이들의 이탈을 막지 못한다면 가정의 불행을 떠나 국가적으로도 큰 손실일 수밖에 없다.

③ 결혼이민자 아동양육 지원사업 확대

현재 우리나라는 언어소통 곤란, 문화이해 차이 등으로 자녀양육에 어려움을 겪고 있는 결혼이민자를 대상으로 전문 지도사가 방문하여 자녀양육 상담·교육, 자녀학습지도 등의 아동양육 지원서비스를 제공하고 있다. 다문화가정의 아동양육지도사에 대한 전문성을 확보하고, 인력을 확충해서 형식적인 교육에서 탈피하여 수준 높은 교육을 받을 수 있도록 지원해야 한다.

여성가족부
가족정책 기사

④ 결혼중개업 관리제도 도입

우리나라의 국제결혼이 돈으로 외국인 신부들을 매매한다는 국제사회의 비난이 높아지고 있다. 국제결혼 중개업체의 도덕 불감증 문제를 해결하기 위해 결혼중개업에 대해 등록제 및 신고제를 도입하고, 국가 및 지방자치단체의 관리·감독을 받도록 함으로써 건전한 결혼중개업을 지도·육성하고, 결혼중개업 이용자의 피해사례를 예방하기 위해 「결혼중개업의 관리에 관한 법률」을 강화하여야 한다. 이를 통해 결혼중개업체의 부당한 영업활동을 막고, 책임의식을 강화하는 한편, 건전한 결혼중개 문화를 확립할 수 있을 것이다.

⑤ 사회적 편견 개선

일반 국민의 의식 제고를 위한 홍보를 통해 국민들이 가지고 있는 편견을 바로잡아야 한다. 다문화가정이 겪고 있는 문제 중에서 무엇보다 심각한 것은 사람들이 그들은 바라보는 싸늘한 시선이다. 물론 모든 사람이 그렇다고 할 수는 없겠지만 일반적으로 다문화가정을 일반 가정과 다른 시각으로 바라보는 경우가 대부분이다. 이러한 편견을 해소하기 위해서 다문화 관련 공익광고 및 다문화 공생이해 강좌 개최 등을 개최하고, 지역민들이 함께할 수 있는 행사를 마련하여 그들과 일반 국민 사이의 벽을 허물 수 있도록 노력해야 한다. 지금 세계는 인종과 민족의 경계를 허물어 가고 있다. 우리나라도 이러한 추세에 맞추어 나와 다른 피부색, 다른 문화를 가진 사람들을 바라보는 인식을 개선해야 한다.

⑥ 다문화가정에 대한 취업 장려와 경제적 지원

대다수의 다문화가정은 경제적인 어려움을 겪고 있다. 외국인 배우자들은 한국 국적이 없으므로 경제활동에서도 차별받고 있다. 정부 차원에서 외국인 배우자들의 능력개발 프로그램을 개발하여 제공해야 한다. 그리고 직업상담 및 고용서비스 지원을 통해 취업을 희망하는 외국인 배우자의 사회진출을 적극 장려해야

컴퓨터자격증반
운영 기사

한다. 다문화가족 지원센터를 중심으로 직업훈련 교육을 더욱 체계적으로 지원할 수 있도록 정책 수립과 수요자의 요구에 맞게 맞춤형 지원 방안을 강구하고, 다문화 관련 기관, 민간단체 등과 긴밀한 네트워크를 형성하여 필요한 서비스를 효율적으로 지원 받을 수 있도록 해야 한다. 외국인 배우자들이 모국어와 한국어에 능통하다는 장점을 살려 외국어 교육 또는 가이드로서 능력을 활용할 필요가 있다. 또한 다문화가정에 대한 기초생활 수급 확대를 통한 경제적 지원이 필요하다.

⑦ 다문화가정에 대한 자녀 출산 및 양육 지원

임신, 출산, 양육에 대한 책을 언어별로 제작하여 외국인 배우자들에게 배포하고, 저소득 가정의 여성 결혼이민자에 대한 산전후 지원이 이루어져야 한다. 그리고 영유아 예방접종과 저소득계층에 대한 미숙아 및 선천성이상아 의료비와 영유아·임산부 건강검진 지원 등을 적극 검토해야 한다. 그리고 한국어가 서툰 외

외국인자녀
보육료지원 기사

국인 배우자로 인해 자녀가 한국어 습득에 장애를 겪을 수 있으므로 다문화가정을 위한 보육시설 마련을 통해 문제를 해결해야 한다. 다문화가정을 위한 보육시설은 자녀의 언어 발달에 도움을 줄 뿐만 아니라 외국인 배우자들의 경제적 활동을 장려할 수 있다는 장점이 있으므로 적극적인 지원이 필요하다.

⑧ 다문화축제를 통한 문화적 교류 증진

다문화구성원을 포함한 지역을 대상으로 다문화축제를 개최하여 결혼이주 여성들의 문화를 이해하려는 노력이 필요하다. 문화는 자연스럽고 편안하게 즐기면서 체험

하는 것이 가장 효과적이라는 관점에서 다문화축제는 일반인이 문화를 이해하고, 다문화구성원들이 모국문화에 대한 자긍심을 강화시키는 데 상당한 효과가 있다. 그리고 다문화구성원과의 사회적 통합과 문화적 다양성 증진에 도움이 될 것이다. 다문화축제의 성공을 위해서는 구성원들의 단순 관람이나 참여에서 벗어나야 하며, 다문화 인구의 모국문화 활용 등을 통한 자발적인 참여가 중요하다.

세계 다문화축제 기사

⑨ 다문화시민사회 네트워크 조성

사회적 자본이라는 관점에서 다문화가정, 이주외국인, 일반 국민, 국제사회가 상호 신뢰를 바탕으로 네트워크(연계망)를 구축하고 상호 교류할 수 있는 재정적·제도적 지원체계 구축 프로그램을 만들어야 한다. 온라인상의 협력 시스템을 구축함으로써 문화 이해에 대한 교류와 문화교육의 파급효과를 극대화할 수 있다. 신뢰와 네트워크, 공통의 문화적 규범을 지도하고 선도할 수 있는 주체로서 자신을 인식하도록 교육하고, 자신이 변화하는 다문화사회의 혁신 선도자라는 인식을 갖게 하는 교육을 통해서 지역사회의 전반적인 다문화수용성을 증대시킬 수 있다.

행복 나눔 day 운영 기사

⑩ 해외 다문화사회 단체와 협력 네트워크 구축

외국의 경우, 우리나라에 앞서 다문화사회로 인한 혼란과 갈등을 겪었지만 그것을 극복한 사례가 있다. 이처럼 다문화사회를 성공적으로 이끌고 있는 해외 단체 및 정부기관과 협력 네트워크를 구축하고, 국제회의 및 정기적인 교류 프로그램을 마련하여 전 세계의 문화 네트워크를 구축해야 한다.

⑪ 다문화가정의 인적자원 개발

다문화적 배경을 가진 사회구성원들 또는 문화적 다양성에 관심이 있는 차세대 인재들을 발굴하여 지역경제와 아시아 경제를 연계하는 인적자원으로 발굴·육성해야 한다. 다문화가정의 인적자원을 모국문화와 한국 문화를 활용한 취업 및 창업에 활용함으로써 그들의 취업난을 해결함과 동시에 사회구성원으로서의 가치를 고취시킬 수 있는 기회가 될 것이다.

⑫ **결혼이민 여성들의 귀화제도 개선**

결혼이민 여성들에게 절실한 것 가운데 하나가 귀화 문제이다. 한국인으로 법적인 등록이 이루어져야 의료보험 등 각종 혜택이 주어진다. 이러한 귀화 수속에는 모국의 결혼증명서가 필요하지만 베트남 등 일부 국가에서는 결혼증명서 없이 한국 남성과 결혼하는 사례가 많아 문제가 발생한다. 따라서 결혼증명서가 없어도 일정 기간 가정을 잘 유지하는 경우 귀화를 허용하는 방안도 고려해 볼 수 있다.

3. 다문화가정의 부모상담

다문화가정의 부모는 자기효능감을 높이며 자녀의 정체성 형성을 돕고 긍정적인 자아상을 형성하도록 하기 위해 중요한 역할을 수행해야 한다. 더불어 유아교육기관 교사는 부모교육자로서 다문화가정의 부모 역할에 대해 알고, 부모상담을 통해 다문화가정의 부모를 지원해야 한다.

1) 다문화가정의 부모 역할

다문화가정 부모의 역할은, 먼저 부모의 자기효능감을 높이는 것이다. 한국인 아버지를 공동책임자로 인식하고 다문화가정의 부모 모임을 통해 자녀양육의 정보를 공유하며 사회적 지원체계와 연결망을 가지는 것이 중요하다. 또한 '다르다'와 '틀리다'의 차이점을 이해하고 '같음'을 인식하는 것이 필요하다. 자녀와 많은 대화의 시간을 마련하고 책을 많이 읽어 주려는 노력을 하며, 자주 자녀의 장점을 말해 주어야 한다. 이러한 노력을 통해 자녀의 마음에 공감하고 이해하는 것이 필요하며, 가족 간에 공동체의식(소속감)을 기르기 위한 다양한 경험의 기회가 필요하다. 다문화가정의 부모 역할의 구체적인 내용을 알아보면 다음과 같다.

(1) 이중언어 환경을 활용한다

정체성 확립을 위해 다문화가정의 아이들이 가지고 있는 장점인 이중언어 환경을 잘 활용한다. 간단하고 쉬운 단어부터 알아 가도록 돕고 놀이할 때 부모의 언어를 사

용한다. 자녀가 어느 정도 부모 언어의 단어들과 친숙해졌다면, 부
모 나라의 아주 쉬운 그림책을 같이 보거나 여러 언어를 학습할 수
있는 교재들을 활용한다.

'엄마 나라 말
배우기' 기사

(2) 부모 나라의 고유한 문화를 수용하도록 돕는다

부모의 문화가 다르다는 이유로 부모가 서로 부딪히는 모습보다는 서로의 고유한
문화를 존중해 주고 받아들이는 태도를 갖는 것이 좋다. 부모가 먼저 서로를 신뢰하
고, 존중하며 '따로'가 아니라, 서로 다른 문화가 조화를 이루게 하는 '하모니'가 중요
하다. 서로 다른 문화에서 자라 온 부모가 서로 다른 방식으로 생각하고, 서로 다른
방식으로 생활할 수 있음을 존중하도록 하는 것이다. 예를 들어, 우리나라의 설날이
나 추석과 같은 명절 외에도 외국에서 온 부모님 나라의 명절도 함께 체험한다. 부모
가 서로의 문화를 잘 수용해야 자녀 역시 한국 문화를 포함하여 부모 나라의 문화 모
두를 받아들일 수 있다.

(3) 서로 다름을 존중한다

서로 다른 문화가 어우러지는 대표적인 방식이 용광로(melting pot) 방식과 샐러드
볼 방식이다. 용광로 방식은 서로 다른 문화를 용광로에 넣어서 녹이는 것을 말한다.
즉, 여러 문화가 고유의 가치를 잃어버리고 새로운 하나의 문화가 되는 것이다. 샐러
드볼 방식은 마치 여러 가지 과일과 채소가 샐러드볼에서 각각의 모양을 유지하면서
섞이는 것처럼, 다양한 문화가 고유의 개별성을 유지하면서 조화를 이루는 것을 말한
다. 최근 샐러드볼에 힘이 실리는 것은 어느 한쪽의 문화가 다른 쪽의 문화에 흡수되

[그림 12-5] **용광로 방식(좌)과 샐러드볼 방식(우)**

는 것이 아니라, 다름은 존중받아야 하며 각자가 지닌 고유의 가치를 인정받아야 하기 때문이다.

(4) 한국인 배우자의 지지와 참여가 중요하다

부모 중에서 외국에서 자라 한국으로 온 부모가 낯선 환경에 적응하고, 아이를 키우는 것이 더 어려울 것이다. 배우자는 다른 문화권에서 온 배우자를 지지해 주고 함께 소통해야 한다. 즉, 한국 문화에 익숙하고, 한국말을 잘 아는 배우자가 자녀의 양육과 교육에 적극적으로 개입하여 부족한 부분을 채워 주는 것이 중요하다. 전적으로 자녀양육을 도맡아 하는 것은 아니며, 외국인 배우자가 자녀양육에 참여할 부분을 인정해 주어야 한다. 이 과정에서 부부가 대화와 소통을 통해 합의를 하는 것이 중요하다. 또한 외국인 배우자가 한국인 배우자의 부모, 형제자매 등 가족과 관계를 잘 맺는 것도 필요하기에 한국인 배우자가 자신의 가족 간의 관계에서 잘 조화를 이룰 수 있도록 중재하려는 노력을 반드시 해야 한다. 외국에서 온 배우자는 가족 그리고 가족의 문화가 매우 낯선 상황이고, 가족 역시 외국에서 온 새로운 가족을 어떻게 대해야 할지 어려운 상황이다. 외국인 배우자가 가족과 어우러질 수 있도록 도와주어야 한다.

(5) 자녀와 소통하는 방법을 알아야 한다

자녀가 학교에서 어떻게 지내는지, 친한 친구는 누구이며, 무엇을 하며 시간을 보내는지 관심을 갖는 것이 중요하다. 그리고 자녀가 이야기를 할 때는 가능하면 모든 일을 멈추고 자녀의 이야기를 잘 들어주며, 잘 듣고 있다는 반응도 꼭 보여 주는 것은 자녀로 하여금 부모님께 사랑받고 있다는 느낌을 갖게 할 수 있다. 자녀가 긍정적인 정체성을 형성할 수 있도록 자녀의 장점을 찾아서 자주 이야기해 주는 것은 자녀가 자신감을 가질 수 있게 한다. 또한 자녀와 함께 보내는 시간을 자주 갖고, 그 시간만큼은 자녀에게 모든 것을 집중하는 것이 필요하다. 짧은 시간이라도 가족이 함께 의미 있는 활동, 예를 들면 산책을 하거나, 운동을 하거나, 함께 놀이를 하는 시간을 만들어 본다.

자녀의 주변 환경과 효율적으로 소통하는 것도 자녀와 좋은 관계를 형성할 수 있는 좋은 방법이 된다. 자녀가 다니고 있는 교육기관에 대해 관심을 가지고 교육환경, 또래나 교사 등에 관심을 갖는다. 조금 더 적극적으로 자녀가 다니는 교육기관에서 다문화교육의 기회를 가져 보거나 자원봉사에 참여하는 것도 좋다. 자녀의 친구를 초대하여 친구에게 부모의 문화에 대해 알리고 경험할 수 있는 기회를 갖는 것도 자녀에게는 자부심을 느끼게 할 수 있다. 자녀의 친구들에게 부모님 나라의 놀이를 알려 주거나 부모님 나라의 전통음식을 친구들에게 대접하는 것도 좋은 방법이 될 수 있다.

(6) 자녀의 주변과 효율적으로 소통한다

이웃이나 자녀 친구들의 부모와도 친하게 지내려고 노력한다. 만약 도움이 필요하면 먼저 적극적으로 다가가서 도움을 청하고, 아이의 학교생활이나 한국의 문화 등 잘 모르는 것이 있으면 혼자 해결하려 하기보다는 주변의 도움을 받는 것이 좋다. 마찬가지로 아이들도 친구, 이웃과 자주 교류하게 하고, 사랑받고 있다는 느낌을 가질 수 있도록 도와준다. 자녀의 공부와 생활 전반을 도와줄 멘토링 프로그램을 활용하는 것도 도움이 된다.

2) 다문화가정의 부모상담

(1) 다문화가정 부모상담자의 자세

① 문화 차이로 인한 문제와 개인적인 문제에 대한 차별적 접근

다문화가정 부모상담 시 상담자로서의 기본 자세는 무엇보다 문화차이로 인한 문제와 개인적인 문제를 구분하는 것이 중요하다. 문화차이로 인한 문제라고 여겨질 경우에는 서로를 이해할 수 있도록 충분한 정보를 제공하고 효과적으로 의사소통을 하는 방법을 알려 줘야 한다. 그러나 개인적인 문제라고 여겨질 경우에는 개인의 변화를 시도해야 한다.

예를 들면, 야근을 하는 것이 우리나라에서는 일상적인 일이지만, 베트남에서는 남편의 늦은 귀가가 외도를 하고 있는 신호로 해석된다고 한다. 폭력 문제의 경우는 개인적인 문제에 해당된다. 폭력 문제에서는 피해자가 명확하므로 정황상 폭력을 시행한 이유가 납득이 된다 할지라도 인간에게 인간이 가한 폭력행위에 대하여는 개인에게 책임을 묻게 되는 것이다.

② 다문화가정 상담자의 일반적인 자세

- 수용능력: 상담자 자신의 문화적 특징을 유지하면서도 내담자의 세계관을 환영하고 이해하고 칭찬할 수 있는 능력을 길러야 하며, 자신과 다른 사고방식을 보이더라도 긍정적인 태도로 수용하고 좋은 점을 찾아낼 수 있는 열린 자세가 필요하다.
- 사회, 문화, 역사에 대한 관심: 개인과 상황에 영향을 주는 역사적 · 사회적 · 종교적 · 정치적 · 경제적인 힘의 영향에 대하여 인식할 수 있어야 한다. 다문화가정 학부모가 호소하는 문제 속에 인종/민족, 사회 · 경제적인 배경으로 인한 차별과 억압이 있는지 민감하게 감지해야 한다.
- 융통성/유연성: 특정한 사람의 삶의 상황에 융통성 있게 반응할 수 있는 능력을 습득하여야 한다. 특정 상담이론보다 문제를 호소하는 학부모의 상황을 일차적인 자원으로 여기며 사람을 먼저 보려는 태도가 필요하다.
- 차이점과 유사점 모두의 가치 발견: 차이점과 유사점 그리고 독특성과 공통성의 가치를 인정하여야 한다.
- 선입견 배제: 주류문화의 잘못된 가설과 편견 그리고 정보를 발견하고 자신이 가졌던 생각이나 선입견의 타당성을 의문시하며 기꺼이 버릴 줄 알아야 한다.
- 타 문화에 대한 관심과 지식: 다른 사람들의 역사적 전통에 대한 가치를 탐구하고 자신의 전통에 적용해 볼 수 있는 자세를 지녀야 한다.
- 일상의 의미 통찰: 일상생활이나 상담을 통해 새롭게 발견되는 것들을 환영하고, 그 의미를 통찰할 수 있어야 한다.

③ 효과적인 다문화상담 기술

- 언어장벽 보완: 다문화가정 상담자는 다양한 매체(번역기 등)를 사용하여 언어에 대한 장벽을 해결할 수 있는 방안을 마련해야 한다.
- 다문화에 효과적인 질문 활용
  - "자녀들이 유아교육기관에서 어려움을 겪을 때, 베트남에서는 부모가 어떻게 하시나요?"
  - "아이들이 공격적인 행동을 많이 할 때, 필리핀 선생님들은 어떻게 하세요?"
  - "중국에서는 아이한테 어떻게 대해 줘야 훌륭한 교육자라고들 하나요?"

- 상담방법의 융통성 추구: 다문화 가정 내담자에게는 좀 더 구조적이고 지시적이며 행동요법적 접근이 더 효과적일 수도 있으므로 적극적이고 지시적인 접근을 사용하고, 이러한 기법을 적용할 수 있는 기술들을 익히는 데 개방적이어야 한다.
- 타 문화 전문가와의 접촉 유지: 다른 문화에 대한 지식을 충분히 가지기 어려움을 인정하고, 상담과정을 효과적으로 만들어 가기 위해 자신에게 문화적인 정보를 줄 수 있는 인물들과 꾸준히 접촉할 필요가 있다.
- 전통적인 조력자와의 협업 자세: 종교지도자, 집안의 가장, 마을 대표 또는 내담자가 인정하는 도움을 주는 자원들의 의견을 존중한다.

④ 다문화가정 부모의 고충 이해
- 부모 개인의 문화적 적응 문제가 있음을 이해한다.
- 한국어를 학습하는 데 어려움이 있음을 이해한다.
- 자녀교육에 따르는 다문화가정의 독특한 어려움을 이해한다.
- 경제적인 어려움을 함께 겪고 있는지 알아본다.
- 사회적 지지체제가 부족하다는 점을 이해한다.

⑤ 다문화가정 부모 내담자의 개인 특징 이해
- 다문화가정 부모 내담자의 성격
- 가족관계와 가족 내 엄마의 위치
- 아버지의 자녀교육 관심도
- 외국 출신 학부모의 출신국과 출신국에서의 사회 · 경제적 지위

⑥ 다문화가정 부모 지도에서의 지침
- 구체적이고 실제적인 자료를 제공한다.
- 해당 국가의 양육문화에 대한 기초적인 지식을 갖춘다.
- 파트너십을 구축한다.
- 자신감 향상 교육을 한다.
- '다 아는 거 아닌가?'라는 생각을 하지 않는다.
- 교사 자신이 해당 국가에 대한 부적절한 편견을 갖고 있지는 않은지 점검한다.

◆ 다문화 감수성 높이기 1

다음은 경기도 소재 ○○어린이집의 사례이다. 사례를 읽고 여러분이 교사라면 어떻게 해결할지 방안을 이야기해 보세요.

본원에는 다양한 문화적 배경을 가진 부모들이 많아 다문화가정의 비율이 높습니다. 이러한 다양성 속에서 일부 한국 기준의 일반 부모들은 다문화가정의 부모들의 참여 방식, 언어, 행동 등이 자신들과 다르다는 이유로 불편함을 느낍니다. 한 부모는 "다문화가정의 부모들이 학부모 모임에 참여하면 그들의 의견이나 의사소통 방식 때문에 모임의 진행이 어려워진다."고 지적하기도 했습니다. 어린이집 측에서는 이러한 문제를 해결하기 위해 다문화가정의 부모들과 일반 부모들 간의 이해와 소통을 도모하는 워크숍을 개최하려 했으나, 일부 부모들은 여전히 거부감을 느끼며 참여를 꺼리는 모습을 보였습니다.

교사는 다음과 같이 말합니다. "우리 어린이집에는 다양한 문화적 배경을 가진 부모님들이 계시는데 일부 부모님들은 이러한 다양성을 인정하기 어려워하며, 다문화가정의 부모님들의 참여 방식에 불편함을 느끼곤 합니다. 우리는 모든 부모님이 서로를 이해하고 존중할 수 있도록 노력하고 있으나, 아직도 여러 어려움이 있습니다."

(2) 다문화가정 부모상담 시 유용한 상담기법

다문화가정 부모상담 시 유용한 상담기법 및 세부 내용을 살펴보면 〈표 12-3〉과 같다.

〈표 12-3〉 **다문화가정 부모상담 시 유용한 상담기법 및 세부 내용**

상담기법	내용	예시
공감적 이해	다문화가정 부모의 세계를 이해하는 것, 제3의 귀를 가지고 다문화가정 부모의 '마음의 소리'를 듣는 것, 다문화가정 부모가 지니고 있는 생각과 느낌의 틀로 다문화가정 부모의 생각과 감정을 이해하는 마음과 자세와 태도를 가지는 것	• "○○이 일로 인해 많이 속상하셨죠?" • "정말 힘드시겠어요. 하지만 지금까지 어머님은 잘 이겨 내셨어요."
존중	상대방을 전적으로 믿고 신뢰하는 것으로 행동 결과에 따라 그 사람의 가치를 정하는 것이 아니라 그 사람에 대한 한결같은 믿음으로 그 사람의 존재를 인정해 주는 것	• "그간 애 많이 쓰셨어요." • "어머님의 노력을 부정할 수는 없지요." • "어머님을 믿어요."

순수성	상담자가 자신의 감정이나 태도를 있는 그대로 진솔하게 인정하고 개방하는 것	• "저도 ○○이가 변화된 모습을 보고 싶었는데 그렇지 않아 좀 섭섭하기도 해요."
질문	상담과정에서 문제, 내담자의 상황, 변화가능성을 탐색하기 위해 사용하는 것으로, 내담자의 내면세계를 탐색하는 데 필요한 개방적 질문과 정확한 정보를 얻거나 확실한 의사결정을 이끌어 내고 싶을 때 사용하는 폐쇄적 질문을 상황에 맞게 사용함. 개방적 질문을 먼저 실시하여 내담자의 마음을 탐색한 후 탐색된 마음들을 정리하는 마무리 단계에서 폐쇄적 질문을 사용하면 효과적임	• 개방적 질문: "부모님의 이혼이 어떤 영향을 주었을까요?" • 폐쇄적 질문: "부모님이 이혼하시게 되어, 아이가 슬퍼했지요?"
재진술	상황이나 사건 등 내담자가 말하는 내용을 상담자의 언어로 바꾸어 말함으로써 내담자로 하여금 자신이 말한 내용에 대해 주의를 기울이도록 하는 반응으로, 재진술 반응을 통해 자신이 했던 말을 객관적인 입장에서 다시 생각해 볼 수 있음. 재진술을 할 때는 핵심적인 내용에 초점을 맞추어 간결하게 표현하며, 상담자의 가치판단을 자제하고 내담자가 말한 내용을 있는 그대로 표현해 주고, 제대로 표현한 것인지에 대하여 내담자의 피드백을 구함	• "○○이가 유치원에 가기 힘들어하면서도 가긴 하는데, 도와주고 싶어도 이유를 몰라서 답답하신가 봐요."
구조화	상담시간과 공간, 내담자의 행동과 상담자의 역할 등 상담과정, 제한조건, 방향에 대하여 내담자에게 정보를 주는 것으로, 상담진행 계획 및 결정(방법, 참여자, 언제, 어디서, 무엇을), 전달할 내용, 내담자의 주도적 참여, 공동의 노력, 발전된 행동 발굴 등의 내용을 포함	• "앞으로 상담은 이곳에서 월요일 10시에 실시할 거예요. 힘들더라도 어려움을 솔직하게 말씀해 주시고 해결 방안을 적극 생각해 보기로 해요."
역할연습	현실 장면을 상담 장면으로 끌어들여 상담자와 내담자가 현실 속의 여러 인물을 연기하는 기법으로, 내담자가 자신의 상황을 객관적으로 보고 다른 사람의 관점에 설 수 있는 기회를 주기 위해서, 실행력을 높이기 위해서 등의 이유로 사용함	• "○○에게 갑자기 화를 낸 것이 미안하다고 하셨는데요. 댁에 돌아가셔서 ○○에게 어떻게 그 마음을 전달하실지 저와 함께 미리 해 보실까요? 제가 ○○라고 생각하시고 마음속에 있는 말을 해 보시지요."

4. 다문화가정과 유아교육기관 및 지역사회 연계

1) 다문화가정과 유아교육기관의 연계

가정은 유아가 가장 많은 시간을 보내며 정서적으로 의미 있는 접촉이 이루어지는 곳으로 유아에게 많은 영향을 준다. 따라서 유아교육기관은 가정과 긴밀하게 상호 연계하여 다문화교육을 실시하는 것이 필요하다. 이와 관련하여 정부 및 관련 기관에서 제시한 내용을 토대로 살펴보고자 한다(교육부, 17개 시·도교육청, 국가평생교육 진흥원, 중앙다문화교육센터, 2023; 한국보육진흥원, 2019).

(1) 다문화교육 정보제공을 위한 안내문 배부하기

가정통신문을 활용하여 시·군·구청에서 실시하는 부모대상 강좌, 가족체험 행사, 안내문 등 다양한 부모 대상 교양강좌나 행사를 수시로 안내하고 홍보한다. 이를 통해 유아들은 지역사회에서 다문화 체험 행사를 통해 다문화에 대한 긍정적 인식을 형성할 수 있다. 다문화가정은 교육 정보에 접근성이 낮고 한국어능력이 미숙한 경

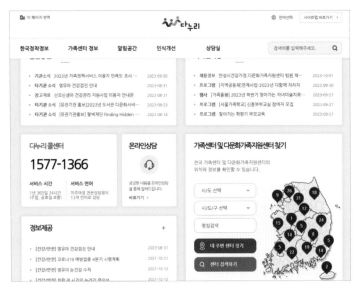

[그림 12-6] 다문화가족지원센터 및 정보 안내 사이트 예시

출처: 다문화 가족지원 포털 다누리 홈페이지 캡처 화면.

우가 있기 때문에 강좌 제목 등의 주요 부분은 번역(병기)하여 문의할 수 있도록 담당자(기관)의 연락처를 함께 제시해 준다. 특별히 다문화가정을 대상으로 다문화가족지원센터의 각종 다문화가정 지원사업(방문교육, 이주민 한국어교육, 상담 등)에 대해서도 정보를 제공할 수 있다. 지역 내 다문화가족지원센터 관련 정보는 다문화 가족지원 포털 다누리 홈페이지(https://www.liveinkorea.kr)를 활용할 수 있다.

(2) 다문화교육 부모참여활동 제공하기

유아교육기관의 공개수업 날이나 설명회 등의 행사에 유아 다문화교육 전문가를 초빙하여 부모 연수를 실시한다. 이를 통해 부모는 다문화사회에 대한 이해도를 높이고 다문화교육의 필요성에 대해 인식할 수 있는 기회가 된다. 강연 외에도 재능기부, 다문화교육을 위한 부모 대상 도서 정보나 카드뉴스 제공 등 참여 정도의 수준에 차이를 두어 다양한 부모참여활동을 제공한다. 부모교육 시 영상자료를 활용할 수 있으며, 일부 영상은 5분 이내로 제작되어 있어 유아의 다문화 인식개선 자료로도 활용할 수 있다.

① EBS 지식채널(지식채널-e)

〈표 12-4〉 EBS 지식채널-e 다문화교육 관련 영상

	〈또 하나의 교과서〉 고등학교 졸업을 앞둔 2명의 여학생이 미국 전역을 돌아다니며 다양한 사람의 목소리를 담은 브이로그를 제작하는 과정을 통해 편견, 인종, 차별, 고정관념 등을 극복하고 소통의 중요함을 강조
	〈다문화 3부작〉 • 1부-우리는 서울에 산다(영상 00:00~05:17) 　다문화가정 청소년에게 서울은 어떤 곳일까? 중도입국 청소년이 바라본 서울 그리고 이들이 학교에서 겪는 학업, 대인관계 등에서 겪는 어려움 • 2부-모자이크 프로젝트(영상 05:18~09:55) 　다양한 인종이 모자이크처럼 이루어진 사회. 캐나다 다문화사회 현황, 다문화 정책인 모자이크 프로젝트 소개 • 3부-어느 독학생들(영상 09:56~14:50) 　남편이 이주민 아내의 모국어를 배워 가면서 차차 그 나라의 전통과 문화를 이해하고 서로 존중하게 된다는 이야기

영상 출처: 다문화 가족지원 포털 다누리 유튜브 채널.

이 외에 EBS 홈페이지에 게시된 다양한 영상자료도 활용할 수 있다. 영상 시청 전에 로그인을 해야 전체 영상 감상이 가능하다.

〈표 12-5〉 **EBS 지식채널-e 다문화교육 관련 영상 목록**

동영상명	영상 개요
( ) 넣기	이름이 아니라 '다문화'로 불리는 사례를 통해 우리가 가지고 있는 다문화가정 청소년에 대한 고정관념을 드러내는 동영상
우리 모두의 이야기	영국의 역사를 함께해 온 이민자들의 역사와 이야기를 담아 같은 사회구성원으로서 이해하기 위한 '무빙 히어 프로젝트'를 소개
우리 이제 만나	국민 100명 중 4명이 이주민 대한민국이지만 여전히 거리낌 없는 차별의 시선이 존재하고 있는 상황을 드러내는 동영상
잘 지내나요, 이방인?	다문화사회에서 발생할 수밖에 없는 사회적 비용에 대한 편향된 생각을 건강하고 미래 지향적인 방향으로 바꾸어 나갈 수 있도록 생각의 전환을 이끌어 주는 동영상

출처: EBS 지식채널-e(https://jisike.ebs.co.kr).

② 국가평생교육진흥원 제작 영상

국가평생교육진흥원에서 제작한 영상은 우리 사회의 차별에 초점을 맞춰 다문화교육에 대한 내용으로 구성되어 있다. '열어요, 그리고 웃어요'로 총 4부로 이루어져 있다.

눈을 열어요	귀를 열어요
입을 열어요	마음을 열어요

[그림 12-7] **국가평생교육진흥원의 다문화교육 관련 영상 캡처**

출처: 경기다문화교육지원센터(https://more.goe.go.kr/da/index.do).

◆ 다문화 감수성 높이기 2

교육부는 유아 다문화교육에 대한 이해를 돕기 위해 카드뉴스를 제작해서 배포하고 있다. 가정에 보낼 다문화교육 관련 카드뉴스를 만든다면 어떤 내용이 들어가면 좋을지 생각해 보고, 각 조별로 4컷으로 카드뉴스를 만들어 보세요.

[그림 12-8] 부모 대상 「2019 개정 누리과정」 이해를 위한 카드뉴스 자료 예시

출처: 아이누리 포털(https://i-nuri.go.kr).

★ 우리 조가 만든 유아 다문화교육 카드뉴스★

(3) 다문화가정 연계활동하기

부모들이 날짜를 정해서 가정에서 특별한 날에 해 먹는 요리(예: 우리 집 특별요리 프로그램)를 소개하고 먹어 볼 수 있다. 각 가정에서 특별하게 생각하는 날은 다양할 수 있으며(예: 생일, 할머니 오시는 날, 칭찬스티커 다 모은 날 등), 다문화가정 부모가 참여하는 날은 다른 나라의 음식을 맛볼 수 있는 기회가 될 수 있다. 이 외에도 다문화가정 유아를 대상으로 집에 있는 물건에 쓰여 있는 글자(예: 우유 등) 중에서 2개를 찾아 적어 오기 활동지를 제공할 수 있다. 때로는 부모님이 대신 적어 주기도 하고, 유아가 비슷한 모양으로 써 올 수도 있다. 교사가 가정연계활동지를 토대로 글자가 쓰여 있었던 물건이 무엇인지, 왜 이 글자를 선택했는지에 대해 이야기를 나눈다. 이를 통해 자연스럽게 가정과 유치원이 유아의 학습 상황을 공유하고 협업할 수 있다.

(4) 부모 네트워크 조성하기

부모를 대상으로 유아교육기관의 참여활동을 매개로 월 1회 모임을 가질 수 있도록 지원한다. 참여활동의 예로는 유치원 환경구성 자료 함께 만들기, 교재교구 제작 보완, 책 읽어 주기, 놀이 보조 등 다양하다. 그리고 다문화가정을 포함하여 희망하는 가정을 대상으로 1:1로 매칭하여 연결해 줄 수 있다. 유치원과 어린이집에서 각종 모임을 계기로 다문화가정의 부모는 자녀양육에 대한 공감대를 바탕으로 정보를 공유하며 유치원과 자녀 학습에 관심을 가질 수 있다. 더불어 참여하는 비다문화가정 학부모는 다문화가정 부모와의 친분을 바탕으로 편견을 해소하고 인식을 제고할 수 있다.

(5) 다문화 가정통신문(각종 서식문서) 작성, 배부하기

다문화가정 부모 대상 유치원 안내사항, 관련 교육 자료를 인터넷 번역서비스를 활용하여 모국의 언어로 번역하여 제공해 준다. 이때 각 가정의 언어 소통 수준이 다를 수 있으므로 이를 고려하여 통신문을 작성한다. 다문화가정에 배부되는 가정통신문

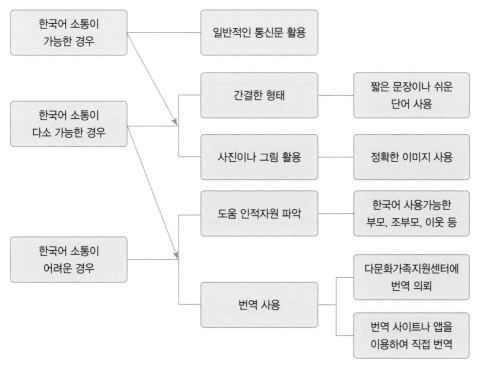

[그림 12-9] **한국어 소통 정도에 따른 다문화가정 가정통신문 작성의 예**

출처: 한국보육진흥원(2019).

을 매번 번역하기 어려운 경우 글과 그림이 섞여 있는 형태로 제작하면 내용을 이해하는 데 도움을 줄 수 있다.

유치원에서 배부해야 할 중요 서식의 경우 다문화 정책학교에서 제공한 서식을 다문화교육포털(https://www.edu4mc.or.kr)에서 다운받거나 교육청에 번역을 요청한다. 현재 유치원 대상의 다문화 번역 서식은 20개 정도가 제공되고 있다. 이 외에도 각 시·도교육청이나 시·군·구의 지자체에서 가정통신문 번역서비스를 제공하고 있다. 더불어 보육진흥원이나 다문화가정 영유아들이 많은 지역의 육아종합지원센터의 경우에도 번역된 서식자료를 제공하기도 한다. 유치원 안내사항, 교육 자료들을 메일이나 SNS 등 온라인을 통해 제공하여 다문화가정에서 컴퓨터 프로그램의 복사-붙이기 기능을 활용하여 본인의 모국어로 번역하여 볼 수 있도록 지원한다.

2) 지역사회와 연계한 유아 다문화교육

지역사회는 유아들이 살고 있는 주변 지역을 시작으로 하여 유아들이 속한 지역의 문화적 정서를 이해하고, 이를 통해 우리나라 문화에 대한 정체감을 형성함과 동시에 다른 나라의 문화를 수용할 수 있다.

지역사회가 포함하고 있는 다문화교육을 위한 자원을 활용하는 것은 가치 있는 일로 지역사회 자원을 활용하고 협력하는 것이 필요하다. 유아 다문화교육을 위해 지역사회와 연계하여 운영할 수 있는 방법은 다음과 같다.

(1) 지역사회로 현장학습 가기

지역사회 내 공공기관을 방문하여 다문화교육을 직접 체험할 수 있다. 어린이도서관에 방문하여 다문화 관련 그림책을 보거나 박물관에 방문하여 여러 나라의 문화재를 살펴보고 문화예술 등을 체험할 수 있다. 지역 내 다문화도서관이나 공공기관을 방문하여 다문화 관련 동요, 동시, 동극, 춤 등 다문화 체험 프로그램도 참여할 수 있다. 이 외에 다문화 사람들이 모여 생활하는 동네를 방문하여 상점 등을 돌아보며 그 나라의 음식과 언어 등의 생활문화를 체험할 수도 있다. 다문화가정이 많이 거주하고 있는 지역이나 다문화 거리 행사 등에 참여하여 세계 여러 나라의 음식이나 놀이를 체험하고 전통문화공연도 체험할 수 있다.

(2) 외국인이나 단체를 초대하여 다문화교육 체험하기

지역사회에 거주하는 다양한 외국인을 유아교육기관으로 초대하여 다른 나라의 문화나 인종, 민족 등을 이해한다. 지역 공연단체를 유아교육기관에 초대하여 다문화 감수성을 높일 수 있는 인형극이나 음악, 춤 등의 문화 공연 등도 이루어질 수 있다. 이 외에 이야기할머니가 원에 방문하여 우리나라의 전래동화 및 옛이야기를 들려주거나 재능기부자를 통해 이중언어교육이나 노래 및 율동 등의 체험도 이루어질 수 있다. 만약 기관 방문을 통한 만남이 어렵다면 온라인을 통해 실시간 비대면 원격 시스템으로 만날 수 있다.

(3) 지역 내 다문화지원센터의 프로그램 활용하기

정부 및 지자체 등에서 운영하는 프로그램을 신청한다. 한국건강가정진흥원에서는 다문화 및 다양한 가족에 대한 이해, 인식 전환, 편견 해소를 위한 찾아가는 이해 교육을 실시하고 있다. 연중 상시로 이루어지며, 1회 2시간 정도 실시된다. 다누리배움터(https://www.danurischool.kr/study)를 통해 신청할 수 있다. 이 외에 다문화가정 자녀를 대상으로 언어 발달 검사 및 지원이 이루어질 수 있다. 서울 은평구에 위치한 다문화박물관에서는 찾아가는 박물관 다문화교육을 진행하고 있으며, 다문화교육 교재교구와 함께 이루어지는 다문화교육 프로그램도 신청할 수 있다.

[그림 12-10] **지역사회 내 다문화교육 지원 프로그램의 예**

출처: 다문화 박물관 홈페이지(http://www.multiculturemuseum.com/main/index.php) 화면 캡처.

(4) 지역사회 자원봉사자 연계하기

교육실습 협력기관(대학교)과 연계하여 교육봉사생 및 실습생을 연계할 수 있다. 다문화유아들은 기관에서 학기초 적응이나 하루 일과와 관련하여 동화 읽어 주기, 집단 게임, 한국어 지원 등 학습보조자의 도움을 받을 수 있다. 유아교육 전공 학생들은 다문화에 대한 지식 외에 유아 발달에 대한 이해도가 높아 유아와의 상호작용을 더욱 효과적으로 할 수 있다. 이 외에 다문화 정책학교에서는 인근 초등학교와 연계하여 4~5학년의 초등학생들이 점심시간에 유치원을 방문하여 동화책을 읽어 주는 '언니·오빠들이 읽어 주는 동화' 프로그램(월 2회)을 운영하기도 한다.

◆ 다문화 감수성 높이기 3

◎ 내가 살고 있는 지역에 유아 다문화교육을 위해 현장 탐방을 갈 수 있는 장소, 온라인 투어를 할 수 있는 곳 등이 있는지 인터넷 검색을 통해 찾아보세요.

생각 넓히기

- 제12장의 학습내용 중에 기억에 남거나 중요하다고 생각하는 키워드를 찾아보세요. 키워드를 활용하여 12장에서 가장 중요하다고 생각하는 내용을 한 문장으로 요약해 보세요. 그리고 다른 친구들과 공유하며 토론해 보세요.

- 다음의 다문화 사례를 읽고, 예비교사로서 다문화가정의 부모와 영유아에 대한 지원방향에 대해 생각을 나누어 보세요.

- 대상 영아: ○○(만 1세, 남아)
- 부모: 모(필리핀), 부(필리핀)

어린이집에서 ○○와 같은 반의 다른 아이와 때때로 충돌이 있었다. 1세의 아이들은 언어적 표현이 아직 제한적이어서 감정을 입으로 물기와 약간의 공격적인 행동으로 나타내는 경우가 있다. 이러한 상황에서 ○○의 부모는 자녀가 받는 심리적 스트레스에 대해 의심과 우려를 표현하며, "우리 아이가 밤에 잠을 못 자고 있다."나 "다른 아이가 우리를 외국인으로 인식하고 무시하여 우리 아이만 공격하는 것 아닌가?"라는 의심을 제기했다. 이에 ○○의 부모는 원에 자녀의 심리적 상태를 고려한 전문적인 정신과 상담을 요청했다. 또한 자신들의 아이가 겪는 스트레스와 이로 인한 어려움에 대해 교사와의 상담을 원했으며, 이 과정에서 상대방 영아를 다른 반으로 옮기거나 퇴소시키는 것을 제안하기도 했다. 이 외에도 ○○의 부모는 원으로부터 금전적인 보상을 요구하는 등의 말도 안 되는 행동을 취하기도 했다. 그러나 실제로 ○○의 부모는 어린이집을 떠나려는 의사를 밝히지 않았다.

한편, 상대방 영아 부모는 '원장님과 선생님들에게 우리가 너무 스트레스가 되는 것 같다. 더 큰 부담을 주고 싶지 않다. 우리가 퇴소하겠다.'는 마음을 비추어 원장과 상담 후에 상대방 부모도 다문화 부모가 불편하여 자녀를 다른 반으로 옮기기로 결정했다. 이러한 결정은 ○○의 부모가 다문화 배경에 대한 자격지심을 느끼며 민감하게 반응한 것과 교사나 다른 부모와의 의사소통에 있어서의 어려움들이 복합적으로 작용한 결과로 보인다.

◎ 부모에 대한 지원방향은?

◎ 영유아에 대한 지원방향은?

/ 다문화교육의 이론과 실제 /

제 13 장

유아 다문화교육의 실제

1. 예비교사를 위한 다문화교육의 실제

1) PBL을 활용한 다문화교육

문제중심학습(Problem Based Learning: PBL) 수업은 현실적이고 실제적인(authentic) 문제를 중심으로 학생들이 개별학습과 협동학습을 바탕으로 해결안을 마련하는 학습자 중심의 교수-학습 방법이다. 학습동기와 교육현장과 관련된 문제해결능력이 향상되고, 팀워크, 리더십, 의사소통능력 개발에 효과적이다.

(1) PBL 교수-학습 과정

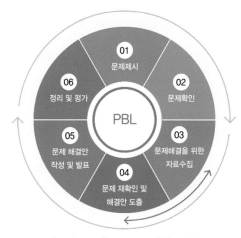

[그림 13-1] **PBL 교수-학습 과정**

출처: 세종대학교 PBL 프로그램(https://creative.sejong.ac.kr/ko/teaching/pbl/intro).

(2) PBL의 특징

〈표 13-1〉 강의식 수업과 PBL 수업의 비교

구분	강의식 수업	PBL 수업
교수자, 학생 역할	• 교수자: 지식 전달자 • 학생: 수용자	• 교수자: 촉진자 & 코치 • 학생: 능동적인 참여자
수업 진행 순서	• 개념, 원리 전달 → 추상적이고 구조적인 문제 풀기	• 맥락적이고 실제적인 문제 제시 → 학습활동
평가방법	• 결과 중시 • '처방'으로서의 교육	• 과정+결과 중시 • '경험'으로서의 교육

출처: 세종대학교 PBL 프로그램(https://creative.sejong.ac.kr/ko/teaching/pbl/intro).

(3) PBL의 진행 과정

[사전활동] 조 구성 및 조별 규칙 정하기

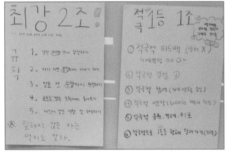
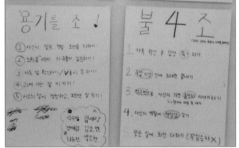

① 문제 제시

유아 다문화교육과 관련된 현장 사례 중 학생들과 토론하기에 적절한 문제를 제시한다.

사례 1

- 대상 유아: ○○(만 3세, 여아)
- 부모: 모(필리핀), 부(대한민국)

○○는 다문화 가정에서 태어난 아이로 ○○이의 부모는 문화적 및 언어적 차이로 인해 갈등이 자주 발생합니다. ○○는 주말에 혼자 어린이집 가방을 매고 집을 나와 동네를 돌아다니곤 하였으며 이를 본 주변 주민이 경찰에 신고하여 어린이집으로 연락오는 사건이 세 번이나 반복되었습니다.

어린이집에서는 ○○의 어머니와 언어적으로 소통이 되지 않아 ○○의 아버지에게 연락을 시도하였고, ○○의 아버지는 크게 당황하며, 어머니와 더 큰 갈등을 빚게 되었습니다.

그런 일이 있은 후 등원하는 ○○의 얼굴에 붉은 기와 상처가 발견되었고 ○○에게 상황을 물어보니, ○○는 혼자 집을 나갔다는 이유로 엄마에게 맞았다고 하였습니다. 이에 어린이집에서는 아버지에게 연락하여 아동학대에 대해 강력히 경고하였습니다.

사례 2

- 대상 유아: ○○(만 5세, 남아)
- 부모: 모(러시아), 부(대한민국)

○○는 다문화 가정에서 태어난 아이로, 언어소통능력이 뛰어납니다. ○○의 부모님은 직장과 사업에 바빠져 ○○가 연장반에서도 늘 귀가 시간이 늦어집니다. ○○는 또래 아이들에게 욕설과 은어를 사용하며, 공격적인 태도를 보이기도 합니다.

이러한 ○○의 행동으로 인해 또래 친구들은 ○○이를 피하게 되었고, 여러 부모님에게서도 민원이 발생하기 시작했습니다. 일부 부모들은 ○○의 퇴소를 원하거나 ○○의 문제 행동이 개선되지 않으면 자신들의 아이를 다른 어린이집으로 전원시키겠다고 협박하기도 했으며, 실제로 몇몇 원아는 퇴소하기도 했습니다.

어린이집에서는 문제를 해결하기 위해 ○○의 부모와 다른 부모들 사이에서 여러 차례 중재를 시도했으나, ○○의 부모님은 매번 문제를 개선하겠다고만 약속하고, 실질적인 행동 변화는 보이지 않았습니다. ○○이는 어머니가 운영하는 네일숍에서 밤늦게까지 유튜브를 보며 시간을 보냈습니다. ○○의 공격적인 행동은 점점 심각해져, 어린이집 내에서 큰 문제로 부각되었습니다.

사례 3

• 대상 유아: ○○(만 3세, 여아)
• 부모: 모(우즈베키스탄), 부(우즈베키스탄)

○○는 우즈베키스탄 국적의 부모를 둔 3세 여아로, 가정에서는 이슬람교의 교리에 따라 돼지고기를 포함하는 음식을 섭취하면 안 됩니다. 이로 인해 어린이집에서는 돼지고기나 소시지, 햄 등과 같은 음식을 대체하여 제공하며, 젤라틴이 들어간 젤리와 같은 간식은 사탕으로 대체하여 제공하곤 합니다. 그러나 이런 특별한 대처로 인해 다른 아이들은 때때로 '왜 ○○만 다른 음식을 주는지'에 대한 의문을 표현하기도 합니다. 교사는 다른 아이들에게 ○○의 종교적 배경과 그로 인한 음식 제한에 대해 설명하려 하지만, ○○ 자신은 그런 제한 없이 다른 친구들과 동일한 음식을 먹고 싶어 합니다. 실제로 ○○의 부모님은 종교적 교리를 엄격하게 지키려는 경향이 있어 ○○가 돼지고기를 섭취하는 것에 대해 강한 반발을 보이지만, ○○는 어린이집에서 종종 허용된 음식을 먹게 되었을 때 큰 행복을 느낍니다. 이로 인해 교사는 ○○의 음식 섭취에 대한 부모님의 기대와 ○○의 행복 사이에서 고민하게 됩니다.

사례 4

• 대상 유아: ○○(만 4세, 여아)
• 부모: 모(필리핀), 부(대한민국)

○○는 필리핀 국적의 어머니와 대한민국 국적의 아버지를 둔 4세의 여아입니다. ○○는 어린이집에 입소하기 전까지 필리핀에서 어머니와 함께 생활하며 필리핀어(타갈로그어)를 주로 사용하였습니다. ○○가 어린이집에 입소하게 되면서 처음에는 한국어 의사소통에 어려움을 겪었습니다. 교사와 다른 아이들이 말하는 것을 이해하지 못해 표정이 어두워지곤 하였고, 때로는 눈물을 흘리기도 했습니다. 또한 ○○의 어머니는 필리핀에서의 교육방식과는 달리 한국의 어린이집에서는 더 많은 자율성을 부여하는 경향이 있어, ○○가 너무 자유롭게 행동하거나 교사의 지시를 잘 따르지 않을 때 그걸 너무 느슨하게 다룬다고 느끼곤 합니다. 한편, ○○는 어린이집 친구들과 놀면서 서서히 한국어를 배우기 시작하였고, 교사들도 ○○의 언어 발달을 도와주기 위한 여러 방법을 도입하려 노력하였습니다. 그럼에도 불구하고, 어린이집에서의 일상과 집에서의 일상에서 언어가 혼용되면서 ○○는 때로는 두 언어를 혼용하여 사용하는 현상도 보였습니다. 이 상황을 보고 ○○의 어머니는 필리핀의 문화와 언어를 잃어버리지 않도록 꾸준히 필리핀어(타갈로그어)로 이야기를 하며 필리핀의 전통 노래나 이야기를 들려주곤 합니다. 한편으로는 아버지는 한국에서의 적응과 교육을 위해 ○○에게 한국어 환경을 더 강화해 주기를 원했습니다. 이러한 상황에서 ○○의 아버지는 한글 학습의 중요성을 교사에게 늘 강조하며 상담을 요청하곤 합니다.

② 문제 확인

유아 다문화교육 PBL 사례를 살펴보고, 분석과정을 통해 문제를 파악한다.

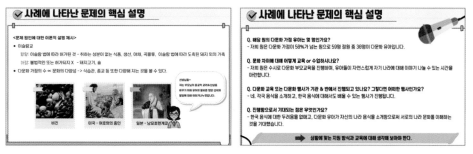

[그림 13-2] 문제 파악 사례

③ 문제해결을 위한 자료수집

집단별 토의를 통해 문제해결 계획을 세운다. 이후 이미 알고 있는 사실, 더 알아야 할 사항, 실천계획을 정리 및 기록한다.

조 이름	용기를 조!		날짜	2023년 11월 22일(2회차)
PBL 학습주제	사례에 따른 다문화가정의 지원 전략			

생각/가설/ 해결안(ideas)	더 알아야 할 것 (learning issues)	학습자원(resources)	실천계획 (action plan)
• 부모상담은 총 4회기로 진행 -1회기: 자녀양육 방법 및 가치관에 대한 상담 → 4주 동안 일주일에 한 번씩 대면으로 총 4회 진행 -2회기: 우리나라의 종교, 문화 또는 음식 문화에 대해 이해하기 → 우리나라는 종교적 자유가 보장되어 있으며, 우즈베키스탄에서 이슬람을 믿는 이유 등을 강연하며 ○○가 있는 반의 모든 부모를 대상으로 함	• 프로그램 홍보방법 • 프로그램 참여 인원 • 프로그램 진행 장소 • 프로그램 진행 날짜 • 부모에게 신뢰감을 줄 수 있는 방법 • 종교 관련 강의를 진행할 때 주의해야 할 사항 • 이슬람 종교의 특징 • 다문화 유치원에서 이미 진행되고 있는 다양한 사례	• 우즈베키스탄 사람의 인터뷰 • 우즈베키스탄(다문화) 종교 관련 영상 및 다큐멘터리 • 강의를 위한 논문 및 영상 • 실제 현장에서 진행되고 있는 다문화 및 종교 프로그램 사례 논문	• 프로그램 홍보방법 → 유치원 내 포스터 부착 및 안내문과 함께 발송 • 프로그램 참여 인원 → 부모상담 프로그램(1, 4회기: 대상 유아의 부모만 참여/ 2, 3회기: 대상 유아의 반 모든 부모 참여) → 유아상담 프로그램(1~3회기 모두 같은 반 모든 유아가 참여) • 강의 내용은 논문 및 영상을 통해 조사함 • 우리나라 종교, 문화에 대한 강연 내용 준비

-3회기: 대체 음식 만들어 보기 및 유아의 도시락 싸 보기 → 유아와 부모 모두가 반에서 함께 진행함 -4회기: 부모의 종교적 관점에 대한 인식의 변화 및 1회기 상담 비교 • 유아의 활동은 총 4회기로 진행. 유아의 상담은 ○○의 반 모든 유아가 함께 진행함 -1회기: 다문화유아의 이해를 위한 동화 읽기, 새 노래 배우기, 동화와 연계된 활동하기 -2회기: 자신의 권리에 대해 이야기 나누기 -3회기: 문화차이를 알기 위한 각 나라의 문화체험 → 부모와 함께 진행되며, 대체음식 만들어 보기, 각 나라의 전통의상을 입고 패션쇼 하기 등이 유치원 내에서 진행됨 -4회기: 국립민속박물관 견학 및 다문화 꾸러미 체험		

[그림 13-3] PBL 집단별 과제수행보고서

〈표 13-2〉 **인터뷰 사례**

〈인터뷰 질문지-경력 교사〉	〈인터뷰 질문지-전문가〉
Q. 귀하가 근무 중인 기관은 어디인가요? -어린이집입니다. Q. 해당 원에 다문화가정의 유아가 있나요? -네.	Q. 기관에 근무하시면서 채식주의자, 종교로 인해 급식을 거부하는 유아를 보신 적이 있으신가요? -남묘호렌게쿄를 믿는 유아가 있었다. 고기와 달걀을 먹지 않았으며, 유치원의 행사, 생일파티에도 참여하지 않았다.

Q. 몇 명인가요?

-저희 원은 다문화가정이 50%가 넘는 원으로, 정원 59명 중 30명이 다문화유아입니다.

Q. 해당 유아의 다문화 국적은 어디인가요?

-중국, 몽골, 인도, 러시아, 필리핀, 미국, 남미, 태국입니다.

Q. 해당 유아가 기관에 적응하면서 어려워하거나 힘들어하는 점이 있나요?

-언어를 가장 어려워합니다. 부모님 두 분 다 외국인일 때 아이가 언어 때문에 더욱 힘들어합니다.

Q. 문화차이에 대해 어떻게 교육(수업)하시나요?

-저희 원은 수시로 다문화 부모교육을 진행하며, 유아들이 자연스럽게 자기 나라에 대해 이야기 나눌 수 있는 시간을 마련합니다.

Q. 다른 유아들의 다문화 인식은 어떠한가요?

-저희 원은 차별 없이 자연스러운 분위기 속에서 서로 소통하며 잘 지냅니다.

Q. 다문화교육 또는 다문화 행사가 기관과 반에서 진행되고 있나요? 어떠한 행사인가요?

-각국 음식을 소개하고, 한국 음식에 대해서도 배울 수 있는 행사입니다.

Q. 진행함으로써 기대되는 점은 무엇인가요?

-한국 음식에 대한 두려움을 없애고, 다문화유아가 자기 나라 음식을 소개함으로써 서로의 나라 문화를 이해하는 것을 기대했습니다.

Q. 유아의 부모는 유치원에 어떤 점을 바라나요?

-언어와 발음 문제에 대해 걱정하며, 초등학교 생활을 잘할 수 있도록 지원해 주기를 바라십니다.

Q. 고기와 우유를 먹지 않는 유아의 경우 원에서의 식사는 어떻게 이루어졌나요?

-유치원에서 그 아이만을 위해 따로 조리하는 것은 불가능하다는 걸 부모님께 설명하고 부모님께서도 동의하셔서 도시락을 싸서 다녔다. 또한 매달 초에 가정으로 식단표를 보내고 아이가 먹을 수 있는 것만 체크를 하면 그 반찬만 아이에게 주었다. 유아는 밥도 유치원 밥을 안 먹고, 오로지 부모님이 표시한 반찬만 받았다.

Q. 해당 유아는 고기나 우유 같은 자신이 먹지 못하는 음식을 먹고 싶지 않아 했나요?

-유아도 종교적 신념이 강해서 먹고 싶어 하거나 그러진 않았다.

Q. 부모님의 종교적 교리와 신념을 바꾸기 위한 노력을 하셨나요?

-유아의 올바른 영양 섭취와 발달에 관해 이야기를 나누었다.

Q. 해당 유아가 급식을 먹지 않고 도시락을 싸 오는 것에 대해 다른 유아들의 인식은 어땠나요? 또한 인식개선을 위해 한 활동이 있나요?

-해당 유아에 대해 궁금해하며 의문을 표했다. 다른 유아들에게 설명의 필요성을 느껴 해당 유아의 부모님께 상황을 설명한 후 아이가 해당 종교 때문에 먹지 못하는 걸로 말할지, 아니면 알레르기로 인해 먹지 못하는 걸로 이야기할지를 여쭤 보았다. 부모님께서 종교 때문에 먹지 못한다고 솔직하게 말해 달라고 하여 학급의 유아들과 다양한 종교에 대해 알아보는 활동을 했다.

④ 문제 재확인 및 해결안 도출

새롭게 알게 된 지식을 토대로 하여 문제에 대한 해결안을 도출한다.

⑤ 문제 해결안 작성 및 발표

다문화 사례에서 분석한 문제에서 도출된 해결안을 다양한 그림자료와 글 등으로 작성하여 발표한다.

1) 우즈베키스탄의 날

- 우즈베키스탄–인사말 및 전통 놀이 & 의상 & 악기 & 음식 체험
- 이슬람교–전통 문양 부채 만들기 및 동화책 읽기, 의복(히잡) 알아보기
- 유아들이 우즈베키스탄 이슬람교에 대해 알아보고, 문화적 차이 이해 및 존중하는 효과를 기대한다.

2) 미술 활동

- 〈콜라주 기법〉
  '내가 먹고 싶은 급식 구성하기' 활동을 통해 자신의 욕구 인식 및 생각과 느낌을 표현한다.
- 〈파스텔 기법〉
  '할랄 푸드를 먹지 못했을 때의 내 마음 표현해 보기' 활동을 통해 유아의 정서를 간접적으로 표현한다.

3) 놀이 활동

- 음식과 관련된 소풍놀이, 시장놀이를 통해 유아의 생각과 욕구를 알아본다.
- 『샌드위치 바꿔 먹기』 동화책을 읽으며 서로 다른 생각과 식문화를 이해하고 존중한다.

4) 차별 & 편견없이 지내기

- 〈달라도 친구〉 인형극을 통해 타인과의 차이를 인정하고 존중하는 법을 깨닫는다.
- '나만의 특별한 점 말하기' '존중의 약속'을 정하는 활동을 통해 직접적으로 또래 유아들이 가진 다양한 점을 인정하는 태도를 갖는다.
- 다양한 문화집단 속에서 서로를 이해하고 더불어 살아가는 방법을 안다.

[그림 13-4] **유아에 대한 지원 방안 예시**

1) 상담

- 유아의 관찰 기록, 심리 활동 결과를 바탕으로 유아의 마음을 헤아려 본다.
- 또래 유아들 사이에서 식문화 차이 관련 갈등 상황이 발생함을 안다.
- 다른 유아들과 동일한 음식을 먹고 싶어 하는 유아의 입장을 이해 및 공감한다.

2) 부모가 유아 입장이 되어 상황극 해 보기

- 상황극을 통해 유아가 되어 기관에서의 점심시간 상황을 이해해 본다.
- 종교적 교리만이 아닌 아이의 입장도 함께 존중하는 마음을 갖는다.
- 아이의 감정에 공감하며 갈등을 해소할 계기를 마련한다.

3) 영양소 교육

- '부모의 영양소 이해도 검사 & 해석' 및 '전문가의 유아 발달에 따른 식품 영양 및 기능성 정보 제공'을 통해 올바른 영양소를 안다.
- '한국 식문화'를 알아보며 취학 후 단체 생활에서의 급식 문제에 대해 생각해 본다.
- '유아 식단표 구성 및 점검'을 통해 균형 잡힌 영양 식단을 만들어 본다.

4) 상담

- '유아의 유치원 일주일 점심 구성하기'를 통해 하람 음식에 대한 인식의 변화 여부를 확인한다.
- '부모 소개 저널'을 통해 자신을 되돌아보는 경험을 함으로써 유아에게 긍정적 효과를 줄 수 있도록 한다.

[그림 13-5] 부모에 대한 지원 방안 예시

⑥ 정리 및 평가

다문화교육 사례를 통한 학습과 배움의 과정을 회상하며 정리하고 평가한다.

느낀점

김○○	교사의 입장에서 사례의 유아가 정말 학급에 있다고 생각하고 해결의 방안들을 팀원들과 열심히 찾고 생각해 보았다. 이러한 생각의 과정에 모두 수고했다고 말하고 싶고, 언젠가 비슷한 사례를 현장에서 겪는다면 실제로 적용해 보고 싶다.
김○○	다문화가족은 주변에서 쉽게 볼 수 있다는 점에서 실제로 있을 법한 사례를 통해 다양한 다문화교육에 대해 알게 되었고, 내가 만약 사례처럼 교사로서 고민이 생긴다면 이번 PBL을 충분히 사용해 보고 싶다.
김○○	이번 PBL을 통해 다문화교육의 중요성을 알게 되면서 다양한 다문화교육을 찾아보며 관련된 프로그램이나 부모상담/교육에 대해 자세히 알게 되었고, 취업 후 사용해 볼 수 있을 것 같다고 생각했다.
김○○	시작 전에는 쉽지 않을 것이라는 생각에 막막했는데, 팀원들과 함께 잘 마무리한 것 같아서 다행이라고 느꼈다. 다문화유아의 적응 관련 사례를 다루는 건 처음이었는데, 이번 PBL을 통해 후에 현장에서 잘 적용할 수 있을 것 같다는 생각이 들었다.
김○○	인터뷰를 통해 다문화와 관련된 비슷한 사례를 들으며 현장의 이야기를 더 생생하게 들어볼 수 있다는 점이 좋았으며, 팀원들과 함께 머리를 맞댐으로써 더 많은 아이디어가 나올 수 있었던 것 같다.

[그림 13-6] 다문화 PBL 활동에 대한 학생의 자기평가 예시

2) 체험활동을 통한 다문화교육

(1) 다문화 인식개선 활동

① 조별 활동을 위한 조 이름 정하기(예시)

조를 구성한 후 다양한 문화를 나타낼 수 있는 조 이름을 정해 본다.

조	조 이름
1조	같이가치조
2조	다양하조
3조	물감섞조
4조	위아더원조

② '문화'에 대한 생각 모으기 활동

조별로 '문화'에 대해 생각나는 것들을 유목화하여 함께 적어 본다.

③ 모자이크 팔찌 캠페인

• 다문화 인식개선을 위한 팔찌 이니셜을 생각해 본다.

• 팔찌를 제작한다.

• 캠페인을 위한 내용을 구상하여 사진을 촬영한다.

• 사진 위에 캠페인 문구를 삽입한다.

| 캠페인 주제 | 다 다르지만, 다 함께하는 문화, 우리는 다문화입니다 |

네잎클로버는 4개의 잎이 모여 '행운'이라는 꽃말이 만들어졌듯이 지구촌의 다양한 인종과 문화가 모두 한데 모여 화합을 하였을 때 우리의 지구촌이 완성되어 더 아름다운 사회와 미래를 만들 수 있고, 서로 다른 개개인 모두가 큰 행운이라는 것을 표현한 것입니다.

| 캠페인 주제 | 다문화가정의 유아들이 차별 없고 평화로운 세계를 만들자 |

각자의 개성을 살려 다양하게 디자인을 하고, 주먹을 하나로 모으며 '모두 다르지만 서로를 존중하고 한 사람 한 사람 모두가 소중하다.'라는 의미입니다.

| 캠페인 주제 | 우리는 모두 하나 |

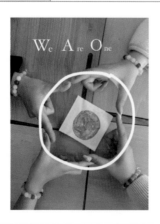

색이 다양한 다문화 팔찌를 만들게 되었습니다. 팔찌는 개인과 문화를 상징하고 있습니다. 여러 다양한 문화가 서로 다르지만 한 줄에 껴 있어 문화가 다름에도 우리는 모두 하나라는 뜻을 품고 있습니다. 중간에 지구를 그려 넣은 것은 전 세계 사람들을 빗대어 표현한 것이며, 원을 그려 넣은 것은 서로를 이해하는 마음과 존중을 표현한 것입니다. 마지막으로 'We Are One'이라는 문구는 다문화사회 속에서 모두가 하나의 공동체이기에 진정으로 전 세계 사람들이 하나가 되길 바라는 마음으로 적게 된 문구입니다.

캠페인 주제	우리는 모두 친구들이 될 수 있습니다

세상에는 나라, 외모, 가치관 등 각자의 특징이 있는 사람들이 공존하며 살아가고 있습니다. 다름을 이해하지 못해 가끔은 다투기도 하지만 서로 다르기에 즐거움을 느끼고 서로를 이해해 편안함도 느끼는 경우가 더 많다고 생각했습니다. 그래서 앞으로 모든 사람이 서로의 다름을 이해하여 차별 없이 친구가 되었으면 좋겠다는 생각에 우리 모두 친구가 될 수 있다는 뜻에서 'FRIENDS', 즉 '친구들'이라는 단어를 적었습니다.

④ 다문화 편견 저널쓰기

평소에 자신이 인식하지 못했던 편견의 요소를 찾아보고 편견을 극복하기 위한 자신의 생각을 적어 본다. 다문화 편견에 대한 학생의 저널쓰기 사례를 살펴보면 다음과 같다.

저는 은연중에 중국은 시끄럽고 더러운 편이다. 일본인은 따돌림 문화가 크다. 미국인은 멍청한 사람이 많다 등의 편견을 조금 가지고 있었습니다. 그러나 이런 것들은 사람 개개인의 특징이지 모두를 통틀어 이러할 것이라고 바라보는 시각은 좋지 않다는 것을 깨달았습니다. 또한 누군가를 함부로 폄하하는 것 또한 옳지 않습니다. 객관적으로 부정적인 일들도 있을 수 있지만 주관적인 한국인인 제 시야에만 부정적인 타국의 문화들도 존재할 것이기 때문입니다. 또한 지난날 동안에 저는 동남아시아 국가와의 국제결혼 가정의 경우 여성 쪽이 가난한 경우가 많을 것이라 생각하기도 했습니다. 하지만 수업과 특강 등을 들으며 그분들도 자국에서 많은 교육을 배우고서 새로운 환경에서 더욱 나은 삶을 살아가기 위해 노력하는 한 인간일 뿐 그 외의 시선은 편견이 될 수 있다는 생각이 들게 되었습니다. 이처럼 저는 수업을 들으며 그동안 제가 가지고 있던 편견을 다시금 깨닫고 반성하는 시간을 가질 수 있었습니다. 더불어 다문화에 대한 정의도 생각해 보는 시간을 가졌습니다. 다문화라는 단어에서 우리는 다름을 느낄 수 있지만 진정으로 살펴본다면 많이 다르지 않기도 하며, 비슷하다 느끼던 사람도 오히려 다른 점을 발견할 수도 있는 등 기준에 따라 많은 것이 달라짐을 느꼈습니다. 이러한 점을 늘 마음에 새기고 고려하며 교사로서의 자세를 기르고, 점점 다양한 사람이 함께하는 글로벌한 세계 속 한국 사회에서 자라날 새싹들에게도 편견 없는 열린 마음을 기르도록 해 주고 싶습니다.

-예비교사 A-

다문화에 관련된 저의 편견은 다문화 수업을 듣기 전까지는 몰랐는데, 제가 하는 생각에 따라 자연스럽게 행동한 것이 편견이었다는 것을 알게 되었습니다. 초등학생 때부터 대학생인 지금까지 다문화가정은 저와 피부색이 다르고 언어가 달라 한눈에 알아볼 수 있다고 생각했습니다. 그래서 그런지 우리와 자연스럽게 살아가는 다문화가정을 보고 나중에 다문화가정이라는 사실을 알게 되었을 때 놀랐던 저의 모습을 알게 되었고, 편견을 가지고 있다는 사실을 알게 되었습니다. 다문화가정이면 엄마나 아빠의 언어, 즉 다른 나라 언어를 유창하게 잘할 것이라고 생각했습니다. 그리고 그 친구에게 "나중에 그 나라에 같이 가게 된다면 대신 통역해 줘!"라고 장난스럽게 말한 모습도 편견이었다는 사실을 알게 되었습니다. 역으로 상대방의 상황을 생각해 보고 이해한다면 편견이 줄어들 것이라 생각합니다.

-예비교사 B-

(2) 다문화 놀이 체험관 운영

다양한 놀이자료를 활용하여 다문화활동을 체험하는 다문화 놀이 체험관을 운영한다. 놀이자료는 상업화된 교재교구를 활용하거나 학생들이 직접 제작한 자료를 활용할 수 있다. 세계 여러 나라의 가면(탈) 놀이, 민속의상 제작 및 체험(패션쇼), 국가별 주사위를 활용하여 세계 여러 나라의 인사말과 노래해 보기 등 놀이와 접목하여 실행할 수 있다. 이 중 몇 가지 사례를 제시하면 다음과 같다.

① 켄다마 놀이

일본의 전통 장난감이자 세계 곳곳에서 많은 사람이 즐기고 있는 스킬 토이이다. 한국에서는 죽방울이라고도 한다. 국내에서는 대중화되지는 못했지만 몇몇 업체가 수입하거나 자체 제작하여 판매하므로 구하는 건 어렵지 않다. 간단해 보이지만 생각보다 어려운 기본 기술들 그리고 심화로 들어가면 화려하고 현란해지는 각종 기술들의 매력에 이끌려 일본과 한국뿐 아니라 미국 등의 서양에서도 인기를 얻고 있으며, 크루를 조직하거나 소규모 팀을 만들어서 대회와 축제를 자체적으로 열어 새로운 기술이 여기저기서 만들어지고 있다.

- 힘을 조절하여 종이컵 안에 공을 빠르게 넣어 본다.
- 조별로 시합을 해 본다.

② 후쿠와라이 놀이

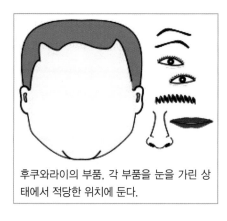

후쿠와라이의 부품. 각 부품을 눈을 가린 상태에서 적당한 위치에 둔다.

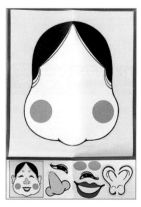

일본의 설날 전통놀이 중 하나로 면의 윤곽을 그린 종이 위에 눈, 코, 입 등의 부품을 흩뜨려 놓고 눈가리개를 한 사람이 그것을 적당한 위치에 놓아 간다. 나열하는 사람이 눈을 가리고 있기 때문에 만들어진 부품의 위치가 엉망이 되어 있으며 우스꽝스러운 얼굴 모습이 나타난다. 그것을 보고 웃고 즐기는 것이다. 보다 이상한 얼굴을 만든 사람, 혹은 보다 올바른 보통의 얼굴을 만든 사람을 승자로 하는 등으로 승패를 정한다.

- 얼굴 윤곽만 그린 종이 위에 양 눈과 눈썹, 눈, 코, 귀, 입을 오린 종이를 '눈을 가린 채로' 감으로만 올려 둔다.

③ 걱정인형 만들기

걱정인형은 과테말라 부모들이 아이가 공포심이나 두려움 등으로 잠을 이루지 못할 때, 걱정인형을 선물로 준 것에서 유래되었다. 하루에 하나씩 자신의 걱정을 말하고 "네 걱정을 인형이 가져갔단다."라고 이야기하여 아이들로 하여금 '나의 걱정거리를 털어놓을 수 있는 친구'로 인식하도록 하는 의미를 지닌다고 할 수 있다. 걱정인형과 관련된 동화로는 앤서니 브라운(Anthony Browne)의 『겁쟁이 빌리』를 들 수 있다.

- 나무집게 위에 나무 막대기를 적당한 크기로 잘라 목공풀을 이용해 붙인다.
- 마음에 드는 색의 실로 얼굴과 몸통을 감는다.
- 색 솜공을 이용해 걱정인형의 머리 부분에 붙인다.
- 자유롭게 눈, 입 등 얼굴을 꾸민다.

④ 세계 여러 나라 음식 체험

세계 여러 나라 음식을 체험할 수 있는 기회를 가진다. 수업이 이루어지는 15주의 기간 동안 한 달에 한 국가를 선정하여 1주일에 한 번 그 나라 음식을 만들어 보거나 매주 다른 나라 음식을 체험해 볼 수도 있다. 세계 여러 나라의 음식과 우리나라의 음식을 비교하고 비슷한 점과 차이점을 이야기해 보면서 타 문화를 이해하는 경험을 한다.

(3) 기타 다문화교육 활동

① 다문화 일러스트 동아리 운영

세계 여러 나라의 상징물이나 국가 상징을 이용한 일러스트를 만들어 본다. 제작한 일러스트를 다양한 물건(컵받침, 에코백, 파우치, 마우스패드, 향초 등)에 입힘으로써 세계 여러 나라를 상징하는 기념품을 제작한다. 제작한 기념품은 나눔 활동을 하여 배포하거나 판매하여 얻은 수익금을 기부한다.

② 독후활동 대회

1~2주 정도 다문화와 관련된 도서를 선정하여 읽는다. 이후 읽은 도서와 관련된 다양한 독후활동을 실시한다. 주인공에게 편지 쓰기, 느낀 점에 대하여 동시짓기, 책의 줄거리 각색하기 등 다양한 방법으로 독후활동을 하고 그 결과물을 제출한다. 제출된 결과물은 심사 후에 시상을 한다.

③ 다문화 퀴즈 대회(골든벨)

다문화교육 활동 후 다문화 퀴즈 대회를 진행한다. 그동안 배웠던 다문화교육에 대한 이해력, 사회적인 인식, 이슈 등에 대한 문제와 다른 나라의 문화에 대해 묻는 질문 등으로 문제를 구성한다. 문제 수는 프로그램 시간을 고려하여 설정하며, 수상자에게는 상장과 상품을 수여한다.

④ 다문화 인식개선 대회

다문화에 대한 인식을 새롭게 하고 공감할 수 있는 주변 사례를 적극적으로 찾아볼 수 있도록 다문화 인식개선 대회를 개최한다. UCC, 포스터, 그림그리기, 소감문 등으로 진행할 수 있으며, 우수작에 대하여 시상과 함께 별도 공간에 수상작들을 전시한다.

⑤ 다문화 신문 만들기

다문화와 관련된 이슈들, 논쟁점이 있는 기사들을 정리하여 신문으로 만들고 게시한다. 다문화 신문에 게시된 기사들을 읽고 자신의 생각을 더하거나 토론하는 기회를 가진다.

⑥ 다문화 체험활동 후 체험소감 기록하기

다문화 체험활동을 실시하고 행사 후에 체험소감을 써 보며 체험학습을 통한 배움의 의미를 되새겨 본다.

일시		장소	
누구와		무엇을(체험내용)	
체험소감			

3) 외부 자원을 활용한 다문화교육

(1) 다문화 연사 초빙 강의(다문화 인식개선 활동)

사회에서 활동하고 있는 다문화가족을 연사로 초빙하여 대화를 나눌 수 있는 자리를 마련하고, 우리 사회에서 다문화로 살아가는 현실과 소회, 앞으로 개선되어야 할 방향 등에 대한 이야기를 듣는다. 다문화가정 부모들은 비슷한 경험을 하며 지내 온 인생 선배들의 조언을 듣고, 교사들은 다문화유아들을 이해하는 시간을 갖는다. 다문화가족지원센터나 지역의 다문화교육지원센터에서 강사 협조를 받을 수도 있다.

[그림 13-7] 다누리배움터에 강의를 의뢰하여 특강을 진행하는 모습

(2) 희망편지쓰기

굿네이버스에서 진행하는 희망편지쓰기 활동을 연계하여 경제 사정이나 여건이 좋지 못한 외국의 아동에게 희망의 편지를 써 보내는 활동을 한다. 유아들은 외국 친구와의 소통을 통해 다른 국가와 문화를 이해하는 경험을 하며, 더불어 어려운 외국의 이웃을 위해 편지를 쓰며 배려의 마음을 경험하게 한다.

(3) 다문화교육 현장 방문

교육청 및 교육지역청, 지역 다문화교육지원센터 등의 자원을 활용하여 다문화교육을 실시한다. 또는 예비유아교사들이 다문화유아들을 대상으로 운영하고 있는 어린이집을 방문하여 기관 현황을 청취하고 다문화유아들과 시간을 함께 보낼 수 있다.

[그림 13-8] 다문화 어린이집 현장 방문 모습

(4) 이주여성이 찾아가는 다문화교실 프로그램 운영

구청 또는 다문화가족지원센터로부터 프로그램을 신청하여 파견된 이주여성이 다문화이해교육과 다문화체험교육을 실시한다. 한국에 정착하여 살아가고 있는 외국인으로부터 직접 교육을 받음으로써 그 나라에 대한 문화를 더욱 자세하게 알 수 있으며, 소수집단의 입장에서 경험했을 사회적인 인식에 대하여 직접 들어 볼 수 있는 기회를 제공한다.

(5) 다문화가족지원센터 프로그램 연계

지역 내 다문화가족지원센터의 협조를 통하여 다양한 프로그램을 운영할 수 있다. 다문화가족지원센터는 다문화자녀의 정체성 회복 및 사회성 개발을 위하여 다문화학생의 개별 신청을 통하여 다문화가정 자녀를 대상으로 언어 발달 지원 서비스를 운영한다. 동 서비스는 다문화가족 자녀의 언어 발달을 위한 언어 발달 정도 평가, 언어교육, 부모상담 및 교육방법 안내 등을 포함한다. 또한 방문교육(자녀생활) 서비스도 운영한다. 예컨대, 독서코칭, 숙제지도 등이 이에 포함된다. 이 외에 가정 내 이중언어 사용을 위한 인식개선 교육과 부모-자녀 상호작용 코칭서비스 등의 다문화가족의 이중언어 환경 조성 서비스도 운영한다.

2. 유아를 위한 다문화교육의 실제

1) 놀이 및 활동을 통한 유아 다문화교육

(1) 유아 다문화교육활동 계획[1]

다문화사회로의 변화에 따라 다문화유아들을 위한 환경조성과 모든 유아의 다문화 감수성 함양을 위한 다문화교육을 요구하고 있다. 다문화교육은 민족, 인종, 언어, 종교 등 다양한 문화적 배경을 가진 집단이 공존하는 다문화사회로의 변화에 능동적으로 대응하기 위해 가져야 할 지식, 기술, 가치 등을 함양하고자 하는 교육을 의미한다.

세계시민교육은 세계화 시대를 살아가는 시민에게 요청되는 세계 공동체 구성원으로서 자질을 함양하는 교육으로, 유네스코에서는 학습자들이 세계에 대해 '아는

⟨표 13-3⟩ 세계시민교육 학습주제와 다문화 감수성 핵심 역량의 내용

구분	내용	
세계시민교육 학습주제	지역·국가·세계의 체계와 구조	
	지역·국가·세계 차원에서 공동체 간의 상호작용과 연계에 영향을 미치는 이슈	
	암묵적 가정과 권력의 역학관계	
	다양성 차원의 정체성	
	사람들이 속한 다양한 공동체와 공동체 간의 상호 연계 방식	
	차이와 다양성의 존중	
	개인적·집단적으로 취할 수 있는 행동	
	윤리적으로 책임감 있는 행동	
	참여하고 행동하기	
다문화 감수성 핵심 역량	다양성	인정, 관용, 수용
	관계성	공감, 소통, 협력
	보편성	반차별, 반편견, 세계시민성

출처: 교육부, 17개 시·도교육청, 국가평생교육진흥원, 중앙다문화교육센터(2021).

---

1) 교육부, 17개 시·도교육청, 국가평생교육진흥원, 중앙다문화교육센터(2021). 2021 교육(누리)과정 연계 다문화교육 수업 도움자료: (유치원) 다문화감수성 제고를 위한 세계시민교육 교수·학습 자료에서 발췌하여 재구성하였다.

것'에 그치지 않고, 지구촌 구성원으로서의 소속감을 바탕으로 인류 보편의 가치를 내재화하여 국가와 지역의 경계를 넘어 타인과 연대할 수 있으며, 지역과 글로벌 단위의 문제해결을 위해 책임감 있게 참여할 수 있는 행동적 역량을 갖추는 것을 세계시민교육의 목표로 제시하였다(유네스코 아시아태평양 국제이해교육원, 2015).

　다문화 감수성과 세계시민교육의 개념은 상하위 개념으로 이해하기 어려우며, 많은 부분이 중첩되고 있음을 알 수 있다. 따라서 다문화 감수성 측면에서의 핵심 역량과 세계시민교육과의 연관성을 통해 다문화교육 계획안에 어떤 내용을 반영할 수 있는지 예시자료를 살펴보고자 한다.

〈표 13-4〉 다문화교육 계획안: 만 3세반 예시

만 3세		
놀이주제	세계시민교육 주제	다문화 감수성 핵심 역량
세계 속 여름철 놀이	• 참여하고 행동하기	• 관계성(협력) • 보편성(반편견)
슝슝 어느 나라로 떠날까?	• 지역 · 국가 · 세계의 체계와 구조 • 차이와 다양성의 존중	• 다양성(수용) • 관계성(소통)
즐거운 세계 속 체험 놀이	• 사람들이 속한 다양한 공동체와 공동체 간의 상호 연계 방식	• 다양성(수용) • 관계성(공감) • 보편성(세계시민성)
왁자지껄 동물의 왕국	• 차이와 다양성의 존중	• 다양성(인정) • 관계성(협력) • 보편성(세계시민성)
세계 속 동물과 우리들	• 참여하고 행동하기	• 다양성(인정) • 관계성(협력) • 보편성(세계시민성)
소중하고 다양한 가족	• 차이와 다양성의 존중	• 다양성(수용) • 관계성(소통) • 보편성(반편견)
특별한 내 친구 (장애인식개선교육)	• 차이와 다양성의 존중 • 참여하고 행동하기	• 다양성(관용) • 관계성(공감) • 보편성(반편견)

출처: 교육부, 17개 시 · 도교육청, 국가평생교육진흥원, 중앙다문화교육센터(2021)의 자료를 재구성함.

〈표 13-5〉 **다문화교육 계획안: 만 4세반 예시**

만 4세		
놀이주제	세계시민교육 주제	다문화 감수성 핵심 역량
무지개 빛 친구들	• 사람들이 속한 다양한 공동체와 공동체 간의 상호 연계 방식	• 다양성(인정) • 관계성(소통) • 보편성(반편견)
특별한 우리 가족	• 차이와 다양성의 존중	• 다양성(인정) • 관계성(협력) • 보편성(반편견)
우리 동네를 소개합니다	• 지역·국가·세계의 차원에서 공동체 간의 상호작용과 연계에 영향을 미치는 이슈 • 차이와 다양성의 존중	• 다양성(수용) • 관계성(소통) • 보편성(세계시민성)
지구를 지켜요	• 지역·국가·세계의 차원에서 공동체 간의 상호작용과 연계에 영향을 미치는 이슈 • 참여하고 행동하기	• 관계성(공감) • 보편성(세계시민성)
우리 모두의 지구	• 지역·국가·세계의 차원에서 공동체 간의 상호작용과 연계에 영향을 미치는 이슈 • 사람들이 속한 다양한 공동체와 공동체 간의 상호 연계 방식 • 윤리적으로 책임감 있는 행동	• 다양성(수용) • 관계성(협력) • 보편성(세계시민성)
우리는 특별해요	• 지역·국가·세계의 차원에서 공동체 간의 상호작용과 연계에 영향을 미치는 이슈 • 다양성 차원의 정체성 • 차이와 다양성의 존중	• 다양성(수용) • 관계성(소통) • 보편성(반편견)
구석구석 세계로 가는 바퀴	• 다양성 차원의 정체성 • 차이와 다양성의 존중	• 다양성(인정) • 관계성(협력) • 보편성(세계시민성)

출처: 교육부, 17개 시·도교육청, 국가평생교육진흥원, 중앙다문화교육센터(2021)의 자료를 재구성함.

〈표 13-6〉 **다문화교육 계획안: 만 5세반 예시**

만 5세		
놀이주제	세계시민교육 주제	다문화 감수성 핵심 역량
세계 여러 나라의 음식	• 다양성 차원의 정체성 • 차이와 다양성의 존중	• 다양성(인정) • 관계성(협력) • 보편성(세계시민성)
지구마을 물놀이터	• 지역 · 국가 · 세계의 차원에서 공동체 간의 상호작용과 연계에 영향을 미치는 이슈 • 사람들이 속한 다양한 공동체와 공동체 간의 상호 연계 방식 • 참여하고 행동하기	• 다양성(인정) • 관계성(협력) • 보편성(세계시민성)
자연과 더불어 사는 우리	• 지역 · 국가 · 세계의 차원에서 공동체 간의 상호작용과 연계에 영향을 미치는 이슈 • 사람들이 속한 다양한 공동체와 공동체 간의 상호 연계 방식 • 참여하고 행동하기	• 관계성(공감, 협력) • 보편성(세계시민성)
모두 함께하는 삶	• 지역 · 국가 · 세계의 차원에서 공동체 간의 상호작용과 연계에 영향을 미치는 이슈 • 사람들이 속한 다양한 공동체와 공동체 간의 상호 연계 방식 • 참여하고 행동하기	• 다양성(수용) • 관계성(소통) • 보편성(반차별)
달라서 특별해요	• 다양성 차원의 정체성 • 차이와 다양성의 존중	• 다양성(인정) • 관계성(협력) • 보편성(세계시민성)
다양한 세계, 서로 다른 가족	• 지역 · 국가 · 세계의 차원에서 공동체 간의 상호작용과 연계에 영향을 미치는 이슈 • 차이와 다양성의 존중	• 다양성(인정) • 관계성(공감) • 보편성(세계시민성)
가을 풍경	• 지역 · 국가 · 세계의 차원에서 공동체 간의 상호작용과 연계에 영향을 미치는 이슈 • 다양성 차원의 정체성	• 다양성(인정) • 관계성(공감)

출처: 교육부, 17개 시 · 도교육청, 국가평생교육진흥원, 중앙다문화교육센터(2021)의 자료를 재구성함.

〈표 13-7〉 **다문화교육 심화수업 예시**

다문화교육 심화수업 모델		
놀이주제	세계시민교육 주제	다문화 감수성 핵심 역량
설날에는 무엇을 할까요?	• 다양성 차원의 정체성 • 차이와 다양성의 존중	• 다양성(수용) • 관계성(공감)
세계 여러 나라의 설날	• 사람들이 속한 다양한 공동체와 공동체 간의 상호 연계 방식 • 차이와 다양성의 존중	• 다양성(수용) • 관계성(소통) • 보편성(세계시민성)
축제	• 사람들이 속한 다양한 공동체와 공동체 간의 상호 연계 방식 • 차이와 다양성의 존중	• 다양성(수용) • 관계성(공감, 소통) • 보편성(반편견)
건강한 음식	• 차이와 다양성의 존중	• 다양성(수용) • 관계성(소통) • 보편성(세계시민성)
봄의 꽃	• 차이와 다양성의 존중	• 다양성(수용) • 관계성(소통) • 보편성(세계시민성)
세계 여러 나라의 요리	• 사람들이 속한 다양한 공동체와 공동체 간의 상호 연계 방식 • 차이와 다양성의 존중	• 다양성(인정) • 관계성(소통) • 보편성(세계시민성)

출처: 교육부, 17개 시·도교육청, 국가평생교육진흥원, 중앙다문화교육센터(2021)의 자료를 재구성함.

(2) 유아 다문화교육 놀이 및 활동 실행

① '지구촌 마을' 프로젝트를 통한 다문화교육 사례

㉮ 배경

아이들이 살아가는 세상은 다양한 나라가 서로 협력하고 때로는 경쟁하며 함께 살아가야 한다. 이러한 지구촌에서 더불어 살기 위해서는 다른 나라의 생활과 문화에 관심을 갖고 다른 나라의 특성과 문화를 존중하는 태도가 매우 중요하다. 따라서 놀이주제를 선정하여 다양한 활동과 경험을 통해 세계 속의 한 구성원으로 책임감을 기를 뿐 아니라 더 넓은 시각을 가지고 세상을 바라볼 수 있도록 도와야 한다.

[그림 13-9] **협동작품-지구촌 가족, 우리는 하나**

④ 도입

- '세계 여러 나라' 하면 떠오르는 것에 대한 브레인스토밍, 유목화, 주제망 구성하기 활동
- 각 대륙과 세계 여러 나라의 이름, 언어, 전통음식, 건축물, 자연유산, 이동수단 등 다양한 생각 표현
- 지구본과 세계지도 탐색
- 세계지도에서 나라 찾기 게임
- 세계 여러 나라 사람들의 모습 알아보기
- 우리 반 친구들의 사진을 활용하여 창의적으로 다른 나라 사람 모습 변신 활동

[그림 13-10] 유아 주제망 구성하기

㉑ 전개

▶ 교육계획안 구성

주제	'지구촌 마을' 프로젝트	기간	20○○. ○○. ○○ ~ 20○○. ○○. ○○
주제 선정 이유	우리 아이들이 살아가게 될 세상은 한 나라가 다른 나라와 관계를 맺지 않고 살아가는 것이 불가능한 세상입니다. 즉, 나라들이 서로 협력하고 경쟁하면서 문제들을 해결하며 살아가야 합니다. 이런 지구촌에서 살아가게 될 아이들은 다른 나라 사람들의 생활에 대하여 관심을 갖고 이해하며, 우리의 문화뿐 아니라 다른 나라의 문화도 소중히 여기는 태도를 기를 필요가 있습니다. 따라서 세계 여러 나라 주제를 선정해 유아들이 세계 속의 일원으로서 책임감을 느끼고, 수업을 통해 지금까지 알지 못했던 세계 여러 나라를 여행하며 다양하고 넓은 시각을 가지게 되기를 바랍니다.		
주요 개념	• 세계에는 다양한 인종의 사람들이 다양한 문화를 가지고 살아가고 있다. • 세계 여러 나라 사람들의 언어와 인사법은 다르다. • 세계 여러 나라에는 다양한 음식과 음식 문화가 있다. • 세계 여러 나라 간의 문제를 조정하고 해결하기 위해 세계 국제기구를 만들었다.		

예상 주제망

세계 여러 나라의 상징

국기, 국화, 글자, 인사법, 의상, 가옥, 음식, 건축물, 명절, 악기, 음악, 국가, 미술, 스포츠, 놀이, 행사, 관광지, 문화재, 화폐

세계 여러 나라의 이름

대한민국, 일본, 중국, 대만, 미국, 영국, 캐나다, 프랑스, 이탈리아, 스위스, 독일, 스페인, 스웨덴, 호주, 뉴질랜드, 필리핀, 베트남, 싱가포르, 말레이시아, 태국, 튀르키예, 러시아, 브라질, 멕시코, 이집트, 그리스

세계 여러 나라의 언어

한글, 일본어, 중국어, 영어, 프랑스어, 독일어, 스페인어, 이탈리아어, 네덜란드어, 그리스어, 튀르키예어

세계 여러 나라의 전통 의상과 가옥

한복, 기모노, 치파오, 사리, 킬트, 아오자이, 판초, 레더호젠, 디른들, 한옥, 너와집, 돌집, 게르, 통나무집, 이글루, 수상가옥, 고상가옥

'지구촌 마을' 프로젝트

세계를 빛낸 위인들

아인슈타인, 에디슨, 파브르, 뉴턴, 나이팅게일, 안데르센, 고흐, 피카소, 베토벤, 링컨, 모차르트, 빌게이츠, 갈릴레이

세계 여러 나라의 음식

김치, 불고기, 비빔밥, 초밥, 자장면, 딤섬, 쌀국수, 월남쌈, 피자, 파스타, 퐁듀, 프레첼, 타코, 카레, 케밥, 빠에야

세계 여러 나라의 건축물

불국사, 경복궁, 자유의 여신상, 백악관, 피라미드, 스핑크스, 신전, 에펠탑, 루브르 박물관, 노트르담 사원, 베르사유 궁전, 피사의 사탑, 타지마할 궁전, 만리장성, 개선문

자원협조 · 가정연계	다음 주부터 '지구촌 마을'을 주제로 프로젝트 활동이 진행됩니다. 세계 여러 나라와 관련된 도서, 실물자료가 있는 가정에서는 유아 편으로 이름을 써서 보내 주시면 재미있고 유익하게 활동한 후 가정으로 보내 드리겠습니다. 학부모님의 많은 관심과 협조 부탁드립니다.

[그림 13-11] **주제별 다문화교육 계획안 예시**

출처: 광서유치원 다문화교육 계획안.

▶ 세부 활동계획안 구성

의사소통	자연탐구	예술경험
〈이야기 나누기〉 • 이전 경험 나누기 • 브레인스토밍 • 유목화하기 • 주제망 구성하기 • 질문 목록 작성하기 • 세계 속의 우리나라 • 세계 여러 나라의 이름 • 세계 여러 나라 사람들의 모습 • 세계 여러 나라의 언어와 인사말 • 세계 여러 나라의 국기와 국화 • 세계 여러 나라의 전통의상 • 세계 여러 나라의 전통음식 • 세계 여러 나라의 전통가옥 • 세계 여러 나라의 문화유산 • 세계 여러 나라의 춤과 음악 • 세계 여러 나라의 전통 풍습 • 세계를 빛낸 위인들 • 세계는 하나, 세계 국제기구 • 프로젝트 평가하기	〈수 · 조작〉 • 우리나라에서 얼마나 멀까요? • 세계의 국기 패턴 놀이 • 세계의 다리 퍼즐 맞추기 • 세계의 건축물 키 재기 • 내가 가고 싶은 관광지(그래프) • 친구와 함께 떠나는 세계 여행 〈과학〉 • 세계지도와 지구본 • 세계 여러 나라의 물건 관찰하기 • 각 나라를 대표하는 꽃의 생김새 • 나라마다 낮과 밤이 달라요 • 세계의 화폐 알아보기 • 세계 여러 나라의 자연유산 〈요리〉 • 피자 토스트 만들기	〈새 노래〉 • 5대양 6대주 • 아름다운 지구인 • 세계의 인사 • 지구마을 친구들 • 홀랄라폴카 • 아름다운 세상 〈음률〉 • 다른 나라의 동요를 불러 봐요 • 우쿨렐레 G7 코드 연구하기 • 우쿨렐레 코드 이동 운지법 • 아프리카 전통음악 감상하기 〈미술〉 • 지구 마블링 • 세계 여러 나라의 의상 디자인 • 피라미드와 스핑크스 • 인디언 집 만들기

의사소통	신체운동 · 건강	사회관계
〈동화〉 • 지구마을 • 나라가 생긴 이야기 • 커다랗고 커다란 지구 • 북극곰 루카를 도와주세요 • 모자가 좋아 • 세계 건축 여행 • 위인 이야기 • 새와 꿀벌의 우정 〈동시〉 • 지구가 뜨거워져요 • 어떻게 먹을까요? • 서로 서로 바꿔요 • 우리는 모두 친구 〈언어〉 • 세계인의 얼굴 소개하기 • 세계 여러 나라의 인사말 책 만들기 • 세계의 소식이 담긴 신문 • 세계의 친구들에게 편지 쓰기	〈게임〉 • 친구와 징검다리 만들어 건너기 • 건축물 짓고 돌아오기 • 세계 가족 모여라! 〈신체표현〉 • 어린이 폴카 • 조각상이 되어 보자 〈바깥놀이〉 • 다른 나라의 돌 차기 놀이 • 자연물로 세계의 집짓기 • 나뭇가지와 나뭇잎으로 만든 글자 〈행사 및 견학〉 • 다문화 축제 • 어린이박물관 견학 〈안전교육〉 • 바람이 너무 세요 • 안전하게 엘리베이터를 타요 • 자전거를 안전하게 타요 • 인터넷을 사용하는 올바른 습관	〈기본생활습관〉 • 찻길에서 놀지 않아요 • 달리는 차 안에서 일어서지 않아요 • 바르게 앉아 먹어요 • 친구와 사이좋게 놀이해요 〈인성교육〉 • 이런 사람이 될래요 • 자신감 구호를 외쳐요 **역할 · 쌓기** 〈역할〉 • 세계 여러 나라의 음식점 • 세계 전통의상 입어 보기 • 세계 여러 나라를 소개하는 리포터 〈쌓기〉 • 북극곰이 살 수 있는 빙하 • 세계의 건축물 만들기 • 국제공항과 활주로 구성하기

[그림 13-12] **활동계획안 예시**

출처: 광서유치원 활동계획안.

▶ 주요 활동

• 세계 여러 나라의 건축물과 자연유산에 대해 이야기 나누기 및 조사활동

• 어린이박물관 견학(다양한 지구촌 문화 탐구): 세계 여러 나라의 축제(가면놀이),
  세계의 아름다운 악기 탐색

• 전통악기 연주하기(북, 해금, 장구, 가야금)

• 한복 입고 송편 빚기, 민속놀이, 전통 물건 만들기(딱지, 제기 등)

• 세계의 다양한 건축물 만들기

• 세계 여러 나라의 전통의상 가게 놀이

• 전통음식 만들기(피자, 토스트)

• 세계의 음악 감상, 악기 만들기, 연주하기

• 만국기 만들기

• 세계 의상 디자이너가 되어 보아요

[그림 13-13] **세계유산 조사지와 다양한 건축물 만들기**

[그림 13-14] **세계 의상 디자인 활동**

라 마무리

- 세계지도 꾸며 보기(국가, 옷차림, 건축물 등)

[그림 13-15] 협동작품-세계지도 꾸미기

마 활동을 마치며

현대사회를 살아가며 나와 다른 다양한 문화를 이해하고 존중하며 배려하고 더불어 살 수 있는 역량을 키우는 것은 매우 중요하다. 다양한 놀이와 활동을 통해 문화적 다양성과 동질성을 이해하고 세계시민으로서의 국제적 소양과 역량을 기르는 데 도움이 되길 기대한다. 다문화교육을 위한 유아들의 놀이와 활동 속에서 상호 소통과 협력을 익히고 실천하는 모습을 볼 수 있는 의미가 있을 것으로 기대한다.

[그림 13-16] 세계 여러 나라 친구들에게 보내는 편지

② 요리활동의 다문화적 접근[2]

㉮ 배경

요리활동은 사람의 가장 기본적인 문화 중 하나인 음식을 통하여 문화에 대한 이해를 넓힐 수 있는 다문화적 접근이 가능한 활동이다. 현대는 일상생활 속에서 우리의 주식인 밥, 김치 등과 함께 파스타, 피자, 햄버거 등 다양한 외국 음식을 쉽게 접할 수 있다. 이처럼 현대의 음식문화는 다국적이어서 유아는 다른 나라의 음식에 대하여 특별한 거부감을 갖고 있지 않다. 따라서 다문화적 요리활동으로 우리나라와 다른 나라의 음식문화를 교육과정에 통합하여 운영할 수 있다. 이를 통해 기후나 환경에 따른 음식의 종류, 유래, 역사 등의 음식문화에 관심이 높아지고 음식의 재료나 조리법, 식사예절 등에 대한 문화를 이해할 수 있게 된다. 예를 들어, '옥수수 요리' 관련 활동으로서 과학활동으로 옥수수의 특성을 조사하고, 건조된 옥수수 열매는 가을에 교실을 장식하는 데 쓸 수 있다. 또한 옥수수대를 활용하여 악기연주 등 창의적인 동작활동을 경험할 수 있다. 점심으로 서커태쉬(succotash-콩요리)라 불리는 옥수수와 리마 콩이 혼합된 음식물을 먹을 수 있고, 미술놀이로는 옥수수껍질로 인형을 만들 수 있다. 그리고 옥수수와 관련된 책과 이야기의 주인공을 가장하는 극놀이를 하거나 요리활동에 쓰일 음식을 구입하기 위해 몇몇 아이들과 시장 견학을 할 수도 있다. 이처럼 요리활동은 각 나라와 지방의 독특한 환경에서 발원된 문화를 이해할 수 있도록 도와주며, 다양하고 특별한 음식들을 체험함으로써 문화적 차이를 즐기는 동시에 가장 일반적인 음식을 먹는 활동을 통하여 보편적인 유대감을 형성하게 될 것이다.

㉯ 프로젝트 준비 단계

- 주제 선정 이유: 요리활동은 유아와 함께 음식의 종류를 알아보고, 직접 만들어 보면서 재료의 변화 과정을 관찰하는 활동이다. 유아는 계획, 실행, 시식까지의 일련의 과정에 직접 참여함으로써 호기심과 흥미가 유발되어 요리에 대한 관심이 높아질 수 있다. 더불어 요리활동 과정 중 음식의 재료를 직접 자르고, 섞고,

---

[2] 교육부, 국가평생교육진흥원, 중앙다문화교육센터(2021). 2021 교육(누리)과정 연계 다문화교육 수업 도움자료: (유치원) 다문화감수성 제고를 위한 세계시민교육 교수·학습 자료에서 발췌하여 재구성하였다.

두드리고, 휘저어 보는 등의 활동을 통하여 감각기관을 활발하게 사용할 수 있고, 이러한 활동을 통하여 물리적 지식이 발달한다. 이와 같이 요리활동은 유아의 전인적 발달에 도움을 줄 뿐만 아니라 교육과정의 여러 영역과 연계하여 운영할 수 있다.

- 예비 주제망 구성하기: 교사는 요리활동에 대한 예비 주제망을 구성한다.
- 요리활동 진행을 위한 자원 목록을 작성한다.
- 요리활동 프로젝트에 대해 부모들에게 알린다.

㉣ 프로젝트 시작 단계

- 주제망 구성하기: 유아들과 함께 주제망을 구성한다.
- 이전 경험 표현하기
  - 유아들이 이전에 경험한 요리에 대하여 아는 것과 경험한 것에 대해 이야기를 나눈 후 종이에 그림과 글로 표현한다.
  - 그림과 글로 표현한 것을 친구들 앞에서 소개한 후 교실 벽면에 게시하여 서로의 경험을 알 수 있도록 한다.
  - 이 활동으로 유아 스스로 그 주제에 대해 알고 있는 것이 무엇이며, 경험한 것은 무엇인지를 알아보도록 한다.
- 질문 목록 정하기: 세계 여러 나라의 음식에 대해 궁금한 내용을 질문 목록으로 작성한다.

㉤ 주제망에 따른 프로젝트 전개 단계

- 누리과정 영역별 교육활동 진행하기
- 요리에 대한 질문 목록을 중심으로 한 조사, 탐구 활동을 진행한다.
- 조사, 탐구 활동을 기초로 한 다양한 표상활동을 전개한다(언어적 표현, 미술적 표현, 수학적 표현, 사회 · 과학적 표현, 게임, 음악과 극).
- 세계 음식 박물관, 세계 여러 나라 음식 축제 등의 장소로 현장 견학을 간다. 견학 장소에서 세계 여러 나라의 음식뿐만 아니라 음식을 만들 때 사용하는 여러 가지 도구를 관찰할 수 있는 기회가 될 수 있다.

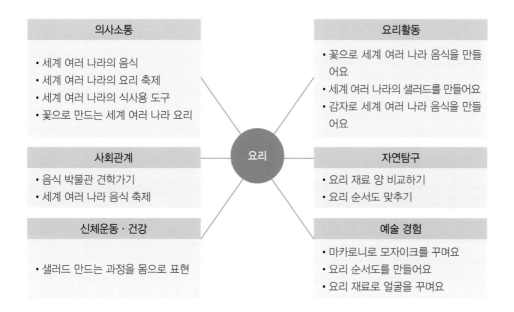

- 전문가를 초청한다. 요리사와 같은 전문가와의 면담 및 활동이 이루어질 수 있다. 특별한 기술 또는 지식이 있거나 관계된 취미활동을 하는 부모 및 조부모, 또는 현장의 전문가를 초청하여 유아들의 질문에 답하거나 함께 활동할 수 있다.

㉮ 프로젝트 마무리 단계
- '요리활동' 프로젝트 관련 포스터를 만들어 보고, 전시회를 연다.
- 요리활동 프로젝트에 대한 평가를 한다.

③ 교과통합 다문화교육 사례[3]
유아 중심의 다양한 놀이 및 활동과 연계하여 다문화교육 활동을 진행할 수 있다.

---

3) 교과통합 다문화교육 사례는 교육부, 국가평생교육진흥원, 중앙다문화교육센터(2021). 2021 교육(누리)과정 연계 다문화교육 수업 도움자료: (유치원) 다문화감수성 제고를 위한 세계시민교육 교수·학습 자료에서 발췌하여 재구성하였음을 밝힌다.

㉮ 만 3세 다문화교육활동 예시 1

주제	봄과 동식물		활동유형	대소집단 활동 (신체표현, 악기연주)
활동명	와자지껄 세계의 동물 음악회			
교사의 기대	• 세계 여러 나라의 악기에 대해 관심을 갖는다. • 창의적인 방법으로 동물을 표현해 본다. • 악기를 다양한 방법으로 연주해 본다.			
누리과정 관련 요소	• 사회관계: 사회에 관심 가지기-다양한 문화에 관심을 가진다. • 자연탐구: 자연과 더불어 살기-주변의 동식물에 관심을 가진다. • 예술경험: 창의적으로 표현하기-신체, 사물, 악기로 간단한 소리와 리듬을 만들어 본다.			

다문화교육 요소	문화이해	협력	반편견	정체성	평등성	다양성
	○		○			○

활동자료	동물 모자, '동물 흉내' 음원, '동물 흉내' 그림 악보, 세계 여러 나라(대한민국, 중국, 베트남 등)의 타악기, 세계 여러 나라 국기 자리 표시
놀이 상황	유아들이 역할놀이 중 동물 모자를 쓰고 소리를 내며 놀이한다. 그때 한 동물 모자를 쓴 유아가 박수를 치며 노래를 부른다. 친구의 노래에 맞춰 노래를 부르던 유아들은 손과 손을 부딪쳐 소리를 내기도 하고, 교구장에 있는 다른 막대기를 두드려 소리를 내며 노래를 부른다. "이것도 소리가 난다?" "여기도 딱딱 소리가 나."라고 이야기하며 신체의 부분 혹은 교구를 이용하여 소리를 내 본다.
활동방법	1. 가리개 뒤에서 소리를 내고 유아들이 맞혀 본다. 　-어떤 악기의 소리일까? 이 악기는 어느 나라의 악기였니? 　-어떤 소리가 났니? 악기의 소리를 말로 표현해 볼까? 　-(악기를 보여 주며) 어떻게 소리를 내는 악기일까? 　-또 어떻게 연주할 수 있을까? 2. 오늘의 활동을 알아본다. 　-너희가 좋아하는 '동물 흉내'에 맞춰 악기를 연주해 보자. 　-오늘은 여러 나라의 동물들이 악기연주회를 열 거래. 　-우리가 여러 나라의 동물로 변신해서 악기연주를 해 보자. 3. 그림 악보를 보며 이야기를 나눈다. 　-노래판 밑에는 어떤 악기 그림이 있니? 　-오리 부분은 어떤 악기를 연주하는 것일까?

4. 악기 연주에 앞서 역할을 정한다.
    -소고를 연주하고 싶은 친구가 있니?

5. 창의적인 방법으로 동물을 표현한다.
    - 돼지가 '꿀꿀' 하는 모습을 어떻게 나타낼 수 있겠니?

6. 악기를 나누어 갖고 악기연주 대형으로 앉는다.

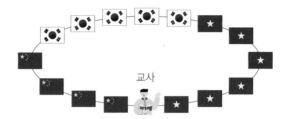

    -각자 자기가 맡은 악기를 갖고 자리에 앉아 보자.
    -선생님이 바닥에 여러 가지 국기를 붙여 놨어.
    -콰이반을 맡은 친구들은 어디에 앉아야 할까?
    -중국 국기가 붙어 있는 자리에 앉아 보자.

7. 악기연주 시 지켜야 할 약속에 대해 이야기 나눈다.
    -자기 악기를 연주하는 시간이 아닐 때는 어떻게 하면 좋을까?

8. 그림 악보를 보고 여러 가지 방법으로 악기연주를 한다.

9. 악기를 바구니에 정리한다.

10. 활동을 마무리하며 평가한다.
    -오늘 너희가 좋아하는 노래에 맞춰 악기를 연주해 보았는데 어땠니?
    -오늘 동물이 되어 악기연주회를 열어 보았는데 어땠니?
    -어떤 점이 아쉬웠니?
    -다음에는 어떤 방법으로 악기를 연주하면 좋겠니?

유의점	• 악기연주에 사용되는 악기는 유아의 발달에 맞는 것으로 준비한다. • 세계 여러 나라의 악기 소리에 유아가 흥미를 느끼도록 이끈다. • 바닥에 베트남, 중국, 대한민국 국기를 표시해 주어 유아들이 타악기와 국가를 연결 지어 생각할 수 있도록 돕는다.
교사 지원	• 유아들이 세계 여러 나라의 타악기에 관심을 가질 수 있도록 만 3세 유아가 쉽게 연주할 수 있는 악기를 제시해 줄 수 있다. • 유아들이 각 타악기가 어느 나라의 악기인지 인식할 수 있도록 악기와 해당하는 나라 국기를 제시해 줄 수 있다.

㉯ 만 3세 다문화교육활동 예시 2

주제	특별한 내 친구(장애인식개선교육)				활동유형	대집단활동(신체활동)
활동명	손끝으로 전해요					
교사의 기대	• 친구와 함께 하는 다양한 신체놀이에 즐겁게 참여한다. • 특별한 친구에 대해 바르게 알고 이해한다.					
누리과정 관련 요소	• 신체운동 · 건강: 신체활동 즐기기-신체 움직임을 조절한다. • 사회관계: 더불어 생활하기-친구와 서로 도우며 사이좋게 지낸다. 　　　　　　　　　　-서로 다른 감정, 생각, 행동을 존중한다.					

다문화교육 요소	문화이해	협력	반편견	정체성	평등성	다양성
		○	○		○	○

활동자료	유아용 안대(참여 유아 수의 1/2개), 유아용 선글라스, 유아 2명의 그림자료, 음원
놀이 상황	자유놀이 시간에 유아들이 블록놀이를 하고 있다. "이거 내가 쌓은 것처럼 똑같이 쌓아 봐."라고 말한다. 옆에 유아가 "그건 쉽지. 아니면 이렇게 눈 가리고 만져서 쌓아 봐."라고 말한다. 그러자 다른 유아가 "눈이 안 보이는데도 놀이하는 친구도 있다고 했어."라고 하자 "눈이 안 보이는데 어떻게 놀아?"라고 다른 유아가 말한다.
활동방법	1. '머리, 어깨, 무릎, 발' 노래를 부르며 함께 모여 앉는다. 노래 중 신체기관의 이름이 나오면 유아가 자신의 신체 중 해당 신체기관을 가리켜 본다. 　-눈은 어디에 있니? 눈을 한번 가리켜 보자! 　-눈이 하는 일은 무엇일까? 　-우리 몸에 눈이 없다면 어떤 일이 일어날까? 2. 유아들에게 '사연 있는 인형'을 제시한다. 유아들과 인사를 나눈 후 인형에게 어떤 사연이 있는지 들어 본다. 　-"나는 ○○라고 해. 나의 이야기를 들려줄게. 나는 태어날 때부터 앞을 볼 수가 없었어. 그래서 나는 걸어 다닐 때 지팡이를 가지고 다녀. 지팡이를 사용하면 내 앞에 장애물이 있는지 없는지를 알 수 있어." 　-이야기를 듣고 나니 어떤 생각이 드니? 　-○○의 마음은 어떨지 생각해 보자. 3. 앞이 보이지 않는 친구와 같이 놀 수 있는 방법에 대해 이야기 나눈다. 　-보지 않고 할 수 있는 이야기 놀이를 할 수 있어요. 　-우리가 도와주면 걷기 놀이도 할 수 있어요.

4. 앞이 보이지 않아 도움이 필요한 친구와 함께 놀이를 해 본다.

-2명의 유아가 마주 보고 서서 팔을 쭉 뻗어 서로의 손을 잡은 후 손가락 중 검지 끝을 맞대거나 손을 잡아 준다.

-유아 1명은 안대를 한다. 안대를 하지 않은 유아는 다른 유아와 부딪히지 않게 안대를 한 친구를 손으로 이끈다.

5. 활동 중 소리 내지 않고 손을 잘 잡아 안대를 한 친구가 넘어지지 않도록 속도에 주의하며 안내선을 따라 걷는다.

6. 활동을 마무리하며 평가한다.

-안대를 해 보니 어떤 느낌이 들었니?

-앞이 보이지 않을 때 가장 힘들었던 점은 무엇이었니?

-친구가 손끝을 대어 주었을 때는 어떤 기분이 들었니?

-활동 중 어려운 점은 무엇이었니?

-친구와 함께하는 놀이는 어떤 느낌이었니?

유의점	• 원활한 놀이활동을 위해 역할을 바꾸어 본다. 유아가 안대를 두려워하면 선글라스로 대체해서 사용할 수 있다. • 교사도 놀이에 함께 참여할 수 있다.
교사 지원	• 같은 학급에서 같이 놀이하는 친구이므로 서로 다르지 않음을 알고 친구의 특별한 상황을 인식할 수 있도록 사전활동을 충분히 하는 것으로 지원한다. • 서로 도움을 주고받는 과정을 놀이로 인식하며 즐거움을 느낄 수 있도록 시간이나 방법을 지속적으로 조정하며 전개하도록 한다.

딤 만 4세 다문화교육활동 예시 1

주제	특별한 우리 가족		활동유형	자유놀이(미술놀이)
활동명	달라서, 또 같아서 행복한 우리 가족			
교사의 기대	• 가족의 다양한 구성원에 대하여 안다. • 우리 가족을 소개할 수 있다. • 바른 태도로 친구들의 이야기를 듣는 습관을 가진다.			
누리과정 관련 요소	• 사회관계: 사회에 관심 가지기-다양한 문화에 관심을 가진다. • 의사소통: 듣기와 말하기-자신의 경험, 느낌, 생각을 말한다. 　　　　　　　　　　-바른 태도로 듣고 말한다. • 자연탐구: 생활 속에서 탐구하기-일상에서 모은 자료를 기준에 따라 분류한다.			

다문화교육 요소	문화이해	협력	반편견	정체성	평등성	다양성
	○		○			○

활동자료	동화책 『내 가족을 소개합니다』, 우리 가족 조사표, 다양한 가족사진
놀이 상황	유아들이 가족 퍼즐을 맞추며 놀이하고 있다. 퍼즐을 맞추던 중 한 유아가 "나는 엄마, 아빠랑 나 3명이다."라고 이야기한다. 다른 유아가 "나는 할머니, 엄마, 아빠, 나, 누나, 우리는 5명인데. 내가 더 많네."라고 이야기한다. 그러자 다른 유아는 "나는 엄마, 아빠, 나 3명인데 아빠는 회사가 멀리 있어서 주말에만 만나."라고 이야기한다. 그러자 "그럼 오늘은 2명인 거네. 아직 주말 아니잖아."라고 말한다.
활동방법	1. 동화책의 겉표지를 탐색하며 내용을 상상해 본다. 　-표지에는 어떤 그림이 보이나요? 　-동화 속에는 어떤 내용이 담겨 있을 것 같나요? 2. 동화 『내 가족을 소개합니다』를 듣는다. 　-현도네 가족은 엄마와 아빠가 서로의 생각이 달라서 따로 살고 있고, 재호의 가족은 할머니, 할아버지가 재호를 보살펴 주시는 가족이란다. 또 선주네 가족은 우리 엄마가 낳지는 않았지만 마음으로 입양한 아이가 있는 가족이구나. 3. 우리 가족을 소개한다. 　-발표를 원하는 친구들의 이야기를 듣는다. 　-사랑하는 우리 가족을 소개해 줄 수 있을까? 4. 친구들의 가족 이야기를 회상해 본다. 　-○○이는 누구와 살고 있니? 　-할머니, 할아버지와 함께 살고 있는 친구가 있니? 　-언니나 동생이 있는 친구도 있니?

	5. 다양한 가족사진을 보며 이야기 나눈다. 　-우리반 친구들 말고 다른 유치원 친구들도 가족사진을 소개하고 싶다고 보내왔어. 　-함께 사진을 볼까? 　-(입양가족 사진을 보며) 어떤 가족이 함께 살고 있니? 　-부모님과 친구의 모습 중 같은 점과 다른 점이 있니? 　-(한부모가족 사진을 보며) 이 친구의 가족사진에는 누가 있니? 6. 가족은 소중한 존재임을 이야기한다. 　-만약 가족이 없다면 어떨까? 　-가족은 우리에게 어떤 마음을 가지게 해 주니? 　-가족의 구성원은 다르지만 모든 가족은 소중하단다. 7. 활동을 끝낸 후 느낌에 대해 이야기 나눈다. 　-친구들의 특별한 가족 이야기를 들어 보니 어떤 느낌이 들었니?
유의점	• 유아의 발표에 긍정적인 반응으로 유아의 자존감을 증진한다. • 특정 가족에 대한 편견을 가지지 않도록 주의한다. • 서로 다른 가족의 구조는 나쁜 것도 창피한 것도 아닌 가족만의 특별한 것임을 알고 서로의 가족구성원에 대한 다름을 인정할 수 있도록 한다.
교사 지원	• 가족구성원 및 구조가 서로 다름을 알고 유아가 다양한 사람의 가족구성원에 대해 자부심을 가지고 타인을 존중할 수 있게 동화를 활용하여 새로운 놀이로 확장될 수 있도록 한다. 또 언어적 상호작용을 통하여 유아의 창작활동을 지지하고 도움을 제공하여 놀이를 지원한다. • 다양한 가족구성원 중 다문화가정에 대해 관심을 가질 수 있도록 다문화가정의 유아들의 경험을 공유하고 다문화가정이라 좋은 점과 모든 가족은 다 소중한 존재임을 느낄 수 있도록 한다.

라 만 4세 다문화교육활동 예시 2

주제	지구와 환경	활동유형	대집단활동(게임)
활동명	북극곰의 집이 녹고 있어요		
교사의 기대	• 북극곰의 마음을 이해하고 공감할 수 있다. • 에너지를 절약하는 방법을 알고 실천한다. • 환경을 보호하는 방법을 알고 실천한다. • 생명과 자연환경을 소중히 여기는 마음을 가진다.		

누리과정 관련 요소	• 의사소통: 책과 이야기 즐기기-책에 관심을 가지고 상상하기를 즐긴다. • 신체운동 · 건강: 안전하게 생활하기-안전사고, 화재, 재난, 학대, 유괴 등에 대처하는 방법을 경험한다. • 자연탐구: 자연과 더불어 살기-생명과 자연환경을 소중히 여긴다.					
다문화교육 요소	문화이해	협력	반편견	정체성	평등성	다양성
		○			○	
활동자료	동화책『북극곰에게 냉장고를 보내야겠어』, 신문지, 지구온난화를 예방하는 ○, × 문제					
놀이 상황	한 유아가 그림을 그리다가 "아, 마음에 안 들어."라고 말하며 종이를 찢어서 버린다. 이를 본 다른 유아가 "야, 종이 그렇게 버리면 어떡해."라고 말하자 "왜, 마음에 안 들어. 잘못 그렸어. 새로운 종이에 그릴 거야."라고 말한다. 옆에 있던 다른 유아가 "그렇게 종이 자꾸 버리면 지구 아프댔어."라고 말한다.					
활동방법	1.『북극곰에게 냉장고를 보내야겠어』동화를 감상한다. 　-북극곰은 왜 냉장고가 필요해졌을까? 　-왜 북극은 더워졌을까? 　-북극이 더워져서 어떤 일이 일어났니? 　-북극곰은 누구에게 냉장고를 보내 달라고 했니? 　-왜 낙타에게 냉장고를 보내 달라고 했을까? 　-만약 계속 북극이 더 더워진다면 어떻게 될까? 　-우리가 북극곰을 도와줄 수 있는 방법이 있을까? 2. '북극곰의 집이 녹고 있어' 게임을 소개한다. 〈게임방법〉 　1. 완전히 펼쳐진 신문지 위로 올라간다. 　2. 에너지 절약 문제를 풀어 정답을 맞히면 신문지를 펼치고, 틀리면 신문지를 반으로 접어 그 위로 올라간다. 　3. 문제를 다 풀고 난 뒤, 에너지 절약 실천을 잘한 신문지와 그렇지 못한 신문지를 비교해 본다. 3. '북극곰의 집이 녹고 있어' 게임 후 북극곰의 마음에 대해 이야기 나누어 본다. 　-신문지가 계속 좁아지니 어땠니? 　-북극곰은 빙하가 계속 녹아서 어땠을까? 　-빙하가 완전히 사라지면 북극곰은 어떻게 될까? 4. 지구를 보호하는 방법을 이야기해 본다. 　-지구를 보호하는 방법에는 어떤 것들이 있을까? 　-우리가 실천할 수 있는 일은 어떤 것들이 있을까?					

	5. 활동에 대해 평가한다.
	-'북극곰의 집이 녹고 있어' 게임을 해 보니 어땠니?
	-활동하면서 새롭게 알게 된 점이 있니?
	-북극곰과 지구를 위해 우리가 이야기 나눴던 방법들을 실천해 보도록 하자.
	-활동할 때 힘들었던 점이 있었니?
유의점	• 교사가 사회자가 되어 활동을 진행하며 도움을 제공한다. • 교사가 들려주는 지구온난화를 예방하는 ○, × 문제를 잘 듣고 문제 상황을 잘 이해할 수 있도록 한다. • 게임활동에서 옆의 친구들을 따라 하는 것이 아니라 자신의 생각으로 움직일 수 있도록 한다.
교사 지원	• 유아들과 함께 게임에 참여하며 지구온난화를 예방하는 방법에 대해 놀이로서 체험할 수 있도록 지원한다. • 유아들이 말한 환경을 보호하는 방법 중 교실에서도 실천할 수 있는 다양한 방법을 알아보고 유아교육기관에서도 지속적으로 실천할 수 있도록 지원한다.

㉮ 만 5세 다문화교육활동 예시 1

주제	함께 사는 세상		활동유형	대소집단활동 (이야기 나누기 및 토론)
활동명	자유와 평등을 사랑한 링컨			
교사의 기대	• 동화를 통해 평등의 의미에 관해 관심을 가진다. • 우리가 할 수 있는 일들을 알아보고 실천하는 태도를 기른다.			
누리과정 관련 요소	• 의사소통: 듣기와 말하기-자신의 경험, 느낌, 생각을 말한다. 읽기와 쓰기에 관심 가지기-자기 생각을 글자와 비슷한 형태로 표현한다. • 사회관계: 다른 사람과 더불어 생활하기-약속과 규칙의 필요성을 알고 지킨다.			

다문화교육 요소	문화이해	협력	반편견	정체성	평등성	다양성
		○			○	

활동자료	동화『링컨』, 손바닥 약속 카드, 폼보드판, 필기도구, 링컨송(호호 독서동요)
놀이 상황	바깥놀이 시간에 남자 유아들끼리 달리기 시합을 하고 있다. "여기 바닥 선에서 출발해서 저기 시소 있는 데까지 먼저 가는 사람이 이기는 거다."라고 하며 출발선에 선다. 한 유아가 다가와 "나도 같이 하자."라고 한다. 다른 유아가 "안 돼."라고 하자 "왜?"라고 물어본다. "왜냐하면 너는 음… 크록스 신었잖아. 운동화 신은 사람만 달리기 시합을 할 수 있어."라고 말한다.

활동방법	1. 위인 동화 주인공을 소개한다. -표지에 어떤 그림이 있니? 어떤 내용의 동화일 것 같니? -자유와 평등이란 말을 들어 본 적이 있니? -자유와 평등을 사랑한 분에 관한 이야기를 한번 들어 보자. 2. 링컨 동화를 감상한다. 3. 동화감상 후 내용에 관해 이야기 나눈다. -어떤 내용의 동화였니? -동화 속 위인 링컨은 어떤 분이셨니? -흑인 노예를 사고팔고 때리는 모습에 링컨은 어떤 마음이 들었을까? -기억에 남은 장면이 있었니? 왜 그 장면이 기억에 남았니? 4. 위인 링컨에게 우리가 배울 수 있는 점을 생각해 본다. -평등은 어떤 것을 말할까? -링컨에게 우리는 어떤 점을 배울 수 있을까? -서로의 생김새, 피부색, 성별, 인종이 다르다고 차별을 받는다면 나는 어떤 느낌이 들까? -세계인권선언 2조에 따르면, "모든 사람은 평등하다. 그 누구도 피부색, 성별, 종교, 언어, 국적, 의견이나 신념이 다르다고 차별받아서는 안 된다."라고 되어 있어. 5. 유아들이 알고 있는 평등 실천 방법에 대해 토의해 본다. -우리가 생각하는 평등에 관해 이야기해 보자. 평등을 실천할 방법은 또 무엇이 있을까? 6. 실천카드를 꾸며 본다. -우리가 할 수 있는 평등에 관한 실천내용을 생각해 보고, 손바닥 약속 실천카드에 적어 꾸며 보도록 하자. 7. 나만의 실천카드를 친구들에게 소개해 보고 마무리한다. -우리가 만든 실천카드를 다른 친구들에게 소개해 보자. -이 친구는 어떤 평등 실천에 관해 이야기했니? -나와 친구들이 생각한 실천의 같은 점과 다른 점은 무엇일까? -우리 모두 실천카드를 붙여 보고 평등 실천을 약속해 보자.
유의점	• 평등 실천에 관한 쓰기에 도움을 요청하는 유아들에게 도움을 제공한다. • 성별과 부의 유무, 피부색과 장애 정도에 상관없이 모두가 평등하다는 개념을 유아가 이해하기 쉽도록 예를 들어 준다.
교사 지원	• 링컨이 주장한 인종차별에 관한 평등 이야기 외에 다른 평등의 개념에 관해서도 유아들에게 이야기를 통해 이해할 수 있도록 한다. • 차별을 받았을 때 어떤 마음일지 생각해 보도록 한다.

(바) 만 5세 다문화교육활동 예시 2

주제	나와 친구들(달라서 특별해요)		활동유형	대소집단활동 (이야기 나누기)
활동명	다르지만 같아요			
교사의 기대	• 모든 사람은 존중받아야 하는 존재임을 안다. • 모든 사람은 서로 다른 생김새와 능력이 있음을 안다. • 타인을 인정하고 존중하는 태도를 기른다.			
누리과정 관련 요소	• 사회관계: 사회에 관심 가지기-다양한 문화에 관심을 가진다. • 의사소통: 듣기와 말하기-자신의 경험, 느낌, 생각을 말한다. • 자연탐구: 생활 속에서 탐구하기-일상에서 모은 자료를 기준에 따라 분류한다.			

다문화교육 요소	문화이해	협력	반편견	정체성	평등성	다양성
			○	○	○	○

활동자료	동화책『달라도 친구』, 도화지, 필기구 및 꾸미기 재료
놀이 상황	놀이시간에 유아들이 미술놀이를 하고 있다. 한 유아가 "우와, 네가 색칠한 거 예쁘다."라고 말한다. 다른 유아가 "그래? 고마워."라고 말하고 이어서 색칠한다. 한참을 색칠하던 유아는 고개를 들어 친구의 작품을 본다. "너는 가위로 잘 잘랐네. 그렇게 잘라서 붙이니까 예쁘다."라고 말한다. 친구의 말을 듣고 "고마워."라고 말한다.
활동방법	1. 동화책의 겉표지를 탐색하며 내용을 상상해 본다. -표지에 어떤 그림이 있니? -동화 속에는 어떤 내용이 담겨 있을 것 같니? 2. 동화『달라도 친구』를 감상한다. -동화 속에는 어떤 다른 친구들이 있었니? -나와 어떤 점이 다를까? -나는 이 친구들과 어떤 점이 다를까? 3. 나와 친구의 같은 점을 이야기해 본다. -친구들의 같은 점은 어떤 것이 있니? 4. 나와 친구의 다른 점을 이야기해 본다. -내가 친구보다 잘하는 것에는 어떤 것이 있을까? -친구가 나보다 잘하는 것에는 어떤 것이 있을까? 5. 친구와 나의 같은 점, 다른 점을 벤다이어그램으로 기록한다.

	6. 작성한 벤다이어그램을 소개한다. 　-내가 친구에 대해 새롭게 알게 된 것은 무엇이니? 　-내 친구의 멋진 점은 무엇일까? 　-나의 멋진 점은 무엇일까? 　-서로 잘하는 것이 같으면 무엇이 좋을까? 　-서로 잘하는 것이 다르면 무엇이 좋을까? 　-서로 잘하는 것이 다르면 도움이 필요할 때 서로 도울 수 있어서 좋겠구나. 7. 활동에 대해 평가한다. 　-나와 친구의 같은 점, 다른 점을 알아보았는데 어땠니? 　-친구에게 서로의 잘하는 점을 칭찬해 볼까? 　-어떤 말로 칭찬과 격려를 해 줄 수 있을까? 　-활동하면서 어떤 점이 재미있었니/힘들었니?
유의점	• 적절한 상호작용을 통하여 나와 친구의 같은 점과 다른 점에 대한 벤다이어그램 활동을 할 때 필요한 기술, 모델링을 제공한다. • 쓰기에 도움을 요청할 때, 도움을 제공한다. • 모든 사람은 서로 다른 존재이며, 같은 점도 있지만 서로 다른 특징을 가지고 있으므로 이 모든 것은 존중되어야 하는 소중한 것임을 인식할 수 있도록 한다. • 활동 시 같은 점과 다른 점을 이야기할 때, 서로 간의 장점을 이야기할 수 있도록 하여 유아의 자존감을 높일 수 있도록 한다.
교사 지원	• 유아가 모든 사람은 서로 다르며 특별한 존재임에 관심을 가질 수 있도록 동화를 활용하여 새로운 놀이로 확장할 수 있도록 지원한다. • 유아들이 친구와 나의 같은 점과 다른 점을 이야기하고 벤다이어그램을 작성할 때 함께 놀이에 참여하여 모델링을 제공하고, 유아가 활동을 진행할 때 적절한 제스처를 취하여 활동을 격려한다.

2) 그림책을 활용한 유아 다문화교육

(1) 그림책을 활용한 다문화교육 사례

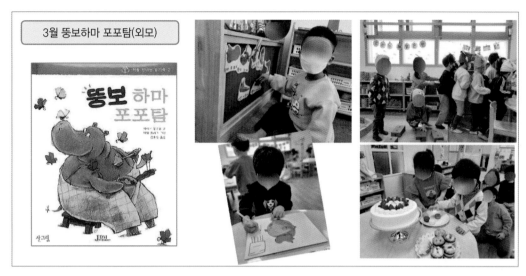

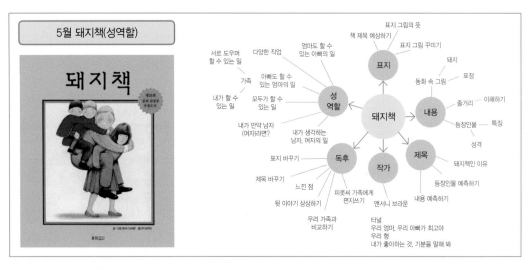

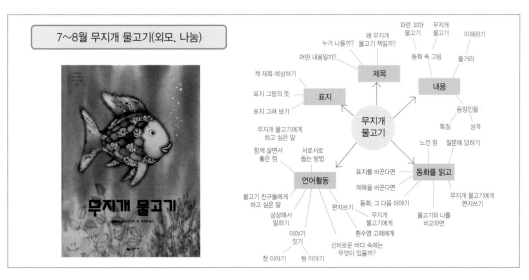

(2) 다문화 그림책 활동

〈표 13-8〉 다문화 그림책 활동 예시 1 – 다양성, 존중

주제	유치원과 친구	활동 및 놀이 유형	대소집단활동 (이야기 나누기)
활동명	같아도 달라도 친구예요		고구마구마(사이다 글 · 그림/반달)
교사의 기대	• 나의 개성을 생각해 보고 이야기해 본다. • 친구의 몰랐던 개성을 알아본다. • 사람은 다 다르다는 걸 이해하고 존중하는 태도를 기른다.		
누리과정 관련 요소	• 사회관계: 나를 알고 존중하기-나를 알고 소중히 여긴다. • 의사소통: 듣기와 말하기-자신의 경험, 느낌, 생각을 말한다. • 자연탐구: 생활 속에서 탐구하기-일상에서 모은 자료를 기준에 따라 분류한다.		

다문화교육 요소	문화이해	협력	반편견	정체성	평등성	다양성
			○	○	○	○

활동자료	동화책 『고구마구마』, 거울, 8절 도화지, 가위, 색연필
놀이 상황	유아들이 역할놀이 중 미용실 놀이를 하고 있다. 한 유아가 "우와, 너는 머리 엄청 길다."라고 이야기한다. "나 엄마처럼 머리 기르고 싶어서 머리 길게 했어."라고 이야기한다. 다른 유아가 "나는 이렇게 앞머리 있는데 너는 없네."라고 이야기하자, "그러네. 근데 우리 머리 길이는 조금 비슷해."라고 말한다. "우리 그림 같은 모양 핀 꽂아 보자."라고 이야기하며 같은 모양의 핀을 꽂고 거울을 보면서 "같은 핀 꽂으니까 똑같다. 쌍둥이처럼."이라고 이야기하며 까르르 웃는다.
활동방법	1. (책 제목을 가리고) 책 표지 그림을 보며 이야기 나눈다. 　-책 표지의 그림을 살펴보자. 무엇인 것 같니? 　-모양과 크기를 살펴보자. 어떤 점이 같고 어떤 점이 다르니? 　-모양과 크기와 색깔이 다 달라도 같은 고구마구나. 2. 동화를 감상한다. 　-책 제목은 '고구마구마'란다. 함께 동화를 들어보자. 3. 동화의 내용을 회상한다. 　-책 속에 어떤 고구마가 나왔니? 고구마의 모습은 모두 어땠니? 　-서로 다른 고구마가 뭐라고 이야기했니?

	4. 거울로 나의 모습을 살펴본다. 　-거울 속 나의 모습을 살펴보자. 　-거울 속에서 발견한 나의 모습을 친구들에게 소개해 줄 친구 있니? 5. 친구의 모습을 살펴보고 이야기 나눈다. 　-이번에는 옆에 앉은 친구의 모습을 살펴보자. 　-나의 모습과 같은 점이 있니? 나의 모습과 다른 점이 있니? 　-친구를 보며 새롭게 발견한 점이 있니? 6. 고구마처럼 같은 말을 외치며 서로를 격려한다. 　-서로 다른 모습의 고구마가 뭐라고 이야기했니? 　-우리도 서로 다른 모습이지만 같은 반 친구이지. 우리는 뭐라고 외쳐 볼까? 　-옆에 친구를 보며 함께 외쳐 볼까? 7. 고구마 만들기 활동을 알아본다. 　-우리의 모습이 서로 다른 것처럼 우리가 고구마를 그린다면 모두 같은 모습일까? 　-자유롭게 고구마를 만들어 본 다음 동화 속 고구마처럼 이름을 붙여 소개해 볼까? 8. 자유롭게 고구마를 만든다. 〈활동방법〉 　도화지를 반으로 접고 색연필을 이용해 앞표지에 고구마를 그린다. 고구마 모양대로 자르고 나서 　그 안에 자신은 어떤 고구마인지 글로 써 보고 이야기 나눈다. 9. 내가 만든 고구마를 소개한다. 　-앞에 나와서 고구마를 소개해 줄 친구 있니? 10. 활동을 평가한다. 　-오늘은 서로 같고 다름에 대해 이야기를 나누어 봤는데, 어땠니? 　-새롭게 알게 된 것이 있니? 　-서로 같은 점도 있고 다른 점도 있지만 우리는 모두 소중하구나.
유의점	'고구마는 둥글구마' '고구마는 길쭉하구마' '크구마' '작구마'. 고구마의 생김새가 이렇게 재미있다. 허리가 굽은 고구마, 배가 불룩한 고구마, 온몸에 검은 털이 숭숭 난 고구마, 겨우 하나 난 털을 뽑고 있는 고구마, 조금 험상궂은 고구마. 부끄러워하는 모습도 없이 당당하게 "나도 고구마구마!" 하고 말하며 자신을 뽐내는 고구마들처럼 아이들도 외모에 대한 편견 없이 자신을 표현하고 친구와 다름을 이해할 수 있도록 한다.
교사 지원	• 동화 속 고구마처럼 유아들이 외모에 대한 편견 없이 자신을 표현할 수 있도록 격려한다. • 친구와 나의 모습을 관찰하며 서로의 같은 점과 다른 점을 이해하고 표현할 수 있도록 한다. • 활동 시간을 고려하여 고구마 그리기 활동을 자유놀이시간 연계활동으로 제공할 수 있다.

출처: 2020-2021 경기문화재단 다이아프로젝트 지원사업(2021)의 그림책 문화다양성 보고서 내 활동 내용을 재구성하여 제시함.

〈표 13-9〉 **다문화 그림책 활동 예시 2 – 성역할**

주제	소중한 나		활동 및 놀이 유형	대소집단활동 (이야기 나누기)
활동명	내가 잘하는 것이 있어요			
교사의 기대	• 내가 잘하는 것은 무엇일까? 생각해 보는 시간을 갖는다. • 나만의 매력과 장점을 알아보고 자기 자신을 응원하며 자신감을 가져 본다.		산타 할머니(진수경 글 · 그림/봄개울)	
누리과정 관련 요소	• 사회관계: 나를 알고 존중하기-나를 알고 소중히 여긴다. • 사회관계: 더불어 생활하기-서로 다른 감정, 생각, 행동을 존중한다. • 의사소통: 듣기와 말하기-자신의 경험, 느낌, 생각을 말한다.			

다문화교육 요소	문화이해	협력	반편견	정체성	평등성	다양성
			○	○	○	○

활동자료	동화책 『산타 할머니』, A5 사이즈 종이에 점으로 흐리게 그린 사람 모양 카드(1인당 2씩, 미리 복사하여 준비, 수량은 여유롭게 준비), 사인펜, 색연필
놀이 상황	유아들과 산책하던 중 경찰관을 만난다. 한 유아가 "어? 경찰 아저씨 아니고 경찰 아줌마다."라고 말한다. 다른 유아가 "어디? 경찰은 힘이 센 남자만 할 수 있는 건데."라고 하자 "맞아. 경찰은 도둑 잡아야 해서 힘이 센 남자만 할 수 있는데. 그치?"라고 말한다.
활동방법	1. 동화 『산타 할머니』 제목을 보며 이야기를 나눈다. 　-오늘 너희와 함께 읽으려고 재미있는 동화를 가지고 왔단다. 　-'산타 할머니'를 들어 본 적이 있니? 얼마 전 우리가 산책하며 만난 여자 경찰 선생님처럼 산타도 할아버지뿐만 아니라 할머니도 있단다. 　-함께 산타 할머니의 이야기를 들어 보자. 2. 동화를 감상한다. 3. 동화를 회상하며 이야기를 나눈다. 　-동화 속 산타 할머니를 보니 어떤 마음이 들었니? 　-일을 할 때 남자/여자가 중요할까, 아니면 내가 잘하고 좋아하는 일을 하는 것이 중요할까? 4. 내가 잘하는 일/하고 싶은 일에 대해 이야기를 나눈다. 　-너희는 어떤 일을 하고 싶니? 왜 그 일을 하고 싶니? 　-그 일을 잘하기 위해서는 무엇을 노력해야 할까? 　-지금 우리가 이야기 나눈 내용을 사람 모양 카드에 그려 보도록 하자.

	5. 사람 모양 카드에 내가 잘하는 일/하고 싶은 일을 그려 본다.
	6. 내가 그린 그림을 소개한다.
	-'내가 그린 그림을 소개해 볼래요' 하는 친구 있니?
	7. 활동을 평가한다.
	-친구들의 그림을 보고 나니 생각의 변화가 있었니?
	-남자/여자의 일이 따로 정해져 있었니?
	-내가 잘하고 하고 싶은 일을 하기 위해 노력하는 친구에게 뭐라고 응원해 주고 싶니?
	-함께 옆의 친구를 보며 응원의 말을 해 볼까?
	8. 연계활동을 소개한다.
	-방금 한 응원의 말을 친구의 그림카드 뒷면에 글자로도 적어 볼 수 있단다.
	-우리가 그린 그림을 언어영역에 놓아 줄게. 자유놀이시간에 응원해 주고 싶은 친구의 그림 카드에 글자로 응원의 말을 적어 보도록 하자.
유의점	산타는 꼭 할아버지여야 할까요? 남자가 하는 일, 여자가 하는 일은 정해져 있지 않아요. 산타 할머니처럼 자신이 하고 싶은 일을 위해 열심히 노력하고 자신만의 장점을 살려 맡은 일을 멋지게 해내는 사람들이 많답니다. 나는 어떤 일을 하고 싶나요? 만약 "넌 여자여서 혹은 남자여서 그 일은 할 수 없다."라고 하면 어떤 마음이 들까요? 아이들이 내가 원하는 일이 있다면 스스로 응원하는 마음을 가져 보도록 합니다.
교사 지원	• 유아들이 다양하게 생각해 볼 수 있도록 성별의 편견이 없는 직업사진을 준비하여 보여 줄 수 있다(여자 군인, 남자 간호사 등). • 남자가 하는 일, 여자가 하는 일이 정해져 있지 않고, 자신이 하고 싶고 잘하는 일을 하는 것 이라는 것을 알 수 있도록 한다.

출처: 2020-2021 경기문화재단 다이아프로젝트 지원사업(2021)의 그림책 문화다양성 보고서 내 활동 내용을 재구성하여 제시함.

(3) 연령별 다문화 활동을 위한 그림책

다문화 그림책 중 최유미와 정상우(2018)의 연구를 참조하여 연령별로 다문화교육에 활용 가능한 그림책을 제시하면 〈표 13-10〉과 같다.

〈표 13-10〉 **연령별 다문화 활동을 위한 그림책 예시**

순서	책 제목 (글/그림)	내용	다문화 요소	연령(만 나이)		
				3세	4세	5세
1	혼자 할 수 있어요 (파올로프리즈)	어른들의 도움 없이 스스로 생각해서 문제를 해결하고자 하는 의지와 과정을 보여 준다.	정체성	●		

2	우리 같이 놀자 (이모토 요코)	같이 나누고 함께 놀이하는 것이 더 재미있음을 알게 한다.	협력	●		
3	나 먼저, 나 먼저 (엄마랑)	나밖에 모르던 주인공이 위험에 빠졌을 때 친구들의 도움으로 위기에서 벗어나게 되면서 친구들을 먼저 배려하게 된다.	협력	●		
4	울지 말고 말하렴 (이찬규/최미나)	모든 일을 울음으로 대처하는 주인공이 상황에 적절한 언어 표현을 배우며 자신감과 문제해결능력을 기르게 된다.	정체성	●		
5	짧은 귀 토끼 (다원시/탕탕)	다른 토끼들과 다르게 귀가 짧은 아기 토끼가 자신의 콤플렉스를 이겨 내려고 노력하는 과정에서 자신의 장점을 발견하며 성장하게 된다.	정체성, 반편견	●		
6	우리는 한 가족이야 (핌 판 헤스트/ 닌케 탈스마)	작가가 입양을 하며 겪은 이야기. 직접 낳지 않았어도, 피부색이 달라도 가족이 될 수 있음을 이야기한다.	다양성, 반편견	●		
7	쳇! 어떻게 알았지? (심미아)	늑대는 주인공에게 쿠키를 구워 주려던 착한 늑대였고, 돼지 삼형제는 주인공을 방해하려는 인물로 나오며, 장화 신은 고양이는 납치를 하려는 등 겉모습이 전부가 아님을 알게 한다.	반편견	●		
8	난 자동차가 참 좋아 (마거릿 와이즈 브라운/김진화)	여행을 하며 다양한 색, 모양, 쓰임새의 여러 가지 탈것을 마주치는데, 느려도, 낡아도, 모양이 달라도 탈것이기 때문에 좋다는 내용을 통해 다양성을 인정하는 태도를 기르게 된다.	다양성	●		
9	돌멩이 스프 (마샤 브라운)	전쟁 중 군인들이 한 마을에서 돌멩이 스프를 끓이며 마을 사람들에게 함께 힘을 모으면 더 풍성해질 수 있음을 깨닫게 한다.	협력	●		
10	커다란 순무 (알렉세이 니콜라 예비치 톨스토이/ 헬렌 옥슨버리)	할아버지의 텃밭에 커다란 순무가 자라나 할머니, 손녀까지 힘을 합했으나 뽑히지 않아 개, 고양이, 쥐까지 나서게 된다. 서로 앙숙인 동물들까지 힘을 합해 순무를 수확하게 됨을 통해 도움과 협동에 대해 배우게 된다.	협력	●		
11	토끼의 의자 (고우야마 요시코/ 가키모토 고우조)	토끼는 의자를 만들어 '아무나 앉으라'고 써 놓았으나 '아무나 먹으라'로 바뀌며 벌어지는 이야기와 반복되는 문장을 통해 타인에 대한 배려와 감사표현을 배우고 함께 나눔을 통해 공동체 의식을 기를 수 있다.	협력	●		
12	첫 심부름 가요 (마스터 유코/ 니시무라 도시오)	처음 할 때는 무엇이든 떨릴 수 있음을 자연스럽게 받아들이고, 혼자 무언가를 해냈을 때의 성취감을 이야기한다.	정체성		●	

13	부릉부릉 트럭 삼형제 (정하섭/한병호)	덤프, 트레일러, 용달 3형제가 각자 잘할 수 있는 일이 다름을 알아 가고, 각자의 능력을 합해 위기를 극복한다.	정체성, 협력		●	
14	꼬마 비행기 플랩 (마츠모토 슈헤이)	우편배달 비행기가 폭풍우에 한쪽 날개가 부러졌으나 친구 새들의 도움으로 다시 하늘을 날게 된다.	협력		●	
15	노란 잠수함을 타고 (조미자)	동물 친구들이 바닷속 여행을 떠난다. 각자의 맡은 역할을 열심히 하며 함께 힘을 합쳐 어려움을 극복해 나간다.	협력		●	
16	꼬마 왕의 자동차 경주 (김혜선/강영수)	프랑스 명소를 배경으로 다양한 자동차의 경주가 이루어진다. 프랑스의 모습을 알 수 있다.	다양성		●	
17	볏짚을 꼬고 엮고 묶고 (배유라/김희정)	볏짚을 어떻게 이용할 수 있는지를 통해 우리나라의 전통문화를 알 수 있다.	정체성		●	
18	와! 신나는 세계 여행 (마들렌 라이델)	세계 곳곳의 사람과 풍물을 볼 수 있는 그림책이다.	다양성		●	
19	행복한 의자나무 (랑 슈린)	볼품없고 자기 밖에 모르던 나무가 누군가의 칭찬으로 인해 행복해지고 스스로를 가꿔 나가는 이야기를 담고 있다.	정체성			●
20	나는 나답게, 너는 너답게 (마디유 드로리에/ 카트린 프로토)	생김새, 피부색, 습관, 행동, 재능 등 일상에서 만나게 될 다양한 '차이'를 긍정적으로 받아들이는 경험을 제공한다.	다양성, 반편견			●
21	다른 사람이 말할 때 끝까지 잘 들어 보렴 (이찬규/남주현)	다른 사람의 말을 귀 기울여 듣는 것의 중요성을 이야기하며, 이를 통해 상호작용 능력을 기를 수 있는 경청을 경험하게 한다.	협력			●
22	기쁨과 슬픔 (허은실/홍기한)	다양한 감정을 왜 느끼고, 우리 몸은 어떻게 반응하는지 과학적 정보를 통해 알아보고, 내 감정을 자연스럽게 받아들이고 표현함을 경험한다.	정체성			●
23	화가 나는 건 당연해 (미셀린느 먼디/ R.W. 앨리)	'화'라는 감정의 올바른 처리방법을 이야기함을 통해 나의 감정을 받아들이고, 나아가 타인의 감정에 대해서도 경험하며 올바른 소통방법에 대한 경험을 제공한다.	정체성, 협력			●

번호	제목	내용	구분			
24	사랑스러운 까마귀 (베아트리스 퐁따넬/앙트완 기요빼)	자신의 모습이 남과 다름을 고민하는 까마귀를 통해 스스로의 모습을 더 깊이 들여다보며 자신을 긍정적으로 바라볼 수 있게 한다.	정체성			●
25	돼지책 (앤서니 브라운)	여성 문제와 가사노동에 대해 다루고 있다. 성 역할에 대한 고정관념을 비판적으로 바라볼 수 있게 한다.	반편견			●
26	화내지 말고 예쁘게 말해요 (안미연/서희정)	정확하고 효과적인 의사전달 방법을 경험하게 하여 올바른 언어습관을 기를 수 있게 도와준다.	협력			●
27	아빠가 너를 얼마나 사랑하는지 아니? (김미경/이희연)	가시고기는 아빠가 양육을 담당한다. 가시고기를 통해 다양한 가족 형태가 있을 수 있음을 알고 성 역할이 고정적이지 않음을 알게 한다.	다양성, 반편견			●
28	발명가가 되고 싶다고? (주디스 세인트 조지/데이비드 스몰)	세계의 발명가들의 일화를 통해 다양한 삶이 있을 수 있음을 알고, 노력을 통해 꿈을 이루는 과정을 경험하며 자아정체성을 기를 수 있다.	다양성, 정체성			●
29	미술관에서 (가브리엘 뱅상)	다양한 미술작품을 경험할 수 있다.	다양성			●
30	얘들아, 안녕 (소피 퓌로, 피에르 베르부/우버 오메르)	각 나라의 역사, 문화, 지리적 특징을 알 수 있다. 사진을 통해 전 세계 친구들에게 나라와 가족을 소개하는 편지글 형식의 책이다.	다양성			●
31	투발루에게 수영을 가르칠 걸 그랬어 (유다정/박재현)	환경오염으로 인한 지구 온난화 때문에 고향을 잃고 아파하는 사람들의 이야기. 이를 통해 환경 문제의 심각성을 알고 해결 방안에 대해 함께 고민해 볼 수 있다.	협력			●
32	물은 왜 필요해 (로랑 사바티에/레베카 도트르메르)	물의 성질, 중요성 등 물에 대한 정보를 알게 하고, 물의 부족과 수자원 오염, 홍수, 가뭄 등 환경 문제에 대해 알게 한다.	협력			●
33	둥실둥실 공기랑 날아봐 (이희주/정지윤)	지구온난화와 공기오염의 실체와 공기를 깨끗하게 지킬 수 있는 방법에 대해 알게 한다.	협력			●
34	깨끗한 에너지 태양, 바람, 물 (박기영/조우영)	화석연료의 한계와 문제점을 알아보고, 깨끗한 에너지를 사용함을 통해 지구를 지킬 수 있음을 알게 한다.	협력			●
35	야! 우리 기차에서 내려 (존 버닝햄)	남자아이의 꿈을 통해 환경 문제를 알게 하는 내용을 담고 있다. 기차를 타고 여행을 하는 동안 세계 곳곳에서 벌어지고 있는 자연 파괴 상황을 통해 동물들이 겪는 위험을 이야기하고 있다.	협력			●

36	링링은 황사를 싫어해 (고정욱/박재현)	황사로 인한 피해, 지구의 사막화의 위험성과 지구를 아름답게 지킬 수 있는 방법에 대해 알게 한다.	협력			●
37	행복한 봉숭아 (박재철)	아이는 봉숭아를 기르고 봉숭아는 꽃을 피워 열매를 맺는다. 그 과정을 통해 역경을 이겨 내고 꿈을 이루는 우리의 모습을 돌아볼 수 있다.	정체성			●
38	무지개 물고기 (마르쿠스 피스터)	다양한 모습의 친구들을 무시하고 무지개색 비늘이 있는 자신을 뽐내고 다니는 주인공의 이야기를 통해 다름을 인정하고 진정한 아름다움에 대해 생각해 보게 한다.	다양성, 정체성			●
39	북극곰에게 냉장고를 보내야겠어 (김현태/이범)	지구온난화로 인해 북극에서 벌어지는 일들을 알아보고 문제의식을 갖게 한다.	협력			●

3) 디지털을 활용한 유아 다문화교육

(1) 구글 어스(Google Earth)

〈표 13-11〉 **구글 어스를 활용한 다문화교육 계획안**

활동명	세상의 모든 집을 여행해요					
교사의 기대	• 구글 어스를 통해 세계 여러 나라의 가옥을 탐색한다. • 세계 여러 나라의 서로 다른 문화에 관심을 가진다.					
누리과정 관련 요소	• 신체운동 · 건강: 안전하게 생활하기-TV, 컴퓨터, 스마트폰 등을 바르게 사용한다. • 의사소통: 듣기와 말하기-자신의 경험, 느낌, 생각을 말한다. • 사회관계: 사회에 관심 가지기-다양한 문화에 관심을 가진다. • 자연탐구: 탐구과정 즐기기-주변 세계와 자연에 대해 지속적으로 호기심을 가진다.					
다문화교육 요소	문화이해	협력	반편견	정체성	평등성	다양성
	◎		○	○		◎
활동자료	• 동화『세상의 모든 집으로』, 구글 어스 에듀케이션 홈페이지(https://www.google.com/earth/education/resources), 웹캠(또는 노트북 내장 카메라)					
사전경험	• 동화『세상의 모든 집으로』를 감상하였다.					
활동방법	1. 동화를 회상하며 이야기 나눈다. 　-『세상의 모든 집으로』는 어떤 그림책이었니? 　-어느 나라의 집을 볼 수 있었니? 　-실제로 가 보고 싶은 집이 있었니?					

2. 구글 어스의 사용법을 알아본다.

  -이것은 '구글 어스'라는 사이트야.

  -지구를 점점 크게 하면 여러 나라의 지도도 볼 수 있고, 더 크게 하면 그 나라 안에 있는 다양한 건물이나 사람까지도 볼 수 있어.

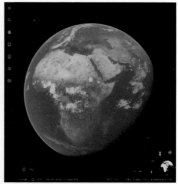

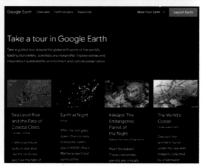

3. 구글 어스를 활용하여 세계의 가옥을 탐색한다(Google Earth Education → This is Home).

  -어느 나라의 집을 먼저 가 볼까?

  -이곳은 몽골 사람들의 집이래. 게르라고 부른단다.

  -어떤 점이 특별해 보이니?

  -왜 몽골 사람들은 집을 이런 모양으로 만들었을까?

  -또 어느 나라로 가 보고 싶니?

4. 마음에 드는 가옥 사진을 캡처 및 저장 후, 크로마키 기법을 이용해 놀이한다.

  -그럼 우리가 직접 세계의 집을 여행하는 것처럼 사진을 찍어 보자.

5. 활동을 회상하고 마무리한다.

  -세계 여러 나라의 집을 가 보았는데 어떤 점이 재미있었니?

  -어떤 나라의 집이 제일 인상 깊었니? 실제로 가 보고 싶은 곳이 있니?

  -더 궁금한 나라가 있니?

유의점	 • 접속방법: 구글 어스 에듀케이션(https://www.google.com/earth/education/resources) 홈페이지 접속 → 'This is Home' 클릭 • 'This is Home' 이외에도 'This is School' 'I am Food' 등의 테마를 통해 여러 나라의 관습과 문화를 살펴볼 수 있다.

(2) 구글 아트 앤 컬처(Google Arts & Culture): 아트 셀피(Art Selfie), 아트 트랜스퍼 (Art Transfer), 아트 필터(Art Filter)

〈표 13-12〉 **구글 아트 앤 컬처를 활용한 다문화교육 계획안**

활동명	우리가 만드는 미술관					
교사의 기대	• 구글 아트 앤 컬처를 활용하여 다양한 예술작품을 만들어 본다. • 나와 다른 사람의 작품을 비교하며 감상해 본다.					
누리과정 관련 요소	• 신체운동 · 건강: 안전하게 생활하기-TV, 컴퓨터, 스마트폰 등을 바르게 사용한다. • 의사소통: 듣기와 말하기-자신의 경험, 느낌, 생각을 말한다. • 사회관계: 더불어 생활하기-서로 다른 감정, 생각, 행동을 존중한다. • 예술경험: 예술 감상하기-서로 다른 예술표현을 존중한다.					
다문화교육 요소	문화이해	협력	반편견	정체성	평등성	다양성
	◎	○				◎
활동자료	• 애플리케이션 '구글 아트 앤 컬처', 프린터					
사전경험	• 구글 아트 앤 컬처를 통해 여러 명화를 감상하며 느낀 점을 이야기 나누었다.					
활동방법	1. 구글 아트 앤 컬처 애플리케이션을 통해 감상했던 명화를 회상한다. 　-애플리케이션으로 감상했던 예술작품이 기억나니? 　-어떤 작품이 가장 인상 깊었니? 2. 아트 셀피(Art Selfie), 아트 트랜스퍼(Art Transfer), 아트 필터(Art Filter)의 사용법을 알아본다. 　-아트 셀피는 사진을 찍으면 명화 속의 인물들 중 나와 닮은 초상화를 찾아 준단다.					

-아트 트랜스퍼는 사진을 찍으면 반 고흐, 칸딘스키 등 다양한 유명 미술가의 영감을 담아 사진을 그림처럼 바꾸어 준다.

-아트 필터는 우리가 세계의 유명한 미술작품이나 장식품 속으로 들어간 것처럼 변화시켜 주는 애플리케이션이란다.

3. 구글 아트 앤 컬처를 활용하여 다양한 예술작품을 만들어 본다.
   -아트 셀피, 아트 트랜스퍼, 아트 필터 중 원하는 애플리케이션으로 멋진 예술작품을 만들어 보자.

4. 각자 만든 예술작품을 인쇄하여 교실에 전시하고, 친구들의 작품과 비교하며 감상해 본다.
   -모두 개성 있는 멋진 작품을 완성하였구나.
   -너희가 직접 만든 예술작품을 어디에, 어떻게 전시하면 좋을까?
   -나의 작품이 친구들의 작품과 다른 점은 무엇이니?

	5. 활동을 회상하고 마무리한다. 　-우리가 직접 미술작품을 만들어 보니 어땠니? 　-더 해 보고 싶은 것이 있었니?   
유의점	• 구글 아트 앤 컬처 웹사이트나 애플리케이션에 접속하면 아트 셀피, 아트 트랜스퍼, 아트 필터 기능을 활용할 수 있다.

(3) 블롭 오페라(Blob Opera)

〈표 13-13〉 **블롭 오페라를 활용한 다문화교육 계획안**

활동명	세계로 떠나는 오페라 여행					
교사의 기대	• 세계 여러 나라의 음악에 관심을 가진다. • 세계 여러 나라의 음악에 어울리는 춤을 자유롭게 표현한다.					
누리과정 관련 요소	• 신체운동 · 건강: 안전하게 생활하기-TV, 컴퓨터, 스마트폰 등을 바르게 사용한다. • 의사소통: 듣기와 말하기-자신의 경험, 느낌, 생각을 말한다. • 예술경험: 창의적으로 표현하기-신체나 도구를 활용하여 움직임과 춤으로 자유롭게 표현한다. 　　　　　예술 감상하기-다양한 예술을 감상하며 상상하기를 즐긴다.					
다문화교육 요소	문화이해	협력	반편견	정체성	평등성	다양성
	◎	○		○		◎
활동자료	• 블롭 오페라 홈페이지(https://artsandculture.google.com/experiment/blob-opera/ AAHWrq360NcGbw)					
사전경험	• 세계의 음악과 춤에 대한 이야기 나누기를 진행하였다.					

활동방법

1. 세계의 음악과 춤을 회상해 본다.
   - 우리나라의 음악은 뭐라고 불렀는지 기억하니?
   - 민요를 들었을 때의 느낌은 어땠니?
   - 프랑스의 샹송을 들었을 때의 느낌과는 어떻게 달랐니?

2. 블롭 오페라의 사용법을 알아본다.
   - 여기 '블롭'이라고 불리는 인형들이 있구나.
   - 이 인형에 마우스를 올려서 클릭하면 노래를 시작한단다.
   - 네 블롭들은 어떤 점이 다르니? 모양과 색깔, 크기가 전부 다르구나.
   - 블롭들이 내는 소리의 높낮이도 서로 다르단다.
   - 블롭을 위아래로 움직이면 음이 달라지고, 양옆으로 움직이면 발음이 달라진대.
   - 하나의 블롭을 움직이면 오른쪽에 있는 블롭들은 그 음에 맞춰서 아름다운 화음을 낸단다.
   - 한번 직접 연주해 볼까?

3. 블롭 오페라를 활용하여 세계 각국의 명소로 가서 그곳의 음악을 감상한다.
   - 오른쪽 아래의 지구본 모양의 아이콘을 누르면 세계 여러 나라로 음악여행을 가 볼 수 있단다.
   - 어느 나라로 가 볼까?
   - 이곳에서는 어떤 음악을 감상해 보고 싶니?
   - 음악을 감상해 본 느낌이 어땠니?
   - 어느 나라의 음악이 기억에 남니?

	4. 블롭이 연주하는 음악에 맞추어 춤으로 표현해 본다.
	-블롭의 연주에 맞춰 자유롭게 몸을 움직여 볼까?
	5. 활동을 회상하고 마무리한다.
	-블롭이 노래하는 오페라를 감상해 보니 어땠니?
	-더 들어 보고 싶은 곡이 있니?
유의점	• 가장 높은 음역이 아래 음역의 화음을 주도하므로, 음정과 모음 소리를 변경하려면 가장 높은 음역을 드래그해야 한다.
	• 블롭 위의 스피커 버튼을 클릭하면 일부 블롭을 음소거할 수 있다.

(4) 네이버 스마트렌즈

〈표 13-14〉 네이버 스마트렌즈를 활용한 다문화교육 계획안

활동명	세계 여러 나라의 글자를 읽어 보아요					
교사의 기대	• 세계 여러 나라에 다양한 언어가 존재함을 안다. • 스마트렌즈를 활용하여 다양한 외국어를 번역해 본다.					
누리과정 관련 요소	• 신체운동 · 건강: 안전하게 생활하기-TV, 컴퓨터, 스마트폰 등을 바르게 사용한다. • 의사소통: 읽기와 쓰기에 관심 가지기-주변의 상징, 글자 등의 읽기에 관심을 가진다. • 사회관계: 사회에 관심 가지기-다양한 문화에 관심을 가진다.					
다문화교육 요소	문화이해	협력	반편견	정체성	평등성	다양성
	◎			○		◎
활동자료	• 네이버 애플리케이션, 세계 각국의 언어로 번역된 글자카드					
사전경험	• 세계 여러 나라의 각기 다른 언어에 대해 이야기 나누었다.					

활동방법	1. 세계의 언어에 대한 경험을 이야기 나눈다.
	   -우리나라가 아닌 다른 나라에 가 본 적이 있니?
	   -거기서는 어떤 말을 사용했니? 잘 알아들을 수 있었니?
	   -오늘은 다른 나라의 언어를 우리말로 바꾸어 보는 활동을 해 보자.
	
	 2. 네이버 스마트렌즈의 사용법을 알아본다.
	   -초록색 동그라미 버튼을 누르면 카메라가 실행된단다.
	   -다시 초록색 동그라미 버튼을 누르면 사진을 찍을 수 있어.
	   -여기서 우리가 궁금한 글자를 손으로 문질러 주면 파란색으로 변하고, 우리나라 말로 다시 바꾸어 준대.
	
	 3. 스마트렌즈의 '문자인식' 기능을 활용하여 세계 각국의 언어를 번역해 본다.
	   -여기 여러 나라의 글자가 있어. 어떤 뜻인지 알겠니?
	   -스마트렌즈를 이용해서 한번 뜻을 알아보자.					

4. 활동을 회상하고 마무리한다.

　-어느 나라 말들이 있었니? 번역해 보니 어떤 내용이었니?

　-스마트렌즈를 사용해 보니 어땠니? 어려운 점은 없었니?

　-또 어떤 나라의 말을 알아보고 싶니?

유의점	• 글자 외에도 여러 가지 동물, 식물, 물건을 촬영하여 이름을 알아볼 수 있다.

(5) Look to Speak

〈표 13-15〉 Look to Speak를 활용한 다문화교육 계획안

활동명	• 눈빛으로 말해요					
교사의 기대	• 운동신경장애인과 의사소통할 수 있는 방법을 바르게 알고 이해한다. • 의사소통 놀이에 친구와 함께 즐겁게 참여한다.					
누리과정 관련 요소	• 신체운동·건강: 안전하게 생활하기-TV, 컴퓨터, 스마트폰 등을 바르게 사용한다. • 의사소통: 읽기와 쓰기에 관심 가지기-말과 글의 관계에 관심을 가진다. • 사회관계: 더불어 생활하기-서로 다른 감정, 생각, 행동을 존중한다.					
다문화교육 요소	문화이해	협력	반편견	정체성	평등성	다양성
		○	◎		○	◎
활동자료	• 애플리케이션 'Look to Speak'					
사전경험	• 말없이 손짓, 몸짓 힌트만 보고 정답을 맞히는 '몸으로 말해요' 게임을 진행하였다.					
활동방법	1. 특별한 친구를 도울 수 있는 방법을 생각해 본다. 　-혹시 말을 하지 못하는 사람을 본 적이 있니? 그런 사람들과는 어떻게 대화를 나눌 수 있을까? 　-그런데 만약 손을 사용하기도 어렵다면 어떻게 대화를 나눌 수 있겠니? 　-이렇게 몸을 움직이는 운동이 내 의지대로 잘되지 않는 것을 '운동신경장애'라고 한단다. 2. 'Look to Speak'의 사용법을 알아본다. 　-오늘 우리가 사용해 볼 이 애플리케이션은 이렇게 운동신경장애를 가지고 있는 사람들이 사용한대. 　-눈으로 원하는 방향을 바라보면 내가 하고 싶은 말을 할 수 있단다. 3. 'Look to Speak'를 활용하여 친구와 대화해 본다. 　-눈을 움직여 친구에게 하고 싶은 말을 전해 보자. 　-이 문장이 내가 친구에게 하고 싶었던 이야기가 맞니? 4. 활동을 회상하고 마무리한다. 　-애플리케이션을 이용해 친구와 대화해 보니 어땠니? 　-혹시 어렵거나 답답한 점도 있었니? 　-여기에 더 추가하고 싶은 말이 있니?					

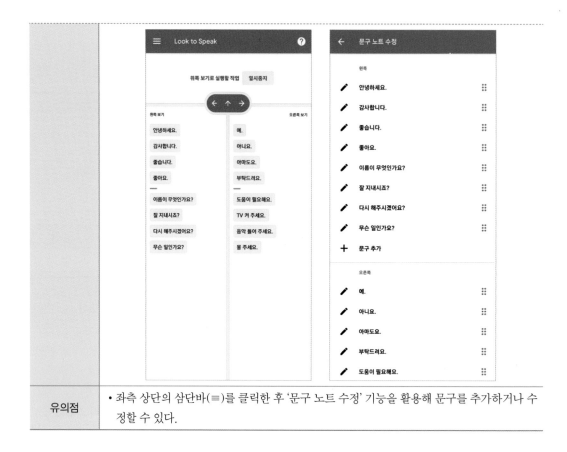

유의점	• 좌측 상단의 삼단바(≡)를 클릭한 후 '문구 노트 수정' 기능을 활용해 문구를 추가하거나 수정할 수 있다.

(6) 나의 AAC 아동

〈표 13-16〉 '나의 AAC 아동'을 활용한 다문화교육 계획안

활동명	• 그림으로 대화할 수 있어요					
교사의 기대	• 말없이 여러 상징을 조합하여 의사소통을 할 수 있음을 안다. • 상징을 이용해 하고 싶은 말을 표현해 본다.					
누리과정 관련 요소	• 신체운동 · 건강: 안전하게 생활하기-TV, 컴퓨터, 스마트폰 등을 바르게 사용한다. • 의사소통: 읽기와 쓰기에 관심 가지기-주변의 상징, 글자 등의 읽기에 관심을 가진다. 　　　　　　　읽기와 쓰기에 관심 가지기-자신의 생각을 글자와 비슷한 형태로 표현한다. • 사회관계: 더불어 생활하기-서로 다른 감정, 생각, 행동을 존중한다.					
다문화교육 요소	문화이해	협력	반편견	정체성	평등성	다양성
		○	◎		○	◎
활동자료	• 애플리케이션 '나의 AAC 아동'					
사전경험	• 나와 다른 사람이 있다는 의식을 일깨우는 장애인식개선 교육활동에 참여하였다.					

| 활동방법 | 1. 의사소통이 어려운 친구들에 대해 이야기 나눈다.
  -직접 말로 대화하기 어려운 사람들에 대해 알고 있니?
  -그런 사람들은 어떤 방법으로 대화를 할까?
  -그럼 만약 글을 알지 못하는 어린이는 글을 써서 대화하는 방법말고는 어떤 방법으로 대화할 수 있을까?

2. '나의 AAC 아동'의 사용법을 알아본다.
  -그림을 클릭해서 친구와 대화할 수 있는 방법이 있대.
  -'의사소통판으로 말하기'/'상징으로 말하기'를 클릭해 보자.
  -그림을 누르면 어떻게 되니? 그림의 내용이 말로 표현되는구나.
  -그림을 여러 개 눌러서 내가 하고 싶은 말을 표현해 볼까?
  -내가 하고 싶은 말이 잘 표현되었니?

3. '나의 AAC 아동'을 활용하여 이야기를 만들어 본다.
  -이번에는 '이야기 만들기'를 해 보자. 내가 하고 싶은 이야기를 멋지게 만들어 주는 기능이 있대.
  -만들고 싶은 장면에 넣고 싶은 사진을 찍어 보자.
  -이 그림을 설명하는 글을 말로 해 보자.
  -친구가 만든 이야기도 함께 감상해 볼까? |

4. 활동을 회상하고 마무리한다.

　-그림을 통해 친구와 이야기를 나누어 보니 어땠니? 어려운 점은 없었니?

　-내가 만든 이야기를 친구와 함께 감상해 보니 어땠니?

　-친구가 만든 이야기와 내가 만든 이야기에 다른 점이 있었니?

| 유의점 | • AAC는 보완대체 의사소통(Augmentative and Alternative Communication)을 뜻한다. '나의 AAC 아동'은 복합적 의사소통 요구를 가진 저학년 장애 아동들이 자주 겪는 상황을 300여 개의 상징으로 구성하고, 상징을 선택하여 낱말형 또는 문장형(상징+상징)으로 의사표현이 가능하도록 지원한다.
• '의사소통판으로 말하기'는 추천의사소통판 또는 사용자가 만든 맞춤형 의사소통판으로서 의사표현을 할 수 있는 기능이 있으며, '상징으로 말하기'는 음식, 장소, 표현 등으로 구분된 폴더에서 원하는 상징을 선택해 만든 문장으로 의사소통 할 수 있는 기능이다.
• '이야기 만들기'는 관심사항이나 하고 싶은 이야기를 표현할 수 있도록 시간 흐름이 있는 이야기를 제작해 전달하는 기능이다. 원하는 사진이나 그림을 삽입한 후 TTS(음성)모드 혹은 녹음모드를 활용하여 장면을 생성할 수 있다.
• 의사소통판 화면에서 우측 하단 버튼을 누르면 의사소통판에 상징을 추가하거나 크기 설정을 새로 할 수 있다. |

(7) 타입캐스트(Typecast)

〈표 13-17〉 **'타입캐스트'를 활용한 다문화교육 계획안**

활동명	사람마다 목소리가 달라요					
교사의 기대	• 사람마다 서로 다른 특징이 있음을 안다. • 다양한 목소리를 활용하여 이야기를 꾸며 본다.					
누리과정 관련 요소	• 신체운동 · 건강: 안전하게 생활하기-TV, 컴퓨터, 스마트폰 등을 바르게 사용한다. • 의사소통: 읽기와 쓰기에 관심 가지기-주변의 상징, 글자 등의 읽기에 관심을 가진다. 　　　　　　책과 이야기 즐기기-말놀이와 이야기 짓기를 즐긴다. • 사회관계: 더불어 생활하기-서로 다른 감정, 생각, 행동을 존중한다.					
다문화교육 요소	문화이해	협력	반편견	정체성	평등성	다양성
			◎	○	○	◎
활동자료	타입캐스트 홈페이지(https://typecast.ai/kr), (즐겨 읽는) 동화책					
사전경험	친구와 나의 다른 점을 찾아보는 게임을 진행하였다.					
활동방법	1. 단조로운 목소리로 녹음된 동화책을 감상한다. 　-동화를 감상해 보니 어떤 느낌이니? 　-왜 그렇게 생각했니? 　-그러면 동화를 이것보다 더 재미있게 감상하려면 어떻게 바꾸면 좋을까? 　-○○가 한번 보여 줄 수 있겠니? 　-세상 모든 사람의 목소리가 같다면 어떤 일이 일어날까? 　-친구와 나의 목소리가 달라서 좋은 점이 있니? 2. 타입캐스트 속 여러 캐릭터의 정보를 보고 목소리를 들어 본다. 　-이 캐릭터의 이름은 무엇이니? 　-목소리가 어떠니? 　-말의 빠르기는 어떤 것 같아? 　-목소리의 높낮이는 어떤 것 같아? 　-우리 반 친구 중에 혹시 비슷한 목소리를 가진 사람이 있을까? 　-한번 같이 비교해 보자.					

3. 타입캐스트의 다양한 목소리를 활용하여 동화책 오디오를 만들어 본다.
   -이 부분은 어떤 목소리로 읽으면 좋을까?
   -어떤 감정으로 읽으면 좋을 것 같니?
   -말 빠르기는 어느 정도 되어야 어울릴까?
   -목소리의 높낮이는 어떻게 할까?
   -문장과 문장 사이는 어느 정도 쉬어 주면 좋을까?

	−우리가 여러 가지 목소리로 만든 동화를 한번 감상해 보자. −혹시 바꾸고 싶은 부분이 있니? 4. 활동을 회상하고 마무리한다. −여러 가지 목소리로 녹음된 동화를 감상해 보니 어땠니? −처음 들었던 동화와 어떤 점이 달랐니? −다음에는 어떻게 놀이하면 더 재미있을까?
유의점	• 도입에 제시하는 단조로운 목소리의 동화는 교사가 사전에 '클로바더빙'이나 '타입캐스트'를 활용해서 하나의 목소리로 음성 세부 조절 없이 제작한다. 교사가 직접 단조로운 목소리로 동화를 들려줄 수도 있다. • '타입캐스트'에서 감정 & 톤, 읽는 속도, 끝음 조절 등 음성 세부 조절된 문장은 유료 결제를 해야만 오디오 파일을 다운로드 할 수 있다(온라인으로는 청취만 가능함).

(8) 봉봉 미니(vonvon mini)

〈표 13-18〉 '봉봉 미니'를 활용한 다문화교육 계획안

활동명	• 우리는 모두 다르게 생겼어요					
교사의 기대	• 모든 사람은 서로 다른 생김새를 가졌음을 안다. • 다른 사람의 외모와 생각을 있는 그대로 존중하는 태도를 기른다.					
누리과정 관련 요소	• 신체운동 · 건강: 안전하게 생활하기-TV, 컴퓨터, 스마트폰 등을 바르게 사용한다. • 사회관계: 더불어 생활하기-서로 다른 감정, 생각, 행동을 존중한다.					
다문화교육 요소	문화이해	협력	반편견	정체성	평등성	다양성
			○	◎		◎
활동자료	• 봉봉 미니 홈페이지(https://br.vonvon.me/quiz/604)					
사전경험	• 사람마다 피부색이 다른 이유에 대한 동영상 교육자료를 감상한다(왜 피부색이 다를까? 멜라닌 색소의 비밀 https://youtu.be/YuYkoyizJho?si=G5vdEuvlzSPn_M_w).					
활동방법	1. 피부색이 다른 사람을 만나 본 경험에 대해 이야기 나눈다. −선생님은 이번 여름에 햇빛 아래에서 많이 놀았더니 팔이 좀 탔어. 팔 아래쪽이랑 위쪽의 피부색이 서로 달라졌어. 혹시 선생님과 같은 경험을 해 본 적 있니? −이렇게 한 사람의 피부색도 서로 다를 수 있구나. −혹시 나의 피부색과 아주 많이 다른 피부색을 가진 사람들을 본 적이 있니? −어디에서 만날 수 있었니? 그때 어떤 생각이 들었어? −사람들은 왜 서로 다른 피부색을 가지게 되었는지 기억하니? −사는 곳에 따라 필요한 멜라닌 색소의 양이 달라 서로 다른 피부색을 갖게 되었구나. −오늘은 우리가 컴퓨터를 이용해서 다양한 모습의 사람들을 만들어 보자.					

2. 봉봉 미니의 사용법을 알아보고, 나만의 아바타를 만들어 본다.

  -봉봉 미니라는 사이트야. 내 맘대로 아바타를 만들어 볼 수 있단다.

  -아바타를 남자로 할지, 여자로 할지 선택할 수 있어.

  -내가 실제로는 남자여도 여자 아바타를 만들 수도 있단다.

  -나의 아바타에 이름을 만들어 주자.

  -얼굴형과 피부색을 골라 볼까?

  -머리스타일/눈썹/눈/코/입/옷/액세서리도 내 마음대로 정할 수 있어.

  -자, 멋진 나만의 아바타가 완성되었구나!

3. 봉봉 미니를 활용하여 만든 아바타를 친구들과 함께 살펴본다.

  -자, 우리가 만든 아바타를 친구들과 함께 같이 볼까?

  -나의 아바타가 친구들의 아바타와 다른 점은 무엇이니?

  -모두 정말 개성 있는 아바타 친구들이 되었구나.

4. 활동을 회상하고 마무리한다.

  -이렇게 인터넷 사이트를 통해 다양한 아바타를 만들어 보니 어땠니? 어려운 점은 없었니?

  -내가 만든 아바타를 친구의 아바타와 함께 비교해 보니 어땠니?

유의점	• 교사가 봉봉 미니 활동방법을 시범 보일 때, 다양한 피부색의 아바타를 미리 선보여, 추후에 유아들이 활동 시 피부색이 치우치지 않도록 한다.

(9) 유튜브(YouTube)

⟨표 13-19⟩ **유튜브를 활용한 다문화교육 계획안**

활동명	도움이 필요한 사람들을 생각한 디자이너					
교사의 기대	• 도움이 필요한 사람들에게 관심을 가진다. • 도움이 필요한 사람들을 적극적으로 도와주는 태도를 기른다.					
누리과정 관련 요소	• 신체운동 · 건강: 안전하게 생활하기-TV, 컴퓨터, 스마트폰 등을 바르게 사용한다. • 의사소통: 듣기와 말하기-자신의 경험, 느낌, 생각을 말한다. • 사회관계: 더불어 생활하기-서로 다른 감정, 생각, 행동을 존중한다.					
다문화교육 요소	문화이해	협력	반편견	정체성	평등성	다양성
			○		◎	◎
활동자료	• 지식채널-e: 할머니와 냉장고(2014. 10. 1. 방영분) YouTube 영상(https://youtu.be/c3N HQpC2oXg?si=yYhc03YeQccqrl17), 사진자료(젊은 패트리샤 무어의 모습, 패트리샤 무 어가 할머니로 변장한 모습, 일반 버스 사진, 저상 버스 사진), 오른손잡이 가위, 양손 가위					
사전경험	• 도움이 필요한 사람들(장애)에 관한 이야기 나누기 활동을 진행하였다.					
활동방법	1. 패트리샤 무어의 사진을 보며 이야기 나눈다. 　-(젊은 패트리샤의 사진을 보며) 이 사람의 이름은 패트리샤 무어란다. 직업은 디자이너야. 　-디자이너는 어떤 일을 하는 사람인지 알고 있니? 　-옷이나 물건을 여러 가지 모양으로 만들어 내는 사람을 디자이너라고 한대.  　-(할머니로 변장한 사진을 보며) 여기 또 다른 사람이 있네. 이 사람은 누구일까? 　-패트리샤 무어와 할머니는 어떤 관계일까? 　-이 두 사람은 서로 같은 사람이래. 　-패트리샤 무어가 나이가 많이 들어서 할머니가 된 걸까? 　-사실은 패트리샤 무어가 할머니로 변장한 것이란다.					

2. 지식채널-e 영상을 감상한다.
   -패트리샤 무어가 왜 할머니로 변장하게 되었는지 영상을 통해 살펴보자.

   -패트리샤 무어는 왜 할머니로 변장하게 되었니?
   -패트리샤 무어가 할머니의 모습으로 3년을 지낸 후 알게 된 점은 무엇이었니?

3. 패트리샤 무어가 도움이 필요한 사람들을 위해 개발한 것들을 살펴본다.
   -패트리샤 무어가 도움이 필요한 사람들을 위해 만든 것들을 살펴보자.
   -(일반 버스/저상 버스의 사진을 보며) 이것은 무엇일까? 두 버스는 어떤 점이 다르니?
   -이렇게 바닥이 낮고 계단이 없는 버스를 '저상버스'라고 한단다.
   -저상버스는 왜 만들었을까?
   -움직이기 어려운 어르신들이나 휠체어를 탄 사람들은 저상버스를 이용하면 쉽게 버스에
    타고 내릴 수 있겠구나.
   -(오른손잡이 가위) 이 가위로 종이를 한번 잘라 볼까?
   -그럼 이번에는 왼손으로 가위를 한번 잡아 볼까? 느낌이 어떠니?
   -(양손잡이 가위) 이 가위는 패트리샤 무어가 왼손잡이를 위해 디자인한 가위래. 왼손으로
    잡아봤을 때 느낌이 어떠니?

4. 활동을 회상하고 마무리한다.
   -패트리샤 무어의 이야기를 들어 보니 어땠니?
   -주변에서 도움이 필요한 사람들을 위해 만들어진 또 다른 물건이 있는지 찾아보도록 하자.
   -우리도 평소에 패트리샤 무어처럼 사람들을 도울 수 있는 아이디어를 내어 디자인하거나
    발명품을 만들어 보자.

유의점	• 지식채널-e는 글자 자막만을 제공하므로, 필요한 경우 교사가 내레이션하여 유아의 이해를 돕는다. • 도움이 필요한 사람들도 우리와 똑같은 생각을 하는 소중한 사람들임을 인식할 수 있도록 충분히 이야기 나눈다.

견주연, 하은실, 정계숙(2012). 유아 교실 내 다문화 교육 수행에 대한 교사 인식 및 실제. 한국아동학회, 33(3), 177-197.

관계부처 합동(2023). 제3차(2023~2027) 유아교육발전기본계획(안).

교육과학기술부(2008). 유아 세계시민교육 활동자료.

교육과학기술부 · 중앙다문화교육센터(2013). 교사를 위한 다문화학부모 상담 길라잡이.

교육부(2007). 유아 다문화교육 활동자료.

교육부(2023). 제14회 다문화 교육 우수사례 공모전 수상작품집.

교육부(2023. 2.). 출발선 평등을 위한 2023년 다문화교육 지원계획(안).

교육부, 17개 시 · 도교육청, 국가평생교육진흥원, 중앙다문화교육센터(2020). 2020학년도 다문화교육 정책학교 운영 가이드라인(유치원).

교육부, 17개 시 · 도교육청, 국가평생교육진흥원, 중앙다문화교육센터(2021). 다국어 가정통신문 이용 가이드.

교육부, 17개 시 · 도교육청, 국가평생교육진흥원, 중앙다문화교육센터(2022). 2022년 다문화교육 정책학교 원격사업설명회. 정책학교 (유치원) 가이드라인 안내.

교육부, 17개 시 · 도교육청, 국가평생교육진흥원, 중앙다문화교육센터(2023). 2023학년도 다문화교육 정책학교 운영 가이드라인 유치원.

교육부, 국가평생교육진흥원, 중앙다문화교육센터(2020). 2020년 다문화교육 중앙지원단 워크숍 자료집.

교육부, 국가평생교육진흥원, 중앙다문화교육센터(2021). 2021 교육(누리)과정 연계 다문화교육 수업 도움자료: (유치원) 다문화감수성 제고를 위한 세계시민교육 교수 · 학습 자료.

교육부, 한국교육개발원(2022). 한국의 교육지표. CSM 2022-16.

교육부 외 관계기관 합동(2023). 제4차 다문화가족정책 기본계획(안)(2023~2027).

교육신문(2018. 12. 14.). 경기도 수원 큰나래유치원, 유아기부터 시작하는 다문화 이해교육… 다문화 사회를 위한 필수 역량일 것.

구정화, 박윤정, 설규주(2018). 다문화 교육의 이해와 실천. 경기: 정민사.

김낙흥(2008). 예비교사를 위한 다문화 교육의 지식적 기반과 교수방안에 관한 고찰. 한국유아교육보육복지연구, 12(1), 215-240.

김말자(2015). 유아교사의 다문화 신념과 다문화 교수효능감의 관계에서 다문화 감수성의 매개효과. 동의대학교 대학원 박사학위논문.

김영옥(2002). 유아 다문화교육 프로그램 모델 개발 연구. 유아교육연구, 6(2), 121-144.

김옥순(2008). 한·중 예비교사들의 문화간 감수성 비교연구. 비교교육연구, 18(1), 193-217.

김주희(2022). 2019 개정 누리과정에 기초한 유아 다문화 교육에 대한 교사의 인식 및 요구도 조사. 광주교육대학교 교육대학원 석사학위논문.

김태연(2022). 유아다문화교육을 위한 온라인 콘텐츠 구성 및 공유사이트 설계. 동국대학교 대학원 박사학위논문.

김현지(2017). 유아교사양성과정에서의 사례기반 다문화교육 교과목 개발 및 적용. 중앙대학교 대학원 박사학위논문.

김혜금, 김수희, 이경채, 허은지(2018). 유아 다문화 교육. 경기: 정민사.

김혜금, 임양미(2015). 보육교사의 다문화 수용도와 다문화 교수효능감이 다문화가정 유아-교사 관계에 미치는 영향: 다문화 교육태도의 매개효과를 중심으로. *Family and Environment Research*, 53(5), 557-566.

남희경(2020). 그림책을 활용한 유아 다문화 감수성 교육 실행연구. 경인교육대학교 대학원 석사학위논문.

대구신문(2022. 12. 5.). 대구한의대 아동복지과·다문화복지과 '세계아동놀이터' 행사 열어.

미디어스(2022. 4. 20.). EBS '딩동댕 유치원', 다문화·장애인·유기견 캐릭터 나온다.

박미경(2012). 근거이론에 의한 유아교사의 다문화교육 효능감 형성과정 분석. 이화여자대학교 대학원 박사학위논문.

박미숙, 고정순, 박지숙(2021). 그림책, 문화다양성, 별책부록. 경기: 문화기획협동조합.

박미희(2019). 유아교사의 다문화감수성 영향요인에 대한 연구. 인하대학교 대학원 박사학위논문.

박영옥, 이진경(2018). 다문화 배경 유아를 위한 언어교육 방법 모색: 언어자각(Language Awareness) 프로그램을 중심으로. 이중언어학, 73, 153-175.

박장희, 노성향(2013). 유아교사 다문화 효능감 척도 개발 및 타당화 연구. 유아교육연구, 33(5), 237-256.

박재옥, 홍길희(2020). 유아 다문화교육. 경기: 창지사.

박찬옥, 이예숙(2011). 기본교육과정으로서의 유아 다문화 교육 적용효과. 다문화콘텐츠 연구, 10, 165-194.

박휴용(2016). 다문화교육론. 서울: 동문사.

서울신문(2018. 7. 30.). "야, 다문화"… 담임쌤은 내 친구를 이렇게 불러요.

서울신문(2023. 3. 17.). [씨줄날줄] 국제결혼.

안병환(2010). 다문화사회에서의 예비교사교육 방향 탐색. 직업교육연구, 29(3), 1-21.

안재신(2001). 유아 음악교육의 세계화를 위한 다문화적 접근의 프로그램 개발. 음악교육연구, 21, 53-74.

안지송(2019). 인성덕목중심 유아다문화교육 프로그램 개발 및 효과. 전남대학교 대학원 박사학위논문.

양옥승(1997). 유아교육과정연구의 재개념화 Ⅲ: 다문화주의의 적용. 교육연구, 5, 49-66.

이규림(2011). 유아교사의 다문화감수성, 다문화 교육이해 및 태도의 관계: 다문화 교수효능감의 매개효과. 전남대학교 대학원 박사학위논문.

여성가족부(2016). 부모교육 매뉴얼.

여성가족부(2021). 전국 다문화가족 실태조사.

여성가족부(2022). 2021년 전국 다문화가족 실태조사.

연합뉴스(2015. 10. 6.). 강남구, '다 행복한 대한민국 작품전' 개최.

오유미(2014). 유치원교사의 다문화역량 강화를 위한 교육프로그램 개발 및 효과 분석. 인천대학교 대학원 박사학위논문.

유네스코 아시아태평양 국제이해교육원(2015). 새로운 교육과정에 담은 세계시민교육: 2015 개정 교육과정 맞춤 교수학습 가이드.

유경은(2020). 누리과정과 초등 통합교과 교육과정의 다문화교육 요소 및 연계성 분석. 서울교육대학교 교육전문대학원 석사학위논문.

윤갑정, 김미정(2010). 다문화시대 유아교사에게 요구되는 문화적 역량의 구성요소에 관한 연구. 유아교육연구, 30(3), 169-194.

이경선(2012). 델파이 조사를 통한 유아교사의 다문화역량의 중요도. 문화예술교육연구, 7(4), 155-170.

이선애(2013). 문화다양성에 기반한 유아 다문화교육 프로그램 개발 및 효과. 성균관대학교 대학원 박사학위논문.

이수진(2019). 문화다양성에 기반한 유아 다문화교육 프로그램 개발 및 효과. 대구대학교 대학원 박사학위논문.

이용승(2009). 다문화주의 정책유형 결정요인 분석. 고려대학교 대학원 박사학위논문.

이은미(2017). 통합적표상 접근의 유아 다문화교육프로그램 개발 및 적용. 중앙대학교 대학원 박사학위논문.

이정미(2018). 은유와 자서전적 분석을 통한 유아교사의 자문화 교육인식연구. 경인교육대학교 교육전문대학원 석사학위논문.

이채호, 유효순(2011). 유아교사용 다문화 교육실제 척도 개발 및 타당화연구. 한국보육지원학회지, 7(2), 81-96.

진시원(2018). 다문화주의에 대한 이데올로기적 검토. 다문화사회연구, 11(1), 161-201.

정성진(2020). 유아교사의 다문화 교육 역량강화 집단 상담 프로그램 개발 및 효과검증. 전북대학교 대학원 박사학위논문.

조수진(2023). 보육교사의 다문화 역량척도 개발 및 타당화. 중부대학교 대학원 박사학위논문.

조현상(2009). 한국 다문화주의의 특징과 정책방향에 관한 연구. 원광대학교 대학원 박사학위논문.

중앙다문화교육센터(2023. 4.). 다문화교육 미디어 클리핑. 다문화교육 월별 언론보도(3월). 중앙 제3차(2023~2027) 유아교육발전기본계획(안). 관계부처합동.

최유미, 정상우(2018). 유아 다문화교육을 위한 그림책 선정 기준과 내용 분석: 누리과정(교사용 지도서) 추천도서를 중심으로. 교육문화연구, 24(1), 625-648.

최일, 김병석, 안정희(2010). 다문화교육의 이론과 실제. 서울: 학지사.

최현정(2011). 유아교사를 위한 다문화교육 연수프로그램 구성 및 적용효과. 중앙대학교 대학원 박사학위논문.

케이뉴스엘에이(2023. 3. 1.). 캘리포니아 공립학교 성 중립 화장실 설치 의무화 추진.

하혜숙(2010). 다문화 가정 학생에 대한 교사의 편견 분석을 통한 효과적인 상담 방안 연구. 한국연구재단 연구보고서.

한국보육진흥원(2019). 다문화 보육과정 컨설팅 매뉴얼.

한국직업능력개발원(2016). 학생유형별 진로상담(지도) 운영매뉴얼.

한승준(2008). 프랑스 동화주의 다문화정책의 위기와 재편에 관한 연구. 한국행정학보, 42(3), 463-486.

행정안전부(2021). 지방자치단체 외국인 주민 현황.

Abdullah, A. C. (2009). Multicultural education in early childhood: Issues and challenges. *Journal of International Cooperation in Education*, *12*(1), 159-175.

Acar-Ciftci, Y. (2016). The critical multicultural education competencies of preschool teachers. *Journal of Education and Learning*, *5*(3), 258-271.

Akkari, A., & Radhouane, M. (2022). *Intercultural approaches to education: From theory to practice*. CH-Cham, Switzerland: Springer.

Alleh, K. M., Khalid, N. H., Sulaiman, N. L., Mohamad, M. M., & Sern, L. C. (2015). Competency of adult learners in learning: Application of the iceberg competency model. *Social and Behavioral Sciences*, *204*, 326-334.

Ambe, E. B. (2006). Fostering multicultural appreciation in pre-service teachers through multicultural curricular transformation. *Teaching and Teacher Education, 22*(6), 690–699. https://doi.org/10.1016/j.tate.2006.03.05.

Ameny-Dixon, G. M. (2004). Why multicultural education is more important in higher education now than ever: A global perspective. *International Journal of Scholarly Academic Intellectual Diversity, 8*(1), 1–9.

Apte, M. (1994). Language in sociocultural context. In R. E. Asher (Ed.), *The encyclopedia of language and linguistics* (Vol. 4, pp. 2000–2010). Oxford: Pergamon Press.

Arslan, H., & Raţă, G. (Ed.). (2013). *Multicultural education: From theory to practice.* Cambridge: Scholars Publishing.

Ashton, P. T. (1984). Teacher efficacy: A motivational paradigm for effective teacher education. *Journal of Teacher Education, 35*, 28–32.

Augoustinos, M., & Rosewarne, D. L. (2001). Stereotype knowledge and prejudice in children. *British Journal of Developmental Psychology, 19*, 143–156.

Aydin, H., & Tonbuloğlu, B. (2014). Graduate students perceptions on multicultural education: A qualitative case study. *Eurasian Journal of Educational Research, 57*, 29–50. http://dx.doi.org/10.14689/ejer

Banks, J. A. (1993). Multicultural education: Historical development, dimmsions, and practice. *Review of Research in Education, 19*, 3–49.

Banks, J. A. (2008). *An introduction to multicultural education.* Boston, MA: Pearson Education, Inc.

Banks, J. A. (Ed.) (2009). The *Routledge international companion to multicultural education.* New York and London: Routledge.

Bennette, C. I. (2011). *Comprehensive multicultural education: Theory and practice.* Boston, MA: Pearson.

Berry, J. W. (2011). Integration and multiculturalism: Ways towards social solidarity. *Papers on Social Representations, 20*(1), 2.1–2.21.

Boswell, D. A., & Williams, J. E. (1975). Correlates of race and color bias among preschool children. *Psychological Reports, 36*, 147–154.

Boutte, G. (1999). *Multicultural education: Rasing consciouss.* Belmont, CA: Wadsworth Publishing Company.

Boutte, G. S., & McCormick, C. B. (1992). Authentic multicultural activities: Avoiding pseudo multiculturalism. *Childhood Education, 68*(3), 140–144.

Brown-Jeffy, S., & Cooper, J. E. (2011). Toward a conceptual framework of culturally relevant pedagogy: An overview of the conceptual and theoretical literature. *Teacher*

Education Quarterly, 38(1), 65-84.

Causey, V. E., Thomas, C. D., & Armento, B. J. (2000). Cultural diversity is basically a foreign term to me: The challenges of diversity for preservice teacher education. *Teaching and Teacher Education, 16*(1), 33-45.

Centra for Multicultural Youth (2019). A young and multicultural Victoria: The 2021 Census. Youth profile. Annual Report.

Cherng, H. Y. S., & Davis, L. A. (2019). Multicultural matters: An investigation of key assumptions of multicultural education reform in teacher education. *Journal of Teacher Education, 70*(3), 219-236.

Chouhan, V. S., & Srivastava, S. (2014). Understanding competencies and competency modelling: A literature survey. *Journal of Business and Management, 16*(1), 14-22.

Clark, K., & Clark, M. (1947). Racial identification and preference in Negro children. In T. M. Newcomb & E. L. Hartley (Eds.), *Readings in social psychology* (pp. 169-178). New York: Holt, Rinehart & Winston.

Darling-Hammond, L., & Bransford, J. (Eds.) (2009). *Preparing teachers for a changing world: What teachers should learn and be able to do.* San Francisco, CA: Jossey-Bass.

Davidman, L., & Davidman, P. T. (1994). *Teaching with a multicultural perspective.* New York: Longman.

Deardorff, D. K. (2004). The identification and assessment of intercultural competence as a student outcome of international education at institutions of higher education in the United States. In N. G. Dang, *An evaluation of the intercultural competence of EFL undergraduate students with a focus on English literature.* Doctoral dissertation, Unversita degli Studi di Ferrara.

Deardorff, D. K. (2006). Identification and assessment of intercultural competence as a student outcome of internationalization. *Journal of Studies in International Education, 10*(3), 241-266.

Deardorff, D. K., & Jones, E. (2012). Intercultural competence. In D. K. Deardorf, H. de Wit, J. Heyl, & T. Admas (Eds.), *The Sage handbook of international higher education.* Los Angeles, CA: Sage.

De Melandez, W. R., & Beck, V. (2009). *Teaching young children in multicultural classrooms: Issues, concepts, and strategies* (3rd ed.). Boson, MA: Pearson.

Dražnik, T., Llompart-Esbert, J., & Bergroth, M. (2022). Student teachers' expressions of 'fear' in handling linguistically diverse classrooms. *Journal of Multilingual and Multicultural Development,* 1-16.

Evertson, C. M., & Weinstein, C. S. (2006). Classroom management as a field of inquiry. In C. M. Evertson, & C. S. Weinstein (Eds.), *Handbook of classroom management: Research, practice, and contemporary issues* (pp. 3-16). Mahwah, NJ: Lawrence Erlbaum Associates.

Fullinwider, R. K. (2003). Multicultural Education. In R. Curren (Ed.), A companion to the philosophy of education (pp. 487-500). Malden, MA: Blackwell Publishing.

Gay, G. (2000). *Culturally responsive teaching theory, research, and practice*. New York: Teachers College Press.

Gay, G. (2010). *Culturally responsive teaching: Theory, research, and practice*. New York: Teachers College Press.

Giddens, A., Duneier, M., Appelbaum, R., & Carr, D. (2015). *Essentials of sociology*. New York: Norton & Company, Inc.

Goodwin, A. L., & Low, E. L. (2017). Educating all children in multicultural, multilingual Singapore: The quest for equity amidst diversity. In G. Noblit & W. Pink (Eds.), *The international handbook of urban education* (Vol. 20, pp. 213-236). Switzerland: Springer.

Gorski, P. C. (2009). What we're teaching teachers: An analysis of multicultural teacher education coursework syllabi. *Teaching and Teacher Education*, *25*, 309-318.

Han, H. S., West-Olatunji, C., & Thomas, M. S. (2011). Use of racial identity development theory to explore cultural competence among early childhood educators. *Srate Journal*, *20*(1), 1-11.

Hansen, N. D., Pepitone-Arreola-Rockwell, F., & Greene, A. F. (2000). Multicultural competence: Criteria and case examples. *Professional Psychology: Research and Practice*, *31*(6), 652-660.

Heredia, A. (1999). *Cultural learning styles*. The Educational Resources Information Centre (ERIC). *Digest and Publications*, *10*. Retrieved February 25, 2019 from http://library. educationworld.net/a12/a12-166.html

Henslin, J. M. (2009). *Sociology*. Boston, MA: Pearson International Edition.

Horton, P. B., & Hunt, C. L. (2004). *Sociology*. New York: The McGraw-Hill Companies, Inc.

Houhan, V. S., & Srivastava, S. (2014). Understanding competencies and competency modelling: A literature survey. *Journal of Business and Management*, *16*(1), 14-22.

Howard-Hamilton, M. F., Richardson, B. J., & Shuford, B. (1998). Promoting multicultural education: A holistic approach. In J. A. Thompson (Ed.), *Transformation within college students participating in a cultural awareness program: Perceptions of becoming culturally competent* (Doctoral dissertation, Virginia Tech).

Hyman, I., Meinhard, A., & Shields, J. (2011). *The role of multiculturalism policy in addressing social inclusion processes in Canada.* Toronto: Centre for Voluntary Sector Studies and Canadian Multicultural Education Foundation.

Irvine, J. J., & York, D. E. (1995). Learning styles and culturally diverse students: A literature review. In J. A. Banks & C. A. M. Banks (Eds.), *Handbook of research on multicultural education* (pp. 485-494). New York: MacMillan.

Jahoda, G. (2012). Critical reflections on some recent definitions of "culture". *Culture & Psychology, 18*(3), 289-303.

Jay, G., & Jones, S. E. (2005). Whiteness studies and the multicultural literature classroom. *Melus, 30*(2), 99-121.

Kana'iaupuni, S., Ledward, B., & Jensen, U. (2010). *Culture-based education and its relationship to student outcomes.* Honolulu: Kamehameha Schools, Research & Evaluation.

Karacabey, M. F., Ozdere, M., & Bozkus, K. (2019). The attitudes of teachers towards multicultural education. *European Journal of Educational Research*, 8(1), 383-393.

Karuppiah, N., & Berthelsen, D. (2011). Multicultural education: The understandings of preschool teachers in Singapore. *Australasian Journal of Early Childhood, 36*(4), 38-42.

Kidd, J. K., Sánchez, S. Y., & Thorp, E. K. (2003). Defining moments: Developing culturally responsive dispositions and teaching practices in early childhood pre-service teachers. *Teaching and Teacher Education*, 24(2), 316-329.

Koleth, E. (2010). Multiculturalism: *A review of Australian policy statements and recent debates in Australia and overseas.* Australia: Parliamentary Library.

Kroeber, A. L., & Kluckhohn, C. (1952). *Culture: A critical review of concepts and definitions.* Cambridge, MA: Harvard University.

Kuusisto, A., Kuusisto, E., Rissanen, I., & Lamminmäki-Vartia, S. (2015). *Finnish perspectives on supporting interreligious and intercultural sensitivities in kindergarten teacher education* (pp. 143-162). Münster: Waxmann.

Ladson-Billings, G. (2004). New directions in multicultural education. *Handbook of Research on Multicultural Education, 2*, 50-65.

Lynch, E., & Hanson, M. (Eds.). (1998). *Developing cross-cultural competence: A guide for working with children and their families* (2nd ed.). Baltimore, MD: Paul H.

Brookes Publishing Co.

Martines, D. (2008). *Multicultural school psychology competencies: A practical guide.* Los Angeles, CA: Sage Publications, Inc.

McClelland, D. C. (1973). Testing for competence rather than for intelligence. *American psychologist, 28*(1), 1-14.

Miller, B. (2008). *Cultural anthropology.* Boston, MA: Pearson.

Ministry of Education. (2008). Desired outcomes of education. Retrieved October 30, from http://www.moe.gov.sg/education/desired-outcomes

Ministry of Education Singapore (2023). *Framework for 21st century competencies and student outcomes of Singapore education.*

Mitchell, K. (2004). Geographies of identity: Multiculturalism unplugged. *Progress in Human Geography, 28*(5), 641-651.

Morland, J. K. (1962). Racial acceptance and preference of nursery school children in a southern city. *MerrillPalmer Quarterly, 8,* 271-280

NAEYC. (1995). Position paper: Responding to linguistic and cultural diversity. National Association for the Education of Young Children.

Nieto, S. (2008). Culture and education. *Teachers College Record, 110*(13), 127-142.

Nieto, S. (2009). Multicultural education in the United States: Historical realities, ongoing challenges, and transformative possibilities. In J. A. Banks (Ed.), *The Routledge international companion to multicultural education* (pp. 79-95). New York and London: Routledge.

OECD (2003). *Definition and selection of key competencies-executive summary.* http://www.deseco.admin.ch/bfs/deseco/en/index/02.html

Ogbu, J. U. (1988). Cultural diversity and human development. *New Directions for Child Development, 42,* 11-28.

Ojala, M. (2010). Developing multicultural early childhood education in a finnish context. *International Journal of Child Care and Education Policy, 4*(1), 13-22.

Ozdowski, S. S. (2016). Australia: Immigration and multiculturalism. *Krakowskie Studia Międzynarodowe, 13*(4), 175-248.

Ozturgut, O. (2011). Understanding multicultural education. *Current Issues in Education, 14*(2), 1-11.

Patras, Y. E., Hidayat, R., Maksum, A., & Nurhasanah, N. (2022). Understanding multiculturalism education from Indonesia, Singapore, Malaysia, and Thailand. *Kelola: Journal Manajemen Pendidikan, 9*(2), 125-135.

Perkins, D. M., & Mebert, C. J. (2005). Efficacy of multicultural education for preschool children: A domain-specific approach. *Journal of cross-cultural psychology*, *36*(4), 497-512.

Ramsey, P. G. (2004). *Teaching and learning in a diverse world multicultural education for young children* (3rd ed.). New York: Teachers College Press.

Rego, M. A. S., & Nieto, S. (2000). Multicultural/intercultural teacher education in two contexts: Lessons from the United States and Spain. *Teaching and Teacher Education*, *16*(4), 413-427.

Reynolds, A. L. (1995). Challenges and strategies for teaching multicultural counseling courses. In J. G. Ponterotto, J. M. Casas, L. A. Suzuki, & C. M. Alexander (Eds.), *Handbook of multicultural counseling* (pp. 312-330). Los Angeles, CA: Sage Publications, Inc.

Rosado, C. (1996). *Toward a definition of multiculturalism*. CA: Rosado Consulting.

Saldaña, D. (2001). *Cultural competency: A practical guide for mental health service providers*. Hogg Foundation for Mental Health, TX: The University of Texas at Austin.

Salleh, K. M., Khalid, N. H., Sulaiman, N. L., Mohamad, M. M., & Sern, L. C. (2015). Competency of adult learners in learning: Application of the iceberg competency model. *Social and Behavioral Sciences*, *204*, 326-334.

Salman, M., Ganie, S. A., & Saleem, I. (2020). The concept of competence: A thematic review and discussion. *European Journal of Training and Development*, *44*(6), 717-742.

Schaefer, T. J. (2010). *Sociology*. New York: McGraw-Hill.

Shanti, M. Y. (2020). Learning styles of Indonesian EFL students: Culture and learning. *Arab World English Journal (AWEJ)*, *11*, 91-102.

Siwatu, K. O. (2007). Preservice teachers' culturally responsive teaching self-efficacy and outcome expectancy beliefs. *Teaching and Teacher Education*, *23*, 1086-1101.

Sleeter, C. E., & Grant, C. A. (1987). An analysis of multicultural education in the United States. *Harvard Educational Review*, *57*(4), 421-444.

Sleeter, C. E., & Grant, C. A. (1994). *Making choices for multicultural education: Five approaches to race, class, and gender*. Englewood Cliffs, NJ: Merrill.

Sleeter, C. E., & Grant, C. A. (2003). *Making choices for multicultural education: Five approaches to race, class, and gender*. New York: Wiley.

Spencer-Oatey, H. (2008). *Culturally speaking: Culture, communication and politeness theory* (2nd ed.). New York and London: Continuum.

Sogunro, O. A. (2001). Towards multicuralism: Implications of multicultural education for schools. *Multicultural Perspectives, 3*(3), 19-33.

Spencer-Oatey, H., & Franklin, P. (2012). What is culture? A compilation of quotations. *GlobalPAD Core Concepts, 1*, 1-22.

State Government Victoria. (2009). *Education for global and multicultural citizenship: A strategy for Victorian Government Schools 2009-2013.* Victoria: Department of Education and Early Childhood Development.

Stodolska, M. (2005). A conditioned attitude model of individual discriminatory behavior. *Leisure Sciences, 27*(1), 1-20.

Sue, D. W., Arredondo, P., & McDavis, R. J. (1992). Multicultural counseling competencies and standards: A call to the profession. *Journal of Counseling & Development, 70*(4), 477-486.

Sue, D. W., Bingham, R. P., Porché-Burke, L., & Vasquez, M. (1999). The diversification of psychology: A multicultural revolution. *American Psychologist, 54*(12), 1061-1069.

Sue, D. W., & Sue, D. (2008). *Counseling the culturally diverse: Theory and practice.* Hoboken, NJ: John Wiley and Sons.

Sulaiman, J., & Ismail, S. N. (2020). Teacher competence and 21st century skills in transformation schools 2025. *Universal Journal of Educational Research, 8*(8), 3536-3544.

Sullivan, T. J. (2009). *Sociology.* New York: Pearson Education, Inc.

Suri, D., & Chandra, D. (2021). Teacher's strategy for implementing multiculturalism education based on local cultural values and character building for early childhood education. *Journal of Ethnic and Cultural Studies, 8*(4), 271-285.

Tatar, M., & Horenczyk, G. (2003). Diversity-related burnout among teachers. *Teaching and Teacher Education, 19*, 397-408.

Tartwijk, J. V., Brok, P. D., Veldman, I., & Wubbels, T. (2009). Teachers practical knowledge about classroom management in multicultural classroom. *Teaching and Teacher Education, 25*(3), 453-460.

Taylor, R., Kumi-Yeboah, A., & Ringlaben, R. P. (2016). Pre-service teachers' perceptions towards multicultural education & teaching of culturally & linguistically diverse learners. *Multicultural Education, 23*, 42-48.

Taylor, S. V., & Sobel, D. (2001). Addressing the discontinuity of students' and teachers' diversity: A preliminary study of preservice teachers' beliefs and perceived skills. *Teaching and Teacher Education, 17*, 487-503.

Téllez, K. (2008). What student teachers learn about multicultural education from their cooperating teachers. *Teaching and teacher education*, *24*(1), 43-58.

Thio, A. (2007). *Sociology*. Boston, MA: Pearson Education, Inc.

Tonbuloğlu, B., Aslan, D., & Aydin, H. (2016). Teachers' awareness of multicultural education and diversity in school settings. *Eurasian Journal of Educational Research*, *64*, 1-28.

Tucker, S., & Cofsky, K. (1994). Competency-based pay on a banding platform. *ACA Journal*, *3*(1), 30.

Tylor, E. B. (1871). *Primitive culture: Researches into the development of mythology, philosophy, religion, art and custom*. London: John Murray, Albemarle Street.

UNESCO (2006). *UNESCO guidelines on intercultural education*.

UNIDO (United Nations Industrial Development Organization, 2002). *Competency model*.

Vazirani, N. (2010). Competencies and competency model: A brief overview of its development and application. *SIES Journal of management*, *7*(1), 121-131.

Verkuyten, M. (2007). Social psychology and multiculturalism. *Social and Personality Psychology Compass*, *1*(1), 280-297.

Victorian Multicultural Commission. (2023). *Annual Report 2022-23: Strengthening our community past, now and future*.

Vincent, S. K., & Torres, R. M. (2015). Multicultural competence: A case study of teachers and their student perceptions. *Journal of Agricultural Education*, *56*(2), 64-75.

Vittrup, B. (2016). Early childhood teachers' approaches to multicultural education & perceived barriers to disseminating anti-bias messages. *Multicultural Education*, *23*, 37-41.

White, R. W. (1959). Motivation reconsidered: The concept of competence. *Psychological Review*, *66*(5), 297-333.

Williams, R. (1983). *Key words: A vocabulary of culture and society*. New York: Oxford University Press.

World Economic Forum (2016). *The future of jobs report*.

World Economic Forum (2023). *Defining education 4.0: A taxonomy for the future of learning*.

Worthley, K. M. E. (1987). Learning style factor of field dependence/independence and problem solving strategies of Hmong Refugee Students. In C. I. Bennett (Ed.), *Comprehensive multicultural education*. Boston, MA: Pearson.

Yilmaz, F. (2016). Multiculturalism and multicultural education: A case study of teacher candidates' perceptions. *Cogent Education*, *3*(1), 1-13.

경기도다문화교육지원센터 홈페이지 https://more.goe.go.kr/da/index.do
네이버 뉴스 스탠드 미디어스(2022). http://www.mediaus.co.kr/news/articleView. html?idxno=245840(2023. 10. 12. 인출).
다누리배움터 메타버스 플랫폼 https://zep.us/play/yawKk
다누리배움터 홈페이지 https://danurischool.kr/online
다문화가족지원포털 다누리 유튜브 채널 https://www.youtube.com/@user-xh2jn9zp7c
다문화가족지원포털 다누리 홈페이지 https://liveinkorea.kr
다문화박물관 홈페이지 http://www.multiculturemuseum.com/main/index.php
세이브더칠드런 https://www.sc.or.kr/happy2
세종대학교 PBL 프로그램 https://creative.sejong.ac.kr/ko/teaching/pbl/intro
아이누리 포털 https://i-nuri.go.kr
안산시 육아종합지원센터 홈페이지 https://www.ansanbo6.or.kr
안산시 외국인주민지원본부 홈페이지 https://www.ansan.go.kr/global/main/main.do
양주뉴스 화면 캡처-양주시 다문화 음식특화거리 축제 https://www.youtube.com/ watch?v=XzDNEB2DKMs
올리볼리 그림동화 http://ollybolly.org
EBS다큐프라임 〈아이의 사생활 제1부 남과 여〉 https://docuprime.ebs.co.kr/docuprime/vodReplayView?siteCd=DP&prodId=348&courseId=BP0PAPB0000000005&stepId=01BP0PAPB0000000005&lectId=1196508
EBS 지식채널-e https://jisike.ebs.co.kr

찾아보기

인명

내용

저자 소개

안병환(Ahn Byung Hwan)
영남대학교 대학원 교육학과 교육학박사
전 대진대학교 교육대학원 교수/부총장
    중원대학교 교수/총장
    초 · 중등학교 컨설팅 및 평가위원
    교원양성기관 및 대학기관인증 평가위원
    대한민국 국회 입법지원 위원
    중국 칭화대학 연구교수
현 중원대학교 대학원 교육학과 명예교수

〈주요 저 · 역서〉
평생교육방법론(공저, 동문사, 2023), 청소년교육론(공저, 동문사, 2018), 행동수정(공역, 학지사, 2017), 교육행정 및 교육경영(공저, 동문사, 2016), 성인학습 및 상담(공저, 동문사, 2013), 교육사회학(공동체, 2012) 외

〈주요 논문〉
성인학습이론에서의 성찰개념 분석(공동, 홀리스틱융합교육연구, 2022), 학교 밖 청소년의 자기대화에 관한 연구(공동, 방과후학교연구, 2022), 청소년발달에 관한 연구 방향 탐색: G. S. Hall의 Storm and Stress를 중심으로(공동, 학습자중심교과교육연구, 2021), 제4차 산업혁명시대의 교육방향 탐색(학습자중심교과교육연구, 2019), 초등학생의 다문화경험이 다문화효능감에 미치는 영향(공동, 한국실과교육학회지, 2016), 다문화사회에서의 예비교사교육 방향 탐색(직업교육연구, 2012), 다문화교육의 현황과 다문화교육 접근방향 탐색(교육실천연구, 2009), 교사의 자기대화(self-talk)에 관한 연구(한국교원교육연구, 2007) 외

오유미(Oh You Mi)
인천대학교 대학원 유아교육학과 교육학박사
전 교원양성기관 평가위원
    유치원 평가위원
    여림유치원 원장
    인천대학교 유아교육과 강사
현 부천대학교 유아교육과 교수
    한국영유아교원교육학회 이사
    한국홀리스틱융합교육학회 이사

〈주요 저서〉

유아교육실습(공동체, 2020), 유아인성교육(공저, 양서원, 2020), 예비부모교육(공저, 신정, 2018) 외

〈주요 논문〉

학습자 참여중심 유아 다문화교육 수업 운영 사례연구(공동, 홀리스틱융합교육연구, 2024), 대학생의 결혼관과 사랑유형에 관한 연구(홀리스틱융합교육연구, 2019), 예비유아교사의 성격유형과 대인관계 특성의 관계 연구(홀리스틱융합교육연구, 2015), 유치원교사의 다문화역량 강화를 위한 교육프로그램 개발 및 효과분석(인천대학교 대학원 박사학위논문, 2014), 예비유아교사들의 다문화교육에 대한 인식 및 효능감 연구(홀리스틱융합교육연구, 2012) 외

김정숙(Kim Jung Suk)

중앙대학교 대학원 유아교육학과 문학박사

전　육아정책연구소 부연구위원
　　　부천대학교 유아교육과 교수
현　한국방송통신대학교 유아교육과 교수
　　　한국영유아교원교육학회 이사

〈주요 저서〉

유아교육론(공저, 한국방송통신대학교 출판문화원, 2024), 미래사회와 유아교육(공저, 한국방송통신대학교 출판문화원, 2023), 영유아 교과교재 연구 및 지도법(공저, 학지사, 2023), 유아교육기관운영관리(공저, 한국방송통신대학교 출판문화원, 2023), 유아동작교육(공저, 한국방송통신대학교 출판문화원, 2022) 외

〈주요 논문〉

사립유치원 교사의 직무에 관한 연구: 감염병 상황 중 유아의 정상 등원 시점을 중심으로(공동, 유아교육학논집, 2024), 유아교사의 교직헌신과 유아의 사회성이 유아 창의성에 미치는 영향(공동, 유아교육학논집, 2023), 유아교육기관에서의 유아 창의성 교육에 대한 교사의 경험 탐색(공동, 어린이문학교육연구, 2023), 유아 그림을 통해 살펴본 좋은 유치원의 의미 탐색(공동, 열린유아교육연구, 2023), 2022-2027 유치원 교사 수요 추계(공동, 육아정책연구, 2022), 블렌디드러닝에 기초한 유아수학교육 수업에 관한 실행연구(공동, 열린유아교육연구, 2022), 어린이집 원장과 교사의 코딩교육에 대한 관심도 및 인식 비교에 관한 연구(공동, 학습자중심교과교육연구, 2022), 이야기할머니 활동이 유아의 노인에 대한 인식과 서번트 리더십에 미치는 영향(공동, 육아정책연구, 2018) 외

유아교사의 미래역량 강화를 위한

다문화교육의 이론과 실제
Multicultural Education in Early Childhood: Theories and Practices

2024년　8월　25일　1판　1쇄　인쇄
2024년　8월　30일　1판　1쇄　발행

지은이 • 안병환 · 오유미 · 김정숙
펴낸이 • 김진환
펴낸곳 • ㈜ **학지사**

　　　　　04031 서울특별시 마포구 양화로 15길 20 마인드월드빌딩
대표전화 • 02-330-5114　　팩스 • 02-324-2345
등록번호 • 제313-2006-000265호

홈페이지 • http://www.hakjisa.co.kr
인스타그램 • https://www.instagram.com/hakjisabook

ISBN 978-89-997-3178-5　93370

정가 23,000원

출판미디어기업 **학지사**

간호보건의학출판 **학지사메디컬** www.hakjisamd.co.kr
심리검사연구소 **인싸이트** www.inpsyt.co.kr
학술논문서비스 **뉴논문** www.newnonmun.com
교육연수원 **카운피아** www.counpia.com
대학교재전자책플랫폼 **캠퍼스북** www.campusbook.co.kr